寂靜 之聲
知念就是你的皈依

The Sound of Silence
The Selected Teachings of Ajahn Sumedho

阿姜蘇美多 —— 著
Ajahn Sumedho

牟志京 ———— 譯

知念為汝皈依所：

知汝之心變無常，心法色法亦如是。

謹守莫離此庇護，不壞亦不有其變。

此所汝當生信念，此所並非汝所造。

非是營造非心相，其效易奏且易解，不經心時隱不顯。

秉心尋之憑繫念，知念當下有顯現。

欲知其若何所似，非此非彼乃如是。

──阿姜蘇美多

目次

序

這是英國南部的春天。赫特福德郡
（Hertfordshire）鮮花盛開。五月的花朵點綴
著灌木籬笆。五十個人，包括一些尼師和僧
人，帶著程度不同和安謐的專注，在雨露浸潤
的草地上來回踱步。

晚上的時光，這是在那座狹長的中心建築
——一座很早由學校宿舍改建而成的禪修中心
禪堂。阿姜蘇美多講到他四十年前在泰國當沙
彌時的一些可笑行為而讓眾人忍俊不禁。從心
底發出的笑聲一波又一波地穿過敗破的窗框，
融入冷冽的夜空。

在凌晨的潮氣中身裹披肩、默默不語的朋
友們坐在廚房外面的長椅上分享一罐熱茶——
幾乎到了早課的時間。這是一個多雪的冬天夜
晚，三位尼師和她們的一位沙彌尼正快步向廟
堂走去，渾身嚴實地包裹著以抵禦風寒。

這些是阿馬拉哇奇（Amarāvatī）舉行禪修期間的一些縮影。其中有的活動是對公眾開放的，二○○五年五月那次歷時九天的活動就是其一；又有的活動專為僧眾而設，歷時則有十倍之長，例如二○○一年冬天的那一次。

此書是《直覺的知念》（*Intuitive Awareness*）一書的修訂和增補，原書由阿姜蘇美多於二○○一年冬天閉關期間所給的十一次開示匯編而成。這一新版又增補了十六次開示的內容，俱取材於二○○五年那次閉關活動（每次開示的時間列於書後附錄一）。

如可預期，這兩組開示的每一篇自然都有自己獨具的氛圍和風格。把它們在本書中放在一起的用意是它們可以相輔相成，猶如在一個畫廊內有許多莫內的色彩繽紛、季節各異的草垛，而在與之相鄰的畫廊，又懸掛著同樣眾多以蓮花為題的作品。

正如畫展的參觀者會領受到藝術家對這兩個領域的探索，讀者在這裡也將領受到阿姜蘇美多的兩種方式：分別為僧人和居士所備的佛法開示，讀者受邀在兩個不同的境界中自在地穿梭巡弋。

毋庸多言，這兩種風格之間存在著相當的共通之處，如同在莫內的蓮花和草垛的作品之間那樣。然而，它們確實在色調和內容上有所不同，而且必然地，不同元素的意義和效益對於不同的人眾會有其不同。舉例來說，此書新增的內容包括兩篇有關觀身的開示，如是對我們放慢下來並安住於當下大有裨益，尤其對現在這個日愈狂亂的世界而言；而在〈觀點與意見〉和〈思惟與習慣〉這兩篇中，又著重強調了人們依賴於理念思惟（在世俗世界中流行很廣的

傾向）的危險性。

在這裡，智慧的教導在數量和品類上都可謂豐富；復次，編者還希望以其豐富的品類，其涵括的範圍是如此之廣，乃至各種根性的信眾都能從這些開示中所講到的洞見中獲益。

指月之指不是月：「知念」（還有這裡所有其他的術語）都只是白紙上印出的黑字而已，它們並非知念本身。然而，佛陀所稱的「教誡神足」（anusāsani-pāṭihāriya）的基礎，在於一顆渴求的、因緣成熟之心聽到或讀到佛法之時，一種深刻的變換，一種解脫之感，一種內心的覺醒可以被催生。這確實是一種神蹟，正如佛陀所說，在所有的神蹟中，以此最為殊勝。

如是，願所有具有善緣與這本小書中所含的智慧相遇的心，能獲得這樣的鼓舞，走向覺醒，從苦海中立獲解脫。

阿姜阿摩羅（Ajahn Amaro）

無畏山禪寺（Abhayagiri Monastery）

加利福尼亞

阿姜阿摩羅的導言

二十年前，一九八四年，在剛剛成立的阿馬拉哇奇禪寺，開山的僧眾搬進了座落在赫特福德郡一個迎風的山頭上看來有似兵營的一組建築。道場以印度南部安德拉邦一座古代佛城命名（意為「不死之界」），此舉亦是抵制那時雷根、柴契爾，和蘇聯欣然追求的所謂「相互保證毀滅」的核武軍備競賽。

我們用學校舊址上的體育館和禮堂做為禪堂。窗戶是破裂的，用塑料和膠帶打著補丁，免不了透風，還有的則完全缺失。冰涼的地板上畫著彼此交叉的球場白線。一尊高大的金身佛像坐在禮堂的前台，燈光打照在上，周圍懸掛有輕薄的藍色幕布，其用意在於美化佛龕，並示意無量空間之妙境。

從一九八一年開始，在我們還基本以西薩賽克斯郡（West Sussex）戚瑟斯特（Chithurst）的

契塔委外卡寺（Cittaviveka Monastery）[1]為基地的期間，我們把每個新年之後的數月定為冬安居之用。這個季節英國的天氣不便修繕工程的進行，遊客稀少，夜長晝短，正是將注意力轉向內部，把時間全部用於正規禪坐的良機。

阿馬拉哇奇一九八四年開放，以為日益增長的僧團（從那時的照片上可以看到二十多個受持八戒的信眾，和四十餘僧尼和僧人）提供生活的空間，亦為在家的信眾提供閉關的場所。在這一移址完成之後，它為冬安居創造了更多的空間，也為阿姜蘇美多提供了道場，讓他得以繼續以特有的廣博和激勵的方式引領社團。

一九八四至一九八六那三年的冬天格外冰冷。寒風從西伯利亞呼嘯而來，感覺沒有任何東西可以阻擋，吹到身上寒氣徹骨。白天通常要裹上六、七層的衣服，夜晚鑽入睡袋，也需要穿著大部分的衣物。我們坐著聆聽開示之時，身上裹著厚僧衣和打坐配用的毯子。氣氛是冰冷而又活躍的，因為我們都持著強大而又無處不在的群體精神。

在那些時日裡毫無疑問地，這整個體系的能量，還有眾人心中的溫暖和方向，俱來自於阿姜蘇美多那看來沒有限度的解說佛法的能力，特別是在冬安居的時候。很自然的是，在那種情勢下我們需要很多的引領──我們大多在靜坐和禪修上都是新手，再多的幫助

編註：以下皆為譯者註

1　Cittaviveka 為巴利語，意為「不執著之心」。

也不為多，尤其每天都在止語、經行和靜坐的規程之中。如此，阿姜蘇美多提供了詳盡的指導，一天有二、三次之多。天明之前我們的第一次靜坐為「晨思」，早晨的粥茶之後會有更多的反思，下午茶時有答疑，最後在晚上有一個正式的開示。

從早先那些冰冷的時日，到現在二○○六年，阿姜蘇美多一直不斷地引領著阿馬拉哇奇的僧眾。每個冬天，他都在探究和演說佛法，所做的開示也經常被錄音下來。

雖然那些時日已經淡遠，很多事情都變化了，卻有一些東西從九○年代以來至今沒有變化，猶如樂曲那不斷回歸的主旋律，或者更精確地說，像定義一個大師的風格，它可以讓你立即知道這是莫內，那是梵谷。

如今在阿馬拉哇奇原先的禪堂 —— 體育館的舊址上是一座新的廟宇，一座在九○年代就開始分階段建設的禪堂。它的朝向稍有變化，建築現在向東而不是面北，而且現在它取高聳的金字塔之形，而不再是一個尋常的長方體。裡面寬廣敞亮的空間為一圈堅實的橡木柱子點綴著；它顯得如此安靜肅穆，看來似乎能夠讓來客的心都停下來。地板由暖色的白石板鋪成，而穀倉風格的厚重椽架和頂樑穿梭於高高的屋頂和牆面之間。但是院子裡的樹木都保留了下來，只是現在更為高大和飽滿了。而留下來的老房子上的棕色外牆帆板還同過去一樣，在冬天的晨光之下，鑲嵌著夜間凝成的雪霜。

如同建築的風格和社區的成員發生了很多變化，近年來阿姜蘇美多在冬安居所做的開示也更為成熟並煥然一新。它仍然立

足於佛教的經典元素之上——四聖諦、反思五蘊的生滅、心念住（cittāpassanā）——但是在這二十年中他對這些和其他關鍵元素的講解風格，和發展特有善巧（upāya）的方法都在演化和擴展之中。如是，此書收集的開示雖然可以獨自成章，但如果記住它們的前後背景或許更為有益。

首先，這些開示是面對訓練有素的出家僧人，還有一些有素養的居士。聽眾中許多對阿姜蘇美多所鍾愛的主題相當熟悉，而他也十分瞭解他們；如此，解釋性的材料往往就被省略了，許多預備知識也是被假定具有的。這猶如一位樂師彈出一個大家都熟悉的作品中的幾個音符，知道聽眾「他們可以填上其餘，他們知道這個老調！」或者一位畫家用一個他的標誌主題，想著：「拋出禮帽，他們會知道它將在哪裡再次出現。」與其類似，阿姜蘇美多也是經常在探究、描述、即興發揮一些熟悉的話題。所以，如果讀者在偶爾一些地方感覺缺少解釋，或者沒有明確其中之意，那麼你不妨嘗試且讓那旋律，音調的平衡和色彩，載你而去。

其次，編輯在匯集本書材料的時候，著意保留了口語的風格和精神。佛法的開示素有強烈的語外元素——房間的氣氛、講話者與聽眾之間的能量交流、季節、所值當日或當夜之時、大家剛剛經歷的一切，所以你若在領受這些開示時抱著欣賞藝術畫廊，或是聆聽樂曲的態度，而不苛求對既定的題目的某種系統解釋，則是更為明智。如同阿姜蘇美多自己所言，「此書乃為調查意識經驗而建議的途徑，並非對巴利佛教的一個教科論述。」

所以，在你閱讀本書時碰到「直覺的知念」、「滅苦於當下」、「寂靜之聲」，諸如此類的詞語時，建議你把它們接收到心中，讓它們在心中產生共鳴，讓它們激發的直覺和導向最終開花結果。這猶如在畫廊信步而行，並不如是作想：「這幅畫要向我傳達的信息究竟是什麼？」

從佛陀的時代開始，他的弟子在演示佛法時就展現了行色不同的教學風格和個人偏好的主題。這種多樣化也同樣體現在當今泰國森林派的傳承上：一個非學院派，以禪坐為主，堅守當年佛陀和其弟子的戒律和生活方式的鄉村僧團。

隨著時間的積累，一位師父常常會集中到某一個法的主題或禪坐方法，花上數年乃至數十年探究和擴展它。比如龍婆西目（Luang Por Sim）[2] 以強調默想死亡而著稱；佛使比丘（Ajahn Buddhadasa）[3] 用了數年之久來講解 indappaccayata —— 或說因緣法則；阿姜圖恩吉巴般若（Ajahn Toon Khippapanno）[4] 則竭力堅持覺悟之道的三學當為 paññā、sīla、samādhi，而不是 sīla、samādhi、paññā[5]；阿姜凡（Ajahn Fun）以他對「Buddho[6]」這一概念的無盡拓展而著稱，用它做為修定的方法，一種對知念的調查，或者禮拜

2　1909-1992，泰國高僧之一。

3　1906-1993，泰國上座部高僧。

4　緬甸上座部佛教馬哈西禪師的弟子。

5　意為三學之說當為「慧、戒、定」，而不是「戒、定、慧」。

6　佛的十號之一「覺者」之巴利原文。亦指覺性、知性。

的實踐；龍婆丹（Luang Pu Dan）以「心（citta）即是佛」的教導而聞名；而阿姜查則好給人出謎題，諸如「不得前行，不得後行，不得不行，你又若何？」或「曾見不動之流水否？」

這些修行深湛的師父不僅會挑選他們喜歡的題目，也會漸漸發展出一些自己對經典術語的特異用法。阿姜摩訶布瓦（Ajahn Maha Boowa）[7] 對「不死之心」的用法，阿姜圖恩對視覺與知識（sassañāṇana）和智慧與視覺（ñāṇadassana）之間迥然不同之堅持都是這樣的例子。在同一意義上，看一下本書中阿姜蘇美多反覆所用的一些詞語特別是「寂靜之聲」、「直覺的知念」和「意識」，它們在多年之中都已演化出了特有的涵義。

其中為首的「寂靜之聲」是在以其為名的那篇開示中予以描述的。因它並不在經典的上座部手卷之中，在這裡為阿姜蘇美多發展「寂靜之聲」的過程提供一些背景，並提及一些其他將之用於靜坐的宗教傳統，對讀者而言或許會有所裨益。

那是一九八一年一月的冬安居，阿姜蘇美多首次在戚瑟斯特寺用這個方法教導僧眾。他講到自己是在一九七七年離開泰國之後，在英國漢普斯特（Hampstead）的 Vihāra[8] 度過他在英國的第一個冬天之時，開始注意到這高頻的鳴響。他指出泰國是一個很吵鬧的國家，特別是夜裡森林中的蟋蟀和蟬蟲的鳴叫（而這也正是一個人

7　1913-2011，泰國高僧。
8　Vihāra，巴利語，精舍、寺廟、安居地。

修習禪坐的主要時間和地點），他在那裡從未注意到這種內在的聲音。但在到了倫敦之後，儘管是一個大都市，他發現這裡的夜間是十分安靜的，特別是地面覆蓋著一層厚厚的白雪之時。

在那些安靜的夜晚，他開始注意到那永不消逝發自內部的聲音，似乎無始無終，不久又發現在白天和其他許多場景，他也可以辨識出這個聲音，不管周圍是安靜還是吵鬧。他也意識到之前也有過一次注意到這種聲音的經歷，那是五〇年代在海軍服役時，一次上岸度假，在山丘上散步之時，他的心豁然開朗，一切都變得清晰起來。在記憶中那是一種清新和安寧的神奇體驗，而聽到的聲音也十分響亮。如此，這些正面的聯繫推動他繼續試驗以決定它是否可以成為一個禪修的對象。在這個有為的感官世界之中，它看來也好像是一個超越感官境界的絕妙符號，不為個人意志所控，永遠存在，但是你注意不到，除非你專注於它；無始無終亦無形，無處不在而又不在一處。

第一次在戚瑟斯特向僧眾講授這一方法時，他將之稱為「寂靜之聲」，從此之後就沒有變過。後來，當他向禪修的在家人傳授時，開始從受過印度教和錫克教訓練的人那裡聽到這個方法的應用。他發現在那些傳統裡，這種對內在聲音的專注被稱為「那達瑜伽」（nāda yoga）[9]，或者「內在聲光的瑜伽」。而且，在這一領

9　源於古印度的一個形而上學體系，認為聲音震動的能量不是物質和粒子，乃是宇宙的要素。現代，亦被用來指以音樂為核心的瑜伽修習。

域，除了古代留下的手本，已經有英文書籍和評論出版，其中包括薩利目・邁克（Salim Michaël）所著的《內部警覺之道》（*The Way of Inner Vigilence*）（西格奈特〔Signet〕出版）。一九九一年在座落於美國的一個漢傳佛教道場[10]，阿姜蘇美多把寂靜之聲做為修行的方法傳授，一位與會者深受感動，說道：「我認為你觸及到了《楞嚴經》（*Shūrangama samādhi*）[11]。那部經文講到靜聽的修習，你現在所教的與之完全吻合[12]。」

看到這個方法是常人可及的，也隨著他自己對這一方法的繼續深入，阿姜蘇美多進一步把它做為禪修的核心法門而予以發展，將之置於與「數息」和「身念住」這些傳統的方法同等的地位。佛陀一向鼓勵他的弟子運用各種善巧有效的方法使心獲得解脫。雖然它不是在巴利藏經之中，也不是在其他文集，例如《清淨道論》（*Visuddhimagga*）[13]中可以找到的方法，但是由於它於其目的有效，還是應當給予應得的位置。既然修行以心之解脫為本，對解脫

---

10 此處提到的漢傳佛教道場為宣化上人在加州的萬佛城。

11 *Shurangama samādhi*，字面上是「楞嚴大定」，但從前後文看，阿姜在此實指《楞嚴經》。

12 《楞嚴經》中觀世音菩薩有講「初於聞中，入流亡所。所入既寂，動靜二相，了然不生。如是漸增，聞所聞盡。盡聞不住，覺所覺空。空覺極圓，空所空滅。生滅既滅，寂滅現前。忽然超越，世出世間，十方圓明，獲二殊勝。」的一段。由此引申的法門又稱為耳根圓通法門。

13 五世紀錫蘭僧人覺音用巴利文所作，是上座部的重要經典。

的功用理所當然當是衡量一個法門的有效和善巧的最終標準。

為阿姜蘇美多賦予特殊涵義的另外一個詞語就是「直覺的知念」。如同「寂靜之聲」，本書中的不少開示，包括以「直覺的知念」本身命名的那一篇，都對他是如何使用這一概念做出了清晰的闡述。然而，在這裡我們不妨反觀一下對它的使用，以澄清它和其他用法的一些區別。

本書中「直覺的知念」一詞乃是巴利語 sati-sampajañña 之英譯。sati-sampajañña 一詞的性質由三個元素連續而成。其一為 sati，此為對一個對象之雛形的、繫念的認知。其二為 satisampajañña，所指是對於對象在其背景下直覺的知念；最後，「sati-paññā」，通常譯為「知念和般若」，指的是對於對象的無常、不圓滿、無我的本相之認識。阿姜查曾經把以上三個元素之間的關係比若手、臂、身：sati 將對象拿起，sampajañña 是讓手能伸及所去之處的臂，paññā 是其身，為此提供了生命力量和中心指揮。

在這些開示中，阿姜蘇美多不斷地發展 sati-sampajañña 和「直覺的知念」之間的關係。如此，他竭力澄清和拓展對 sampajañña 的通常翻譯，諸如「明見」（clear comprehension），甚至「自覺」（self-awareness）。他擔心這些譯語都不能傳達出真正的清晰廣度。如是，他試驗用一個短語來表現那刻意擴展的意味，並含有神祕的元素；而這很重要的是，在英譯中也需意含心跟經驗的對應，而這是思惟心所無法理解的，就如他所說「模糊，困惑，或不確定」。直覺一詞用在這裡，因為它完美地表現了兩個方面的混合：

一方面是對現實的真正理解，而在另一方面，事如所是的原因可能根本不明顯。

從這個角度看，最後同時也許是最值得考慮的是「意識」一詞。巴利文中的 viññāṇa 差不多都是被譯成英文的「意識」一詞。佛教心理學上 viññāṇa 一般是指經由眼、耳、鼻、舌、身、意等六入的辨識意識。意指認識一個可知對象的過程。然而，這並非是佛陀對這一詞語的唯一用法。根據阿姜蘇美多的觀察，這一詞語於經文中有兩處被賦予了相當不同的涵義。他引用的句子「viññāṇaṃ anidassanaṃ anantaṃ sabbato pabhaṃ」，部分源於《長部十一‧八五》的《堅固經》（Kevaddha Suttra），部分源於《中部四十九‧二五》。前者是佛陀所說的有趣而又冗長的教學故事，他講到一位比丘如是思惟：「此四大──地、水、火、風，於何處滅盡？」做為一個訓練有素的禪行者，他便專注其心，入定之後，「通往天界之路顯現出來」。他以此問題向他首先遇到的天人，亦即四大天王的天人眾請教，他們坦承對此一無所知，但是四大天王可能知道，他應當直接問他們。他如此做了，但是卻沒有找到答案，這一探究繼續下去。

他上上下下去到不同的天界，總是不斷地得到如此的回答：「我們對此一無所知，但是，你應當問……」如此，他被導入一個更高的天界。他耐心地忍受了遍歷諸多天界的漫長歷程，最後來到了大梵天的天人眾面前，他向他們提出這一問題；再一次，他們並沒有答案，但是卻告訴他大梵天一定知道答案。他若屈尊顯現自

己，那麼一定會提供最終的答案。果然，不久後大梵天現身而出，但是他也並沒有答案。他責備這位比丘身為佛陀的弟子而不去向自己的導師提出這樣的問題。

最後，他來到佛陀的面前，提問之後得到了如此回答：

比丘，你提問的方式有誤：
「地、水、火、風於何處滅盡？」
應當如此問：
「地、水、火、風，及長短、大小、淨穢於何處不立？
「名（nāma）與色（rūpa）於何處滅盡無餘？」
這一問題的答案是：
「覺醒之識不可見，無際，明照（viññāṇaṃ anidassanaṃ anantaṃ sabbato pabhaṃ）」
「於此處地、水、火、風不立；
「長、短、大、小、淨、穢不立；
「依名色滅盡無餘。
「辨識滅，是等亦滅。」

巴利語 anidassana-viññāṇa 一詞已經有各種不同的翻譯：「識所不現」（瓦爾士，Walshe）、「不顯之識」（髻智比丘，Ñāṇamoli），還有智喜比丘（Bhikkhu Ñāṇananda）在其書中《概念與現實》（*Concepts and Reality*, p. 59）給出的「不顯示意識」尤

阿姜阿摩羅的導言

19

其有助。在英語裡找到一個單詞來表達「anidassana-viññāṇa」全部涵義的可能性是很小的；阿姜蘇美多在用到「意識」一詞的時候，通常是包含上述這些特質的。

　　如他所說的那樣，「viññāṇaṁ anidassanaṁ anantaṁ sabbato pabhaṁ」是「如此的一堆詞語，所指的乃是意識的自然狀態，這一真相」。如此，讀者應當記在心裡，他使用「意識」這個單詞之時，大多用作「anidassana-viññāṇa」的縮寫。很自然地，他也會在經文中更常見的辨識智這一意義上使用此詞，另外也會在結生識（paṭisandhi-viññāṇa）的意義上用到此詞，如在：「我們入胎之時，形內具有其識。」另外，阿姜蘇美多還有些在普通英語的意義上用到這一單詞，換而言之，描寫處於非非想狀態，覺醒並覺知周圍和自身。

　　阿姜蘇美多對「意識」一詞的用法與泰國森林派禪師的 poo roo 有明顯的相通之處。poo 和 roo 的直譯分別是「人」和「知」。如此，「poo roo」的譯文有「知道」，「知者」，「知念」，甚至「佛智」。它亦被用來表達更為廣泛的不同意義，其中包括簡單的六入識（佛教中 viññāṇa 的傳統意義），各種不同的禪修境界（做為諸法生滅的見證人），一直到終極無礙的圓滿覺醒之心。

　　如是，「poo roo」可能用來指從簡單的感官之識到一個完全覺醒之佛的智慧之間的任何東西。如同阿姜蘇美多對「意識」的用法，對「poo roo」在一處的意思一定要把前後文，以及講話的阿姜的用語習慣考慮在內才可分辨 —— ergo, vavent lector![14]

因為本書中有如此之多的內容涉到「意識」一詞，讀者若能對其出現的語境予以反思，當不失為明智之舉。或有人以為倘若不用「意識」這樣的多義詞，而僅僅限於人們熟悉的詞語會對於聽眾和讀者會更為簡單，也許用 citta，「心」來表達純然的知念，而不是 anidassana-viññāṇa。然而，那卻有違這種天然自在的教學風格。

　　如上所述，編者的用意是在書中保留阿姜蘇美多講話時那即興和隨意的口語風格。所有的開示都是現場的發揮，根據聽眾的需要，隨講而成。這種講授方法常常要求聽眾或者讀者對講課和修習為何以及詞彙的用法，都能抱有更寬鬆的看法。再者，這種對佛法即興的、直接的講解有利於聽眾為所見所聞而改變，而不是對其是否符合自己熟悉和偏好的思惟模式而做出評判。我們真的要向梵谷抱怨他畫中的教堂矗立不起來嗎？大概不會吧⋯⋯

　　如是，讀者，當你在這些書頁中蜿蜒而行，當你在這小畫廊裡瀏覽阿姜蘇美多的開示之時，我們衷心希望你在此找到的話語和圖像，會幫助你覺醒並解脫。遇其有益則可在你的生活中欣然持之，其餘則可安然捨之。

---

14 拉丁文，「是以，讀者此鑒！」

編者前言

歡迎你，讀者！欲獲最大的收益，我建議你花上額外數分鐘讀一下這序文以及阿姜阿摩羅的導言。本書從始至終乃是對「事如所是」的默想和反思，用阿姜蘇美多的話來說，這種反思是

賦予能力。我拿出東西來供你調查，我並不告訴你當如何作想乃至如何修習，而是把東西擺在你的面前以激勵你，讓你自己觀察，而不是對我所言接受或反對。

反思不僅是你的一種能力——它是在放鬆和開放的時候你心的傾向。換言之，它是一種態度：你如何看待自己和世界，是一個選擇——在如實所是之你，而不是如想所是之你之間的一個選擇。

默想，在另一方面，是用思惟之心來反思。

它有意拿出一個念頭，任它作用於自己的心緒，然後檢視它的效果。為了幫助理解這一點，阿姜蘇美多一再地對「我」，「身見」或者說我們所想像的自己予以反思。於是，在他的反思結尾，常常有這樣一個短語，「不是嗎？」阿姜蘇美多以此為你提供一個機會反思或默想他剛剛講到的。何況，倘若我們把「不是嗎？」一律刪去，以便增加本書的可讀性，那麼結果就會是一個訓導和規則的列表，而那就背離了他的意圖。

本書保留了阿姜蘇美多講話的口氣，文字上不無疵瑕之處。寫一本有關佛教的書並非難事，如若按照甲乙丙丁的順序，一一羅列須知須行的步驟，經文這般說，師父那般言，這樣的書籍在任何宗教體系中都有其功用，但是阿姜蘇美多的用意乃是支持你，挖掘你的全部潛力使你得以覺醒。雖然「覺醒」聽起來很簡單，但是它對社會以及世界上發生的各種複雜問題的影響卻是深刻的。上座部僧團的生活方式經常為人描述為枯燥、潔身自好、遁世。然而，阿姜蘇美多的反思卻充滿了幽默，還有洞見各種複雜問題的緣起。他指出我們對這種複雜性的反應，我們常常參考通過社會和文化背景所學到的東西。而這已經過去，乃是記憶而已。所以，我們被操縱，或為記憶，或為社會、文化和政治環境所控。在覺醒之路上，你須調查你實為何人，世界實為何物。如是，從靜定出發而不是簡單地對事情做出反應，我們方可利益自己和社會。

對心之動靜的描述方法之一，也是阿姜蘇美多假定為你所知的，是將之比喻為旋轉之輪。想像一下汽車輪子：輪胎在旋轉，而

軸心則在靜止之中。我們若不在靜止之中，則必在輪子之周。當我們執著於或取或捨，我們就從軸心被拽到了輪邊——無盡的後有／苦難的循環。

另一個詞阿姜蘇美多用來探尋我們是誰，卻不那麼普及的字是「內在」（immanent）。這主要用於宗教性的語境之中；它具有超脫之中的包容意味。再來，阿姜蘇美多所用的「超脫」一詞，所指的不是一個外部存在而等你獲取的東西，而是就在當下的一種境界，人身大可就在其中。

阿姜蘇美多出家四十餘年，此書表述的乃是對佛法的一種直覺理解。這些佛法開示緣於阿姜蘇美多二○○五年在英國阿馬拉哇奇禪寺禪修中心所帶領的一次禪十，加上了二○○一年所做的一些開示。這些閉關禪修都有一種輕鬆幽默的氣氛。

幽默乃是阿姜蘇美多反思風格的一個重要成分，而我們對生活的態度未免有過於嚴肅之嫌。把人間的各種情景的荒唐暴露出來，有助我們看透自己如何為這些情景所縛。如是，我們若能開始接受我們本來所是，而不是追求一個自定的理想雛形，就會如釋重負而放鬆下來。而這就會為洞見的產生創造出空間。對於有的人，這種空間恰是阿姜蘇美多講到的寂靜之聲，或者更簡單地說靜、空之心。不管它是如何呈現的，其所指向乃是無為，超越身、心的客物。

在這廣袤的空間，我們可以探查並反思社會和個人背景的影響，如是而行，我們得以從自我認同的幻覺中解放出來。這並非一個否定自我，將一些想法和感覺視為不端的過程，而是學著默默地

見證所發生一切，既不執著於它，亦不嫌而棄之。本質上，這是一種信念，接受經驗中發生的事物「如其所是」，或者用阿姜蘇美多常常喜歡用的話來講，「迎苦」。這就是要聆聽，接受並完全包容任何事物。

本書卷中的反思有時看來似乎相互矛盾，上個開示中講到「苦應當被理解」，而下一個開示則又規勸對「應當」保有警覺。但是在這矛盾的背後，你還是可以察覺到一個涵括一切的中心，那就是你要信任的所在：知念。

庇護所不是一位導師，亦不是一段經文，而是自心的清淨。它永遠不變、不持見、無主張、不受影響，同時，它生動、機敏、即興、慈悲——完全在當下之中。

本書經由數位僧眾和居士的筆錄和整理，亦獲益於智慧出版社（Wisdom Publications）的多方支持。編者願在這裡對他們大量的工作表示謝意。書中出現的任何誤解和錯誤都由編者單方負責。做為從阿姜蘇美多的教導、對佛法的獻身努力和鼓勵而獲益的我們，於此將本書奉獻出來，以與大眾分享。如同阿姜蘇美多在開示「歡迎痛苦」中所說：

我並無意力圖證明自己的正確，證明自己的解譯是最好的，而只是要看看這樣做在當下的效果如何。我與你分享這些，意在鼓勵你自我探索的權利和自由。

最後，願以本書之功德，迴向諸眾生。

沙彌 阿馬藍那索

（Sāmaṇera Amarannātho）

阿馬拉哇奇禪寺

（Amarāvatī Buddhist Monastery）

譯者的話

阿姜蘇美多俗名羅伯特‧傑克曼（Robert
Jackman），一九三四年出生在美國西雅圖一個
信奉基督教的家庭，顯然在信仰上很久沒有找到
自己的歸宿。在海軍服役時，他在日本一本關於
俳句的書裡聽說到禪宗。回到美國後，找到一本
日本居士鈴木大拙所著介紹禪宗的書，立即有了
遊子歸家的感覺。

他在一九六四年離開美國，一九六六年在泰
國廊開出家成為沙彌，一九六七年受具足戒成為
一名比丘，不久到巴蓬寺，從師上座部森林派的
高僧阿姜查。阿姜查的智慧、機敏和幽默對於一
向精進熱忱的阿姜蘇美多起到化石成金的作用，
成為一名有獨到之處的禪師。在阿姜查的鼓勵之
下，阿姜蘇美多在造訪英國後留在了英國，接引
西方的信眾。之後，他在英國先後於一九八一和
一九八四年創立了西薩賽克斯郡戚瑟斯特的契塔

委外卡寺和倫敦郊區的亨默爾亨普斯特（Hemel Hempstead）的阿馬拉哇奇禪寺兩座道場，並成為它們的開山住持。

　　阿姜與佛教的因緣從禪宗開始，但在他成為上座部的禪師之後並未終結。著名禪師宣化上人可謂華人到西方弘揚佛法的一位先驅，在美國加州的紅木谷建立了規模宏大的萬佛城道場。宣化上人沒有門戶之見，先後多次邀請阿姜到萬佛城講法，並為阿姜在紅木谷提供了開山之用一百二十英畝地產。阿姜藉由此緣在加州建立了無畏山寺。現在無畏山寺已經擴大至二百八十英畝。本書引言的作者，阿姜阿摩羅即曾為其開山住持。

　　阿姜在多年間多次造訪宣化上人的道場。為佛教不同傳承之間的交流樹立了一個榜樣。讀者可以看到本書的開示中多次引用了禪宗的一些方便和概念，包括話頭與公案。阿姜阿摩羅在導言中提到阿姜蘇美多在萬佛城開示時，有一位聽眾指出「寂靜之聲」的方法與大乘佛教《楞嚴經》之中的「耳根圓通」同出一轍。一段趣談之外，亦為有心的讀者進一步探究留下了可循的線索。

　　現在的世界已經步入資訊時代，科學技術與佛家最初傳入中國的漢明帝時代相比有了長足的進步。這為我們中的許多人提供了超出前人想像的豐富物質條件。但是如同很多讀者已體會的那樣，佛陀在苦諦中指出的「有漏皆苦」在經濟高度發達的現代社會，反倒比以往任何時期顯得更為真切。本書中收集的開示是阿姜多年修行弘法的結晶，對於初學者而言，是一本難得的啟蒙入門之書。它指出了從苦中解脫的唯一出路，亦即對心的修行，達到覺醒。

浩瀚的佛經存於世上已有數千年，講經弘法從古到今從來不乏人在。那麼阿姜蘇美多的這本開示集又有什麼特殊意義呢？倘若它只是一些多處可見的說法匯集，那麼對讀者的價值便是相當有限了。但事實上，阿姜這些開示的內容卻是相當獨到，並非讀者可在他處隨手拈來。在每一篇開示中，讀者都可以讀到阿姜自己所遇到的問題，感到的困惑，運用佛法而於此覺醒的過程。閱讀之餘，我們發現阿姜並不是一個生而知之的聖人，而是與我們這些凡夫俗子一樣，在這有為世界中曾為許多問題而苦惱，他在這些開示中與我們分享的出路於是就更容易令人生信。

　　佛法本來不是束之高閣，供人頂禮膜拜，使人感到高深莫測，遙不可及的。阿姜的開示平易近人，凡是所言，全無神祕色彩，皆為立可身行。欲望、妄想、身見等諸端鄙陋在阿姜的開示中並沒有被當作十惡不赦的罪過，而是我們生在此有為世界無可避免的經歷，與苦一同，它們甚至是覺醒之路上我們可以藉用的資糧。我們不應對它們一味抹殺，應當承認它們在我們的生活中應得的地位。問題的關鍵在於對它們的知念，認識到它們本身如其所是，也就是說看到事情的「真如」。

　　記得自己十八歲那年，在山西襄汾相當僻遠的三嶷山頭的小廟，與一位獨居的法師相遇。問到佛為何物時，他的回答令我愕然。「佛與你和我一樣，是一個人！如果你願意，你也可以成佛。」那麼他又如何是佛呢？「人生在世有八苦。你若修行己心，超脫八苦，那你就成佛了。」那時我對佛的概念大抵從《西遊記》

一書而來。無須說，他的說法於我而言是過於奇妙了，而當時的境況也使我無從深究。阿姜的開示，讓我感覺他好像是那位法師的再世，具體指出了通向覺醒和不死的道路。而且阿姜講的方法沒有什麼超越一個普通人的能力。讀到後來，就能深切地體會到佛陀的思想能力並非常人所及，但他指出的路卻是人人可行的。乃至如同阿姜所說，「最簡單的事莫過於覺醒。」

知念，或正念，是這個集子中出現最頻繁的概念。在現實生活中，我們難免碰到各種困境，由此而心生諸般愁、悲、苦、憂、惱。對這些心生的對象做事如所是的觀察而保有知念，乃是我們當走的正道。在正念的照耀下，這些苦念猶如陽光下的白雪，自行融化。阿姜還用佛陀本人的經歷說明對苦的超脫並非苦之結束，對苦的知念乃是我們在世期間需要不斷堅持的過程。

知念在阿姜的指導下是一個簡單的行為，把自己做為一個見證人，觀察心中所想所現，不問善惡，不加評判。將此做到極致之處，心會如此平靜，寂靜之聲就會顯現，思想也就於此處停止，人於是進入「想無想想」之境。這是阿姜自己親證的現象，真而不妄。這一點在這個集子中反覆出現，於是也成為本書的題目。

值得注意的是為了應對現代生活帶來的緊張情緒和隨之而來的各種精神問題，西方目前正在進行一場所謂的「知念革命」（Mindful Revolution）。目前在美國各地新建了不少以知念為核心手段的心理療所。二〇一四年在西方媒體有「知念生活之年」的說法，而美國《時代》週刊二〇一四年二月首刊的封面題目就是「知

念革命」。在這些場景裡，人們雖然把知念的起源與佛教做一定的關聯，但是其施教和應用的方法與傳統佛教卻不盡相同。佛教界的人士有些對此憂心忡忡，還有一些則為這一理念被認知，起到為眾生解苦的作用而歡喜，而不追求盡善盡美。

如同阿姜在書中多次提到那樣，佛法的六個特徵之一是「來見」（ehipassiko）。它是說佛所說的內容是我們每個人都應當自己來驗證的，這是一種高度科學的態度。正如愛因斯坦所說「如果說有一種宗教能夠滿足現代科學的需要，那就是佛教。」佛教在這個意義上是一門實踐科學，而不是一個宗教。這也是本書風格的一個特點，阿姜在開示中鼓勵我們每個人對涉及的內容之實踐和驗證，而不是盲目地相信和崇拜。

阿姜的開示的另一個特點是對直覺的強調。他指出分析性的思考和直覺的體驗之間的區別，從而強調知念必須從直覺而得。這與禪宗的「不立文字，直指人心」有其內在的關聯；與老子的「道可道，非常道」又不失為一個對照。

從另一方面講，本書中開示對直覺、自證、身行的側重並沒有遮掩阿姜講學的另外一個鮮明的特點，那就是與佛的教義之間的緊密關係。事實上，阿姜的開示所講到的從問題到方便，無一不從佛法的概念出發，又回到佛法上去。這個往復的過程也使得我們得以對佛法中一些看似抽象高深的概念變得唾手可得，簡單實用。如此，本書不僅是一本禪修的實習手冊，也可做為一本學習佛教教義的入門。特別是，阿姜在引入所有的佛教語彙和概念時，講解之

外，也一律給出了巴利原文。換而言之，我們在這裡還有機會聽到當年從佛陀本人口中講出的原話。

常寧在譯文中完好地保留了原著中的大量巴利語彙。阿姜往往在一個詞彙首次而不是次次出現於一個開示時，會給出簡短的註釋。文中的這些註釋常寧當然一概照譯。書後也附有巴利語彙表，供讀者在需要之時查對。但在此之外，常寧對這些巴利詞彙在多處加上了譯註。我們中文讀者大抵感受過歷史悠久的漢傳佛教之影響，耳濡目染對佛教中許多重要的概念之古譯有所見聞，於是除了把意思講明，常寧在譯註中一般也把這些巴利語彙與漢傳佛教的古譯對應起來。這是阿姜在給西方信眾開示時不會碰到的一個問題。

巴利是佛陀一生講法所用的語言，亦為上座部佛教藏經所用的語言。它本身並無書面文字，由是，跟隨過佛陀本人的弟子和其後的僧團，在佛陀入滅後的幾個世紀中的三次結集，都是對佛法的口頭復述。佛經第一次落成文字是公元一世紀在錫蘭的第四次結集上，以僧伽羅文標記巴利，書寫到貝葉上而成文。本書所用巴利語採用的是羅馬文字的標記，採用了一八八一年在英國成立的「巴利聖典協會」制定的標準。

目前，在泰國、緬甸和斯里蘭卡等南亞國家和地區，在遵循上座部傳統的寺廟裡，巴利仍然被僧俗二眾在修習佛法時廣為所用。但它已不是一個活的語言，不為任何一個民族的人民生活所用。巴利語的詞彙之意於是得以完好的封存，不像在一個活的語言中，詞義會隨著時間和歷史的進程而不斷地演變。佛教的概念原本是佛陀

用巴利講出來的，現在我們能夠見到他當初的表達，自然是十分的親切；而且這也便於我們的理會與佛陀的本意最為貼近。如阿姜在書中指出，巴利文的採用可謂上座部佛教的一個優勢。如此，我們鼓勵讀者對書中出現的巴利語彙拿出格外的注意力，嘗試著理解和記憶當受益不盡。

佛陀入滅數百年後，大乘佛教興起，其經典以梵文為記。堅持原始佛教，奉持巴利經典也就是沿循上座部佛教的傳統有時被不甚妥當地稱為「小乘佛教」。但即使大乘佛教的大德也從不否認佛陀本人親口所講的經典，大乘是對「小乘」的繼承和發揚，而不是對它的否定。

上座部佛教在中國一直是有其影響的，但無可否認的是，漢地佛教的主流歸屬大乘，以致漢傳佛教已經成為大乘佛教的同義詞。佛教在漢地長遠的歷史，對中國的文化、思想、文字、文學、戲劇、詩詞都發生了源遠流長的影響。其結果之一，是為我們留下了一整套古譯的佛教詞語，出自於鳩摩羅什和玄奘等古代的譯經家。這些古譯無疑是我們中華文化的瑰寶，但是也帶來它們自身的問題。漢文的優勢之一本是望文生意，但由於文字的意義在上千年間的演變，不少佛教術語的古譯若沒有相當的解釋，對許多現代人來說幾乎是不知所云了。

常寧在此書的翻譯過程中，竊以為僅做到「信、達、雅」對於本書的翻譯還是不夠的，對於漢傳佛教的信眾而言，翻譯出來的文字必須與人們耳濡目染的既定漢傳佛教詞彙相連。阿姜是一個現代

西方人，所用的語言風格也是西方現代化的，將漢傳的古譯融入此種風格毫無疑問具有其挑戰性。在阿姜給出巴利語的情況下，找出相應的古譯至少是有路可循的。常寧在文中還發現不少完全是英文表達的句子，雖然沒有註明出處，但實際上卻是在經文中有其典故，而在漢文經典中有其成譯的。在這些情況下，常寧都盡力通過行文和譯註（書中的所有註釋均為譯者所作）而予以反映。

為了幫助讀者的閱讀和理解，常寧在書後增補了〈漢巴英佛語簡釋〉，與阿姜匯編的〈巴利語彙〉相互參照。其中收集了與本書出現的佛教術語對應的漢傳古譯，對每一詞條給出了對應的巴利和英文，也在需要的地方用現代漢語給出簡明的詮釋。

阿姜在本書中對佛法做出生動的詮釋，給出許多簡單明瞭的禪修方法，根據自己的經驗和觀察，對人們修行路中常常碰到的障礙（結）指出了解決的出路。西方的眾生已由阿姜多年的弘法受益甚深，常寧十數年前就讀過阿姜一本名為《事如所是》（*The Way It Is*）的開示集，曾從中挑了幾篇動手翻譯與一些信眾分享，現有幸能將本書譯成中文由橡樹林出版社出版，實不失為一段殊勝的機緣。

數月之中，夜以繼日，埋頭書案，今日終於完稿。此間得見諦法師多方指正，特此鳴謝。常寧道行平平，才疏學淺，疏漏之處，在所難免，還望諸方善知識不吝賜教。倘有漢地信眾在修行道上從本書有所裨益，常寧將不甚欣慰。如是，在此擱筆之際，頌偈曰：

愿以此功德，莊嚴佛淨土。

上報四重恩，下濟三塗苦。

若有見聞者，悉發菩提心。

盡報此一身，同生極樂國。

十方三世一切佛，

諸尊菩薩摩訶薩，

摩訶般若波羅蜜。

常寧居士牟志京公元二千零一十五年秋

寫於觀海軒

觀身（一）

不斷提醒自己我們認識到永恆的自然狀態是重要的，因為你的經驗永遠發生在當下、此時此地。當你回想過去或是推測未來，所有過去的記憶或將來的預期都是發生在當下。如是，此乃時間的幻象，因為在尋常世界，時間是我們的現實。我們毫不懷疑，堅信時間的真實性。而靜坐的目的就在於不斷地提醒我們注意當下。任何經驗永遠發生在當下：此時此地，亦即巴利文中所講的現前法（paccuppanna-dhamma）。

我們的心飄移不定，你剛一開始思惟，就又會開始籌謀未來或憶念往事。知念能把你的注意力放在心的軌跡上。將來是當下心中的一個念頭，而過去是一個記憶。你可以對心之在想有知念，亦可對心之所想有知念。我們並不是己之所思；我們的思惟是人

工所造。如此，我們可以想任何事情，合理的、瘋狂的，諸如此類，但是思想是這樣一個人造詭象，我們可能會將自己與它認同，為之所恐嚇，為之所控制。如此，我們在此時此地樹立對當下、知念和 sati-sampajañña[1] 的信心。

例如我們的四威儀：坐、立、行、臥，這些是我們身體從早到晚所做的動作。如是，身體是在此時此地，很明顯現在你就能感覺到你的身體，它在坐之中。如是，反思你坐之體受，從只是注意和感覺它開始，把這往往被漠視的簡單事實領入自己的意識。然而這就是當下的一個現實，這個身體。對我們每個人，我們的身體都存在於當下，此時此地，不管它處於何狀；無論健康與否，樂或苦，它如其所是。如此，我們現在就花上幾分鐘來默想，把你的注意力放到你自己身體的坐儀之上。

當我將注意力放在身上，我注意到身體在座上的壓力，這是一種明顯的感覺。我開始注意到自己的脊椎，或者身體的緊張……肩膀……手和腳。它們就在此時此地；僅僅對之觀察，做一個靜坐之中的身體的證人。站在一個證人或旁觀者的位置上，如是而已。不是當評論員，不是對當下的身體品頭論足，不管它舒暢還是難受或你覺得自己坐得好還是壞。相信自己當一個觀察員就好了。坐之感受如是……專注於此，於身體。當下乃如是。如此，你把身體做為一種體驗而領入意識。你可以用一個早晨坐在這裡，想入非非；

1　sati-sampajañña，字面意為念，知。傳統漢譯為正念、正知。

我們可以籌劃未來、回憶過去。坐在這個佛堂，我們可以走遍全世界；幾秒之內，我就可以到達泰國，或者澳大利亞──這不是我們在這裡的目的，我們的目的不是旅行，而是住於此處。

我們想要定義東西，想要可捉、可握、可執的東西，但這本非關執著，它只是予以注意，不是嗎？所以，學著信任這一本能，這一簡單的能力，而與其本然在一起，聚念於自身。這個身體與你的心態相比，還是相當地牢靠，它比你的意念或情緒來得穩定。它是厚重的，同時又是一個敏感的形體，具有意識的敏感的形體。當我如此默想，我對身體狀態的感覺就會更為清楚。這包括對腹部、胸腔、心臟的感覺，手足的位置……壓迫感……一隻手觸摸另一隻，諸如此類的小動作。亦或身上所著之衣，只要注意衣服與皮膚相觸的感覺；這些我們平常漠視的感覺，除了那些讓我們感到非常疼痛的。現在，我們並不是要等待那些強迫我們注意力的事件發生，我們在集中我們的注意力──用這個身體做為知覺的對象。

所以，如果你的心容易遐想也並不礙事，不要對此大驚小怪。當你意識到你的心別有所思，輕柔地把它領回到身體上來，做一個你靜坐的見證人。

遐想乃是心的本性。注意一個念頭是如何激發、聯繫到另一個，這是它遐想的原因。一個念頭出現，它就走到與之關聯的其他。對此，我們當知：你不是一個念頭，亦不是起念之過程。思惟是我們發展出來的一個習慣。思惟以記憶為前提；還有語言，不是嗎？──語言和記憶。如是，我現在所指的是知念，而不是念頭或

思惟。這是學習認識和實現對當下的知念，因為它與我們同在，它從不缺席。我們忘記它之時，就會為自己的觀點、意見、習性所制。靜坐可以把我們領回這個中心點，此時此地，還有那涵括它的知覺。如是，知念涵括身體，這也是為何你可知覺身體。你可以做為對當下的體驗，完全地住於身體的實相之中。

你能感覺到溫度，不管那是冷還是熱。身體是一個敏感而有意識的形體，在過冷過熱的時候，我們傾向做出某種反應。與其僅僅出於反射性的反應，我們還可以把注意力放在冷熱的感覺上，知覺它而已。溫度、壓力、動作、血、氣、血液循環、神經系統 —— 所有這些乃於當下。如是，我們觀察；我們不必強求以任何特種的方法來體驗它，亦不必做到任何細緻的程度。你僅需信任這種簡單而自然的，當一個靜坐感受的觀察員的能力。

你當放鬆，讓自己處於輕安的狀態。你若用意過深，就不能保持知念。你也許知道我講的是什麼：你或許把這當成你必做之事，而且你在努力做你以為我告訴你要做的事。但我現在所講的更多地僅是做為對你們的一種鼓勵而已。在這次禪修中，我想要做的不是告訴你們應當做什麼，而是鼓勵你們。我僅僅是要不斷地指向並鼓勵你們去相信你們自己的對當下的知念。

當下的另外一個對象是呼吸。呼吸是我們身體的一個生理現象，不管你喜歡與否，無論如何，它會持續到你死亡之日。你若現在停止了呼吸，那就意味著你死了。所以你可以把呼吸做為一個集中點，因為它就發生在當下，入息和出息。此刻，你可以感覺氣

息出入身體和鼻孔。你能感覺到腹部的起伏，你可以在胸部感覺到它，在你入息和出息之時，你知道它們不同。在傳授對呼吸的知念時，不同的師父會選用不同的專注之處。

　　現在注意一下，你哪裡感覺呼吸最明顯？哪裡你能注意呼吸最專心？身體的什麼部位最明顯？注意身體的呼吸，然後專注到那特別的一點。所以，如果那恰好是你的鼻孔，那麼就等到下一次入息。吸氣——保持你的注意力在吸氣的感覺上，然後再呼氣。保持你的注意力於一事之上，那就是當下所正發生，且將之做為你的專注點。如此，用自己的呼吸，正常的呼吸，不要試圖去控制它。並非是你必須以某種特定的方式呼吸，只是以你正在體驗之中的方式。聽其自然，使用它，吸氣、呼氣、升起、落下……因為這是當下所發生。它如其所是，本來自然，本是自然。它事如所是，而你是它的一個見證者，因為你認識到你是站在 Buddho，或者說知者和證人的位置上。

　　在泰國森林派的傳統唱誦時常常用到 Buddho 一詞，而這是佛陀的名字——覺醒的智慧。這是有意識的覺知。我們昨晚皈依，我們皈依於佛。所以，你們實際上居於見證和了知的位置。而這就是 Buddho，知事如所是，呼吸乃如是。當我說呼吸如是，那是一個念頭，但它亦為一個指向，它幫助提醒你與呼吸同在。它不是批評、分析，亦非雜念，對嗎？它不是對呼吸作想；我僅僅在說要與呼吸同在，注意呼吸。Buddho 幫你專注，記住用呼吸做為你的專注所在……來開始認識知念。

呼吸和身姿是自然的狀況。換而言之，它們是 Dhamma。在泰語裡，那些自然的，非從貪癡心生的事物被稱為「Dhamma」[2]。如佛知法，事如所是的真理；佛與 Dhamma 的關係，而不是阿姜蘇美多努力修習靜坐。如若我從這裡——從我，阿姜蘇美多，努力修習靜坐出發——我就回到了個人化的場景。那不是法，不自然。那是營造、幻相、框套。「阿姜蘇美多」這一名字是一個框套，而且「我的禪坐」是另一個框套之下的思維。它出於此念「我是某修行之人，他需修行佛法。」而我們要從當下的中心出發，學習認識事物的自然狀態，而不是先自我營造一番。

　　如是，用呼吸和身體：它們是你此時就可體驗，本來平常自然的狀態。這是為什麼如果你常為雜念所苦，對身的知念會給你帶來踏實的感受。我們的文化和社會偏重理性，所以我們很容易為各種觀念和思想所困擾。如是，我們可以大部分時間生活在一個完全人工的環境之中，完全由我們營造而出，而且我們還營造出一個自我的感覺，以及我之所想、我之過去、我之將來、我之能力、我之不能。這些是幻相；這些是人們在當下之上的添加物。所以，你們現在來認識知念，體證知念之簡單，你沒有在營造它；這不是要你來相信或掌握，而只是要你認識它。它簡單，非常簡單。它本來自然。

2　Dhamma，法，在佛教中泛指一切事物，特指佛法。與文中講到泰語中的用法不盡相同。

呼吸和身體是我們靜坐之時的焦點。如此而作的目的無非讓你認識知念，對呼吸和身體的知念。如此而已。你不能將之視為一個對象。你的呼吸是一個對象，不是嗎？你可以知覺入息和出息，你可以知覺你的坐姿、你的身體、坐在地板上的壓力、你身上的著衣、熱、冷。如是，這個知念，非由你造，它是生存的自然之態。

　　呼吸時，當你知道你的心進入遐想，你開始思想什麼了，那麼就輕輕地把注意力轉回到自身，繫念於你的呼吸，練習維持你的知念於呼吸的節奏之上。如此，你注意到入息和出息不同；入息乃如是，出息乃如是。它們不同，不是嗎？這不是要厚此薄彼，這僅僅是注意、維持，並安住於一種仁厚、放鬆、專注的狀態，如此讓身體呼吸自如。你當自安，不要將之視為一個必須的任務。培養對自己和知念的信心非常重要，此乃一種輕鬆之態，若努力過度，你就又回到了「我必須，我必須如此而行」的習性之中，成為一種強制，使之成為一個勢必獲得或達到什麼的項目。靜坐只是回歸，放下世間萬物，而不是試圖獲取什麼──放下，自在為之。學會與呼吸、與當下所生、與自身安然相處。

當下

不死之門已開敞，

普令聞者展信心。

　　我經常用到「反思」一詞，因為通過我
們具有的這種反思能力，我們能夠知解超脫
生死和苦難的自由。我們的心賦予我們思考
的能力，我們能夠分析和評判，因為我們具
有記憶、語言等等。我們有好壞、是非等等
概念，而這是十分二元化的。有對必有錯，
有男必有女；晝夜、好壞、大小等等相對的
概念也是如此。所以，你若為思想的慣性所
控，那麼你就不可避免地陷入二元的世界之
中。這是一個線性的世界，一個東西跟著另
一個東西；猶如你的入息與出息。所以這是
一個有為的世界。

　　我們用到「有為世界」或「法界」這樣

的詞語，這是我們通過感官和思惟之心所體驗的。我們具有此身，於是我們有感官：眼、耳、鼻、舌、身、意，這些都是條件、是現象，它們有生有滅。身體生下來，長大、變老、死亡，入息之盡必是出息。這好比你生下來，長到一定限度就開始變老，這是 saṃsāra[1] 或有為法[2] 的模式，我們的心是有為的。

我們並非生下來就如是思惟，對嗎？一個嬰兒生來就有意識，它的意識存在於一個獨立的形體，一個人體，一個嬰兒體中。但是它沒有自我的概念，它不知自己是男是女。那是後來，我們被告知「你是男孩」或「你是女孩」，之後我們又被告知自己的人種、國籍和民族；你並非生而知之「噢，我是斯里蘭卡人」，這是你後來被告知的。所以，這些是我們人為地加到身體和意識經驗之上的框套。語言是人工的，意識是自然的 —— 我們並沒有營造它。人類沒有營造它，身體是自然的條件，猶如樹木、花草、小鳥和蜜蜂，所有這些都是我們正在經歷的感官世界中的自然狀態。後來我們以人所具的條件為緣，在其上營造出自我的概念：「我存在，此是我身，此為我所，我為男。我是美國人，我是佛教徒，我是阿姜蘇美多。我是一位好僧人或壞僧人。」

我在此僅是指出一種幻相 —— 我們強烈地將自身與之認同的人

---

1 巴利語，輪迴。
2 這裡的原文是「由條件而生的」，漢傳佛教中慣稱「有為」。緣起之法，乃有為法。

工軌範。當我們用到呼吸，把呼吸做為專注的對象，我們並未營造呼吸；它自然存在，它在進行，不管你想它與否，無論你視之為你的呼吸與否，全無關係，它如其所是。而身體本身，以知念來體驗四威儀，身體總在坐、立、行、臥之中。你或可拿出什麼不平常的姿態，或倒立、或在樹間跳蕩、諸如此類。是以，我們所指的是尋常，不是特殊、極端的、我們或可從中取樂的情景；僅僅是平常的呼吸，平常的坐、立、行、臥。

　　一般講來，置身於非常之境要求我們有更多的知念。你若是一個攀岩者，我本人從來沒有這樣的經驗，但我總是十分欽佩這些人，因為對我來說這是十分嚇人的事情。但這並非日常生活所必須的舉動，它是我們的有意而為，而且十分危險，我猜這要求高度的知念。當你的生命在危險之中，當你的身體遇到危險，你發現你會啟動自動駕駛，至少對多數人而言會是如此。當你受到某種威脅，你察覺到這種威脅，你的內部有一種東西，一種本能的求生機制，會有很強的知念。如此，你會發現自己做一些非凡之舉，超過自己平日之想像。諸如戰爭中的英雄行為，拯救他人，諸如此類。在罕有的生命遭遇危險的場合，你會做此種反應，而你若對其有意作想，與自身認同，就有可能做不到了。

　　據我所知，現在我們這裡沒有任何特別的、一觸即發的危險。現在並沒有危險的威脅是我們要做好準備的，如同發生空襲、恐怖行動那樣。如是，我們來到像阿馬拉哇奇這樣的禪修中心，而它是一處相當安全的所在。這裡從來沒有發生過任何真正的危險，至少

迄今為止。如是，它是佛家之地，佛教寺廟。我們持戒，我們閉關禪修，持守八關齋戒[3]，我們彼此無須猜疑；在行為上，我們彼此信任，我們一致自願從身、口、意上持守戒條。而這使我們感覺不必像這裡的松鼠那樣，從樹上一下來就要面臨危險。而這使得牠們對各種聲響和動靜都保持高度的警覺，因為牠們只有在樹上，而不是在地上，才能感到安全。當然，如果我們住到樹上，大概不會感到多麼安全，至少我是這樣。在地上，在這裡的地面上，我感到頗為安全。現在，我們就可以注意到這一事實，戒條乃是眾人所接受的對行為的約束，它給我們的生活帶來一種安全感。

我們不同於叢林之中的動物──活下去差不多就是牠們所能企求的最好目標。我們可以彼此信任，因為根據我的經驗，禪修中心對黑手黨、罪犯、販毒者，或具有怪癖之人不具吸引力，那些人不為這樣的地方所吸引。如是，到這裡來是頗為安全的。生出這種安全感是重要的，因為我們所在的世界是危險的。我們知道自己乃是脆弱的生物，我們沒有堅厚的盔甲，容易受傷，身體容易被損害，而且我們還是十分敏感的生物，可以在情緒上遭受傷害。如若有人說出粗野的侮辱之語，我們會感到心的驚顫。甚至人的眼光也能產生這樣的效果，如果那是充滿敵意的話。

就此世界而言，你正在體驗著一個感官世界──不是以個人經

3　八關齋戒，亦為八戒：不殺生、不偷盜、不淫、不妄語、不飲酒、不塗飾香鬘歌舞視聽、不眠華麗之床、不非時食。

驗為背景，而是事如所是。現在，默想一下你的生活，做為一種經歷，從誕生之時到這一時刻：是一種感官的經歷。這是因為事物無時不刻都在撞擊你的感官──從你的眼前而過，或做為聲音進入耳朵，氣味進入鼻子，味道接觸舌頭。苦樂或冷熱對身體以及情緒的作用──感覺就是如此。它並非僅僅由快感組成──觀看美麗的景物、悅耳的聲音、醉人的香味、美味、溫暖柔滑的觸感；我們的感官會從周圍的環境中接受各種各樣的刺激，我們對所要接受的感受並沒有太多的掌控。

此為我們的感覺之所是。我們情願只要悅人的，被美所環抱，浸在動聽的音樂中，有美食、熏香，還有安全、安謐、和諧和幸福的感覺，這是我們所稱的天堂。但在我們所處的世界不是天堂，是嗎？它是一個感官世界，不是一個虛無縹緲的世界。我們都生有肉身，不是縹緲之身。它不是由以太 [4]，而是由四大組成的：地、火、水、風。身體乃如是──它粗糙，由粗糙的元素組成，但是它也是敏感的。如是，用你的身體和感官做為焦點，我們就能夠對感覺予以反思。你可以對樂與苦有知念；你可以對你當下的情緒有知念。如是，這一知念乃是佛陀所指出的我們的庇護。這是因為知念使得我們能夠認清在生活中如何運用智慧，而不是僅僅對事物做出

4　以太（ether），古希臘哲學家亞里斯多德所設想的一種物質，為五元素之一。十九世紀的物理學家曾假想它為電磁波的傳播媒質，現在這種假想已經被放棄。但在日常語言中，以太仍常被用來代指虛無縹緲的東西。

習慣性的反應。

　　當我們僅僅從經驗出發，我們就會傾向於對所發生的事情做出條件反應。如是，我們如在樂中就想要更多的樂，我們傾向於抓住快樂，試圖最大限度地取得更多。我們喜歡安全感，有很多錢，身為許多珍美之物所環繞。我們喜歡穩定的社會，一個管理得井井有條的國家，好的經濟狀況，可靠、安全，這些會使我們持續地保持良好的感覺。但是這個世界的本質乃是變化，故說它不可靠。你不可能只是吸氣，你一定還要呼氣。你不可能停留在你身體的巔峰、你最美、最健康、最年輕的時刻。這並未妨礙許多人在這方面的努力！但是他們從來也不是特別成功。

　　衰老、疾病、死亡本是自然 —— 在這個世界，這個有為、感官世界中事情本來如此。如是，我現在所做的是對生活，對身體的本性，對感官的體驗，和感覺究為何物予以反思。我能夠看到，在個人層次上說我是諸緣和合而成；我的人格是諸緣和合而成。我希冀諧和與平靜，我希冀在僧團中與男女出家眾一同生活，其中永無困難，共享生活，向涅槃行進。一個永遠沒有問題的地方，沒有誤解……的地方，那是一個理想的、天堂般的寺廟。可能在天上會有這樣的寺廟，但是在這個世界，寺廟卻是有如這裡。

　　如是，我們盡力而為。我們都遵守戒條，我們都接受如此生活；我們有大家都同意的行軌，這使生活變得簡單。至少，我們不必為特權等事項永無休止地談判和索取。雖然這是一個基於資歷而有不同地位的分等級的組織，它亦為一個以慈悲為懷的組織。即

使在一個理想的寺廟，裡面都是你可能想像出來最好的男僧和尼師，你還是會遇到突發的、出乎意料的、不盡如意、不想見到的事情，還有園中之蛇、果中之蟲、膏中之蠅。我們寧願無蟲之果、無蛇之園，但是這是在理想化，不是嗎？這是在索求某個東西，而它並非生活所是。所以，這是於當下做為個人來認知經驗，具有感知乃如是。

當我說「乃如是」，是要對當下的現實予以反思；身乃如是，心、感受的情緒、心境乃如是。我並不打算告訴你我的心態是好是壞——我並不知道如何來描述自己現在的情緒——它乃如其所是。我能告訴你的只是我此刻的心境相當不壞。我若正在糟糕的心境之中，你們會聽到一些不同的東西，不會嗎？佛的一個名號是世間解（lokavidū）[5]。不要把這看做什麼抽象的高高在上的佛，我是說，你皈依了佛。佛為我們提供的皈止之所乃是 Buddho——知此世間如其所是。如是，這是對世間之反思，而不是做好壞的評判。我們並不是站在世界的反面——並不想摧毀這個世界。我們不是寂滅論者，亦非要責怪諸法。有時，佛教徒可以聽來像是在責怪一切：「諸行無常，諸法無我，一切皆苦。」你會碰到這樣的佛教徒，他們抓著框套的教條不放，執著於一些說法（用憂鬱的音調）：「此

5　佛有十號，分別為如來、應供、正遍知、明行足、善逝、世間解、無上調御丈夫、天人師、佛、世尊。lokavidū 為其中「世間解」，知世間和出世間一切理，知世間起因，知之間之滅和滅道。故稱「世間解」。

生是苦，終歸死亡。」──（非常壓抑地繼續）「此本無神，比本無我！」──這並不是對這個世間的本然之反思，是嗎？因為世間是一個不斷變化的經驗過程。

諸行無常──世間的事物生息不已、生滅不已──亦即巴利語中所說的 aniccā，或說無常。如是，我們開始使用無常這一概念，而不是將之投射到經驗中去。我們不是從一個立場上來說「諸行無常」，引用 aniccā 這一概念的目的是讓我們注意到變化。注意一下你呼吸時的動作，呼吸的動作本身並沒有什麼錯的地方，不是嗎？這不是一個判斷，而僅是注意通過感官感受到的變化實相。

當你認知到你的情緒，注意你不可能將之無限地延續，當你真正地檢視它之時，就會看到它在變化。它的變化有多種，包括生與息。所有的感官體受，我們的所見、所聞、所嗅、所嘗、所觸、所念、情緒，以及一切有為法，皆為無常。這不是一個讓你執著的說教或斷語，亦非你行事的根據，它只是一個讓你去探索的教導，以使你得以成為無常的知者。那麼，知無常者又為何物？是一個可知其他條件之條件嗎？它是由知念而生的──因為它並非我們營造而出的條件，是嗎？專注，心念清晰地住於當下，允許自己反思，注意事如所是，靜靜觀察。

Buddho 或 Buddha，乃是知者，乃是知性。我們叫它作佛，但我不是在說，「啊，我是一個佛！」因為如是你又回轉而成為一個人。我們並非在努力說服自己多少得到一點佛性，如此這般。我們不是在說服自己有關佛性的任何方面；我們只是在知之中，持有知

念。這也是為什麼在這次禪修中，我們要強化知念——一種對直接的知念的信心。對於我們中的多數，沒有比此更難的事情。我們是如此地堅信束縛我們的思想、觀念、意見和身分，以至不能看透它們的本質。我們評判，我們對自己，對所在的世間進行評判——它當如何或不當如何，我當如何、不當如何。「我不當如此作想。我只當生慈悲之想，我是一位長老，所以我只當有慈悲之想，我永遠不當生負面、自私、幼稚之想或情緒！」這是評判心，不是嗎？我的概念，認同肉身年齡：「我是長老，我是老人，我年長。」還有「我當如此」或「我不當如此」，但是在這一切當中還可以有一個知念，知此為營造——我營造自己如是。如是，反思，審視自己，你開始看到知念——它非你營造，它無我——與你營造的自我之間的不同。那麼，我如何營造自我呢？我必須開始想，「我是阿姜蘇美多。」此時我若有知念，我的心中便沒有「阿姜蘇美多」。

有時候「我是阿姜蘇美多」的意識會浮現，但是一般境況下我想得沒有那麼多，我並不需要隨時想著「我是阿姜蘇美多」。如此，我在沒有想我自己的時候，我會想「我是一位長老」，隨後，就會為過去的記憶所纏擾，想起犯過的錯誤。我傾向於從好壞的角度看待思惟——這全都是評判心在起作用，不是嗎？這是來自於評判的心智，思惟是一種評判的心智。這般話並非是在指責思惟——它是一個十分有用的功能。但是做為一種認同，它就是一個敗績。你根本不是你之所想，要知道你非你所想。然而，我們一般傾向於相信我們就是自己所想的自己。是以，我們帶著這種局限對自己的

意識出發而進行種種判斷：我不好，我不當如此感覺，我當更為負責，我不當如此自私，我當如此，我不當如彼，我不當如此感覺……這些都是思惟，不是嗎？

思惟是一種營造。那麼當下什麼不是出自思惟呢？知念不是一種思惟。你若試圖進入知念，你便是在抓握知念的概念：你是一個不具知念，須努力獲得更多知念之人。這就成為另外一個營造。我就碰到這樣的人，他們一心要掌握覺知，卻看不出自己在做什麼。他們在腦子裡對覺知有些概念，一些他們想像出來的覺知當是如何的概念，然後努力成為那樣。毫不奇怪的是這樣做並不能奏效，你愈是想進入覺知狀態，愈是分心。在我修習覺知的過程中曾經犯過一些非常可笑的錯誤，這是因為執著之心所生的意向會如此之強，它能使你平地失步。

覺知並非依賴什麼控制條件之下深奧、玄妙的狀態。它十分平常──再平常不過了！你若不能覺知，那就死去了。我的意思是，是覺知在支撐著你正常度日，不管你是否意識到了這一點，它只是沒有被注意到。知念不是一種概念，開始修習靜坐時，我雖然以為自己懂得這一個詞，實際上我卻不知道它為何物。他們講到「住於知念之中」，又講到「定念」。我在曼谷還是一個居士之時，使用的第一個方法是慢動作。如此，我曾以為要想繫念，你須以誇張的慢動作來做事。這樣，我練習著以慢動作來做一切事。這並不是一個很實際的生活方式，你只能在一定條件下才可以如此行事。你若趕火車想準時到達希思羅機場⁶，慢動作不會讓你成功。你能夠在

繫念之時跑步趕公車嗎？這些是繫念的修習：它是一種把注意力高度集中在身體的慢運動上之方法，所以我把這當作了他們所說的繫念的意思，但後來我知道了並非如此。

覺知是平常的。它只是要知覺你身體的動作：坐、立、行、臥、出入息，或者知覺你的情緒或心態。有時我們有心修習，心卻四處亂跑，這時，我們試著做入出息念（ānāpānasati）[7]，這是一個無盡無望的過程，因為心四處亂跑使得集中到呼吸這樣細緻的動作全無可能。這就是為什麼我要鼓勵你觀察自己的情緒，你一旦把注意力放到情緒上，就會認識到，「喔，它乃如是。」隨後，在你有了這個認識之後，你會平靜下來 —— 你若平靜下來，ānāpānasati，或者說做入出息念就沒有那麼難了。你可以發展禪定（samatha）[8]、禪那（jhāna），所有這些由定而生的狀態，但是，你的心如果在四處亂跑，在迷惑、激動、不安或不適之中，抑或你為怒氣和不平所控，就不要做 ānāpānasati。如此，你又該如何呢？

你可以出門到田野上奔跑，抑或耐心接受你的心態乃如是。因為你如果對它不予理睬，它就會自己安定下來。它是無常，它會變化。如是，對於你的心境，你要做它的證人，而不是法官。你若開

---

6 倫敦的機場名。

7 亦稱安般念。

8 又譯為奢摩他，禪定之意，與 samādhi 或三摩地相關而有別。後者泛指定，前者特指禪定。

始評判，就會進入「我不喜歡這種心態——我要去除它。我如何去除它？我不要它！」這樣的法界。你會與之爭鬥。如此，你不僅沒有去除它，反而營造出對它的負面情緒：「我不喜歡它！我不要它！」你會產生壞的情緒，而且你不喜歡自己產生壞的情緒，這是一個惡性循環。我們會愈來愈迷茫，而這也是在現代生活中，我們為什麼會如此神經質的原因。在如同我們所在的國家裡，我們並不是與自然的力量和環境共處；我們為複雜的網絡和編織的幻相所驅役，於是對自己實行諸種強制：評判、批評、理想。反思這些自然的狀態，與「事如所是」相接，而這當然意味著不試圖去控制，這需要耐心。

耐心和忍受意味著即使在我們營造了痛苦的、不欲的、不喜歡的東西，我們也要容許它如其所是。當我說「接受它如其所是。」我並不是要求你喜歡它，接受不等於喜歡。它意味著如果當下你的心是分散的、迷惑的，那麼接受它——也就是說你允許它如其所是。你也可以試著保持它，如果你故意保持它，你會發現你做不到。如果你不知道自己在做什麼，那麼看起來你永遠也不會回到平靜狀態裡了。這有如攪動有淤泥的水，如果你不斷地攪動，它就保持渾濁；你若置之不理，它就會變得清澈。這也就是為何了知自己是如此重要，如同在正規的靜坐修習時那樣去注意、觀察情緒和心態乃如是。

身如是，呼吸如是。對身體有知念是說我們知覺它如其所是，因為它是有知覺的，整體是敏感的，每個細小部分都是。手指、腳

趾、每一部分，它是一個完全敏感的形體。我們感覺到的許多，例如衣服在皮膚上的壓力是十分中性的。我們很少察覺中性的感覺，因為它們一般並不引起我們的注意，引起我們注意的往往是極端的感覺，諸如痛感。如果你的衣服或腰帶過緊，令人十分不舒服，你就會注意到；如果你褲子上的腰帶鬆緊適度，你可能根本不會注意它，除非你對它給予特別的注意。這不是等待什麼事情進入一種極端狀態而非要注意不可，我們把注意力領到當下身上的平常之態──樂受、苦受亦不排除。我們在發展見證力，發展 Buddho。

知念是 sati-sampajañña，覺性與智慧（sati-paññā），而這種智慧是非評判性的，它不是要確定對象的性質──褒此貶彼。它辨識事情如其所是，這是我們所稱的直覺的知念。我用到「直覺」和「明覺」或者（另外一個好詞）「直覺的瞬間」，來涵括當下的一切。我一旦開始思惟，就會開始排斥。我拿個對象，對之評判；我形成意見：「我喜歡它」或者「我不喜歡它」。但明覺、直覺，不是批評，不是批判，它毫無疑問地是知覺，而它還是辨識，而這也正是智慧得以發展的所在。在這辨識之中，要真正地辨識因緣所生法就要如此而行。所以，我們有無常、苦、無我（aniccā、dukkha、anattā）這三種存在的特性。這些不是品質，對嗎？它們不是現象的品質，而是它們的特性。這些特性不是對現象的評判或者批評，而是在我們放下評判心後觀察現象的途徑。

我們在辨識事如所是：「諸行無常」── sabbe saṅkhārā aniccā 是此說的巴利語。sabbe saṅkhārā 在巴利語中是「所有的現象，諸

行」之意，而且它們都是無常的——aniccā。所以這是反思的辨識和觀察，而它幫助我們放下認同的身分即個人的定格和習性，亦即把我們與身心的狀態綁縛在一起的東西，因為給我們帶來痛苦的正是這些東西，我們的痛苦總是從個人層次而來。第二句話——sabba dhamma anattā，「諸法無我」又是何意呢？巴利詞 dhamma 在英語中沒有一個很好的對應，這是為何我們只好直接將之引入英文語境中——dhamma——但是它意指一切！有為的、無為的，那麼這又是什麼意思呢？

有為，還有無為，是有為的反面。這個道場的名字是 Amarāvatī，意為不死，Amarāvatī 是「不死之界」。不死——這又是何意？所有的有為法都要死亡，或滅止。所以，我用巴利語開始唱誦「Apāruta tesam amatassa dvārā ye sotavantā pamuñcantu saddham（《大本經》，《長部》十四），「通向不死之門是敞開的」。那麼，什麼是通向不死之門呢？此知念，彼乃不死之門。知念是出脫輪迴，超脫生死的唯一出路。任何其他的道路皆為虛幻，知念永遠是在此時此地。這也是為什麼「我明天做」，是另一種你在當下所營造的幻相。

知念，非你所造，唯須認知而已。它是我一再指出的，要認知這個 Buddho，知性。它如是——心情如是、身如是、呼吸如是。你對這些反思多了，就會知道「我有其人」之念亦復如是。當我開始覺到我識，開始營造自己，那麼我乃如是。「我」做為一個人，你有一個緣生的人格，它包括一些好的，還有一些壞的方面。做為

一個人，我可以十分理智和通融；在另外的場合，我又可以是十分固執、不理智、情緒乖戾！靜坐時，我會看到自己變得瘋狂。事實上，我不止一次地從個人層次上陷入瘋狂狀態。

我可以在愚蠢的或聰慧的想法進入我的意識之時有所知覺，這其中用到的是辨識而不是評判。我剛一生出愚蠢之念就開始評判：「這是愚蠢的想法！」我站到個人立場來反對它。愚蠢的、聰慧的、老成的、幼稚的，不管你願意叫它什麼，你與它們的關係是通過知念和智慧：它乃如其所是，有生有滅。如此，它是 anattā[9]。雖然它自稱為「我」，實際非我。這僅是一種出於習性的說法，「你實際如此！」這是身見習慣性地作如此說。

我是要皈依自己那個每次按它行事都帶來麻煩的那個身見，還是皈依知念？這個選擇十分明顯。每一次我皈止自己的感情、觀點和看法，都會給自己引來各式各樣的麻煩，為自己營造出無邊的痛苦，沒有必要的焦慮。何苦為之？特別是當你知道別有出路。出路即在此 —— 靜坐的力量。當你發展對知念的信心，你就把自己從被奴役的地位，以及自己的習性中解放出來，你不再是自己習性的犧牲品。這不是說你拋棄了它們，也不是讓你去做一個沒有任何性情的人，你要做的只是認識事情如其所是。如是，不管你思惟的，感覺的是什麼，你接收、認識、接受它，如其所是。我們對它是有耐心的 —— 我們接收它 —— 然後允許它如其所是。之後，它會順應變

9　無我。

化，但是我們並不試圖扼殺它。

這就是為什麼佛陀的教導是如此之直接，它總是指向此時此地。當下的知念，當下的解脫，當下的涅槃。不是「你若在此次禪修精進，在結束時或可獲得涅槃。」那是另外一種看法，不是嗎？這是學習去認識，體證實相：「諸行無常——無我。」無為不是一個你可拿在手中的客物——你就是它。無為的知念，不死，是我們的皈依之所。這是一種直覺，由直覺來，我們認識、體證不死或佛法：amata dhamma，或者說「不死之諦」。

至此，我的話都是為了反觀和默想而說，我並不指望你相信我的話，我只是與你分享我修行的心得，希望它對你有些用處。但是我要鼓勵你體驗的是知念，我們需要鼓勵，因為我們對自己十分苛刻。我們讓自己束縛在負面看法之中，從不真正地相信自己。我們可能在做某些事情時具有某些信心，但在個人層次上我們傾向於不信任和無際的懷疑，或者挑剔，或者鄙視自己。這是心的一個習性，這是一個在你思考和認知自己如此這般時而營造出來的心的習性。對這一切的超越就是通過知念：它是你的本性所在，它安寧，它平靜；我對它的體驗是平靜——一個人開始認知的平靜。一種非常自然的平靜——它不是一種珍奇的平靜，因為那種平靜會被些微的噪音所破壞。它是自然的平靜，我們常常不能察覺，因為我們深深地困於生死、愛憎的輪迴之中。

直覺的知念

猶如彼虛空，

永不立一處，

修習禪坐際，

當如彼虛空，

樂受不樂受，

一俱盡捨斷。

（《教誡羅睺羅大經》十七，《中部》六二）

　　在默想正見（sammā-diṭṭhi）[1]之時，我喜歡把它看作直覺，而不是理念。我發現對分析思惟與直覺感知之間的區別進行默想甚為有益，因為由思考、分析、推理、批評來

1　正見、諦見。八正道之首，佛對世間諦和第一義諦如理如實的見地。

形成概念、觀點和意見，與由直覺而生的知念有天壤之別。直覺的知念是包涵性的，這不是說它不允許批評，而是說它視評判心亦為一個對象。評判心具有批評、比較、堅持一個觀點好於另一個、此是彼非、批評自己、批評他人諸如此類的傾向，所有這些在一個層次上也能找到根據。我們在這裡對發展自己的批評能力並無興趣，因為在我們這樣的國家裡，這種能力已經得到了高度的發展，與直覺的知念的發展形成了鮮明的對比。

Sampajañña 經常被譯為「清晰的知解」，其意含混；雖然講到清晰，卻沒有帶出清晰的寬廣性。當你對事物有明確的定義，你就以為你有了清晰的知解，這是為何我們不喜歡迷惑，是嗎？我們不喜歡模糊、迷惑、不確定。我們確實不喜歡這些狀態，我們花上很多的時間以獲得清晰的知解。但是 sati-sampajañña 包括模糊、迷惑、不確定和不安全，它清晰地知解或理解迷惑 —— 認識到它如其所是，不確定和不安全乃如是。所以，它清晰地知解或理解包含最模糊、不定型、朦朧的心態。

這種說法讓有些人感到灰心，因為由他人告知具體的步驟，拿到更系統的方法會來得更為容易。我們大都是那樣走過來的，雖然這樣做需要許多善巧，也還是能讓人上癮。我們從不尋根溯源，那就是「我是這個在覺悟路上有需要的人」。直覺的知念並不排斥按部就班的靜坐訓練，我對上座部佛教傳統中的靜坐方法毫無反對之意 —— 完全不是那樣，我只是為它提供一個更廣的視角。你若去別處禪修或上課或做其他訓練，單憑對其方法的信心，而從不質疑，

或從不看透自己的無知觀點，直覺的知念與之相比，會遠遠地更能幫助你善巧地使用其方法。它鼓勵你質疑和檢查你的自我認同，不管那是什麼樣的：你以為自己是最棒的、最偉大的、上天送到人間的禮物，抑或你是人間最低賤的；抑或你不知自己是誰，亦不知自己的所求；抑或你有時覺得高人一籌，有時又低人一等——所有這些都在變化之中。

我見（sakkāya-diṭṭhi）[2] 連同執著於自己信奉的特殊行軌（sīlabbata-parāmāsa）[3] 和疑（vicikicchā）[4] 乃為三結[5]，它們遮礙道路，使我們看不清通向解脫之道。試圖搞清楚知念究為何物全無可能——「他在講什麼呢？」——「覺醒，知念」——之後試著搞明白這些，予以琢磨，陷入終而復始的循環。直覺的知念會讓一個偏好分析的人倍感挫折，因為他們習慣於思考、推理和邏輯。知念就在當下，它不是讓你思考的東西，而是對思考的知覺。那麼，你又當如何而為呢？

我做沙彌期間對此產生了洞見。「你如何停止思想？停下思想就是了。那麼，如何停呢？停下就是。如何做到停下呢？」此心

2　身見、我見。
3　漢傳佛教中常譯作「戒禁取」。
4　巴利詞，疑。
5　結為纏縛、障礙。三結為我見、戒禁取和疑結，為十結之首三。斷除諸結，即得阿羅漢果。

總要回到「如何行之？」企求明白其理，卻並不相信它的內在。信任是放鬆後進入；它不過是集中注意而已，而此乃是出於信心（saddhā）之舉，一種「信行」。它為你觀察你所做的事提供了更廣的角度，包括其他方法的靜坐。甚至需要繫念的身體訓練——瑜伽、太極，諸如此類——亦可很好地攝入到這種直覺的方法。究其根本，在發展這些技術時，我們學會依賴覺知而不是「我和我的刻意而為」而完成各種動作。

記得多年前我剛開始練習哈達瑜伽[6]時，我看到一些師父做著各種高難動作的照片，所以我也想做那些令人羨慕的動作。我很自傲，並不想練那些簡單的初級姿勢，而把眼光放在高難動作上。當然，在你強制身體做某些它還沒有準備好的動作時就會受傷。直覺也會知道你身體的極限，它能承受的是什麼。這不是用意志來強使它完成你的意想，或你意想它要做的事，因為，你們中間一定有人知道，在你粗暴地強迫它時，常常會嚴重傷身體。然而，覺知涵括身體的極限、殘缺、痼疾，以及其健康和快感。

在上座部佛教，做為獨身的托缽者，我們很容易看出一些感官享樂本非我們所應涉足的。在西方的思維中，上座部佛教很容易被視為是拒絕快感、幸福、歡樂的宗教。我們修習不淨觀（asubha）[7]；我們說此身穢臭，令人厭惡，充滿著污濁、膿液、黏液等物。你若

6　以姿勢和呼吸訓練為主，以冥想和收束為輔，為瑜伽主流。
7　不淨、不美、不淨觀。

當一名僧侶，就永遠不當把眼光放到婦女身上；你保持眼光低垂，不讓自己享受美麗，不管那是什麼。記得在泰國，我甚至聽說不當觀看花朵，因為它會抓住我，使我心生俗念。我的基督教背景本含有清教徒的規約，所以將感官快樂視為不當乃至危險於我並不困難——你必須盡力否定和迴避它，不惜代價。然而，這實際構成了另外一種意見和觀點，而它乃由分析之心而生，不是嗎？

從我的文化背景出發，這種冥想身體之穢臭、污濁的不淨觀的邏輯很容易被誤解，視身體為絕對令人作嘔，而令人躲閃不及。有時你看自己也會感到厭惡，甚至在你健康的時候——至少我會如此。你若將自己與你身等同，把注意力停留在不那麼吸引人的地方，那麼產生這種感覺是自然的。但是，對 asubha[8] 一詞，「不淨」不是很好的翻譯，因為於我而言，「不淨」讓人逃避，引發反感。一個東西不淨，那麼它骯髒、污穢、壞、令人作嘔；你反感，希望去除。但是 asubba 之意其實是「不美」。Subha 是美麗的；asubha 是不美麗的。這樣講就能提供一個更恰當的前後文——觀其不美，並予以注意。我們通常不加注意。一般說，我們把注意力更多地放到在家生活中那些美麗的事物上，至於不美的，我們或無視、或拒絕、或不予注意。我們忽視它，因為它不吸引人。所以，「a」這個元音在巴利是反義，例如 Amarāvatī 是「不死」，

8　不淨（作者在這裡建議譯為「不美」）。而 asubha-kammaṭṭhāna 為不淨觀。

māra[9]是死；amara 是不死。我感覺這是一個更好的看待不淨觀的想法。

你們有的人看過人體解剖，我不認為那會引起憂鬱或厭惡。你若從未見過，不妨默想一下一個正在被解剖的死屍，那會令人十分震驚。那種氣味和樣子，會讓你在開始時感到厭惡。但是，你若能克服初始的震驚和厭惡，持正念以待之，之後，我會進入冷靜的狀態，那是一種「酷」的感覺。這種冷靜是清晰的、清涼的，而且愉快的。這不是通過麻木不仁，或者運用智力的懷疑主義而達到的：它僅僅是非厭惡的感覺。當你不再以世俗之見審視身體，或是誘人、美麗，或是醜陋、生厭，而是以 sati-sampajañña 來對待身體，不管它是自己的、他人的，或者死屍，那麼你就會冷靜下來。正念為你打開通向冷靜（virāge[10]）之境的道路。

貪欲，在另一方面，是認識上辨別力的缺失。淫欲是一種強烈的欲望，它占領你，並使你失去辨別能力。你愈是深入，就變得愈是不能辨別。有趣的是，易怒的人，易瞋之人，通常喜歡修習 asubha。他們喜歡方法細緻的靜坐，特別是在講解條理清楚的情況下：「你這樣做，之後，你那樣做。」第一階段，之後，第

---

9 本書中用意為死亡，亦指魔、魔羅、魔王、魔障。漢字中「魔」字，實為此字或與其對應梵文（mara）的音譯，意為「殺者」、「障礙」，係梁武帝所定之字，之前譯為「磨」。

10 意為「不有愛欲」或「離貪」，離貪則獲解脫。

二階段，有一個小的提綱。你若是易怒之人，那麼就容易看出身體骯髒，令人作嘔。而一個淫欲心重之人最喜歡做慈愛（mettā）修習。你教 mettā，他們會歡快地說「啊哈！」，因為慈愛並不辨別，是吧？於慈愛之中，你不批評。

如是，我們可以通過善巧方便來使人看到事物的全面。對一個淫欲強的人，不淨的修習可以起到一些平衡的作用。它可以是一個發展具有辨識性的，對不快和不美的知覺的方便之門。對於 dosacarita，那麼，修習慈愛，幫你接受你所不喜而不批評、拒絕和厭惡。慈愛的修習是真正的情願，它可以在一種特殊的風格中進行，但是在根本上，它是一種 sati-sampajañña，Sati-sampajañña 是接受，它容納。慈愛是一種容納性的東西，它更多地建立在直覺而不是概念之上。

你若從概念上將慈愛視為「愛」，因為喜歡某種東西而愛之，那麼，對你不能容忍的東西：所憎的人或東西，你就不能維持慈愛。慈愛很難只在概念的層次上做到，愛你的敵人，愛你憎恨或厭惡之人，在概念的層次上是沒有出路的兩難之地。但從 sati-sampajañña 的角度，它是接受，因為它容納你所愛及不愛。慈愛不是分析，不追究你為何憎恨某人；它並不試圖弄清憎恨此人之由，而是在同一時刻接納所有的事情——感覺、他人、本人。所以它是敞開的、包容的、不區分的，你不是在弄清任何東西，而只是敞開和接受，充滿著耐心。

拿食物為例，我們這裡沿用苦行（dhutaṅga）的傳統——從缽

中用食。關於用餐，因為我每日只吃一頓早飯，我不能說服自己更精簡了，但是不管你吃幾頓，總有個極限。這不是說進食的快感有什麼錯處；也不是說食物是危險的，享受食物會使你墜入生死輪迴——那是另外一種觀點和意見——而是說這是對生活的一個簡化。它簡化了事情，這是我之所以喜歡如此而行。

注意一下你對食物的態度。貪、厭、由於吃和愛吃所生的內疚——都包括在內，這裡並沒有哪一種態度是你應當持有的，除了sati-sampajañña。所以，不要把進食變成一個問題。我在齋戒之時，龍婆查[11]指出我把進食變成一個問題——我不是乾脆地把它吃掉，我把這弄得不必要的複雜；還有一種內疚，那是擔心自己吃多了，或者挑揀好食。我記得為自己挑選好吃的東西，而後感到內疚。有那麼一種貪欲，它使你欲望味美的東西，而之後內疚。如此，事情變得複雜化了，我做不到貪而不恥；我又為不希望他人注意到這些而背負更多的內疚。我對此保持祕密，因為我不想被人看來是貪讒的，我想讓人看來我並不是。

記得與龍婆查在一起的時候，我努力做一個素食者，十分嚴格。在邦栲龍寺，很少菜中沒有魚露、肉或魚。你們可能知道，在泰國多數食物都有魚露，或者混雜了什麼肉。我的選擇很少，人們不得不為我特別準備些食物，我總是要特殊的。於是先是尊者蘇美多的食物，之後才是大家的。事情不好處理——做為一個外國和

---

11 亦常為人稱阿姜查（Ajahn Chah, 1918 1992），泰國森林派高僧。

尚，一個 phra farang[12]，而且要有特殊的飯食，還有別的特權。把這些強加到一個團體，使之接受並非易事。我幫忙分食的時候就會生出占有欲。對一些素菜，我就覺得自己有權利分得更多，因為其他和尚可以吃那些魚、雞、諸如此類。我發現自己首先瞄準素菜，以便在分食之前保證自己的需要，這從我身上引出實在稚氣的一面。後來有一天，有一位僧人看見我如此而為，搶先抓住一種素菜，僅分給我一小勺。我對此無比憤怒，拿起那種臭魚露，味道十分強烈的一種，經過他的時候，將之完全傾入他的飯缽之中。幸好我們有規矩不得打鬥，這是男人的必須。

我在努力做一個素食者的模範，可是在這一過程中卻能對其他僧眾生出如此粗暴的情緒。怎麼解釋呢？把混著臭魚的辣椒醬倒在一位僧人的飯上是失去理智的行為，我這粗野的行動乃是為了保持自己是純素食者的感覺。如此，我開始質疑自己是否應當把食物弄成生活中如此之大的一個問題。我想做素食者嗎？這是我生活的主要目標嗎？我開始默想，開始看到自己出於對理想化追求所生之苦。我注意到龍婆查喜歡他的食物，他進食時看來是歡悅的；並不像一個苦行之旅，只喝苦菜湯，不接受任何美味的東西，那就走入另一個極端。

Sati-sampajañña，是包容的，而這也是一個沙門所當持有的態度，而不是苦行的，如：「感官誘惑，感官世界，感官享樂是不

---

12 泰語，尊貴的老外之意。

善、危險。你須不惜代價與之鬥爭，以保持清淨。去除淫欲、貪食，去除所有對粗俗、不堪東西的貪欲，你就不再有任何不善之想，你心中不再有貪、瞋、癡之地。你已經對這些採取了消毒措施。它們被遏止，被消除了，如同洗手間的消毒液，能把病菌瞬間殺死──如是，你清淨了。」然而，你是否事實上把什麼都殺死了，而把你自己也包括在內了呢？這是你的目標嗎？這是把苦行推到了自虐的湮滅主義的地步上。

另外一個極端目標是享樂行，講究吃、喝、取樂，或許因為你可能在明天就會死去？「享受生活，生活是一場筵席，多數的呆子饑餓而死。」這是五〇年代一部叫作《歡樂梅姑》（*Auntie Mame*）電影裡的原話。梅姑十分享樂她的生活，她其實是一個形象，而不是一個真人，這個形象被賦與非凡的智力和美貌，活得極致而又享樂一切。這是一個很吸引人的形象：視生活為享受、幸福、情愛所充滿。執著於此就是 kāmasukhallikānuyoga。

對沙門而言，對此兩端都要有所醒悟，要包涵兩邊，不是站到一個立場去譴責梅姑連同她那「生活是一場筵席」，或是奉行苦行、自虐的湮滅。但我們要看到這些是我們在心中營造的狀態：總是希望生活美好，如同一場狂歡、一場筵席，歡樂接踵而來；或是以為愉快和歡樂為不善、惡行、沒有價值、危險──這些都是我們營造出的狀態。可是，沙門的生活乃是當下，它乃如是。它對我們將此二端做為目標時容易被忽視的東西敞開來。

生活乃如是，你不能說它是一場不散的筵席，入息，出息……

我不會將這形容為一場筵席，或者把寂靜之聲視為生活中莫大的精彩，其中笑聲不斷，它乃如是。我們的體驗大多既不在這一端，也不在另一端，它乃如是。一個人生活的大部分並不在一個頂端之刻，不管從高度還是深度上講，它非此亦非彼，它是我們注視極端時所不注意的所在。

我發現從 sati-sampajañña 而不從執著來感受美麗是有益的。美麗的對象、美麗的物品、美麗的人，諸如此類 —— 而由個人習性出發是危險的，因為占有欲，據為己有的欲望。當你從無明出發而感受美麗，你會被強烈的願望所占據。而你若從 sati-sampajañña 出發而體驗美麗，你可覺知美如其是。它也包含著個人的傾向，諸如占有、拿走、撫摸或畏懼，它包含著這些。但是，你將之放下，如是，美麗只是令人愉快而已。

我們生活在一個相當美麗的星球，大自然看起來是相當美麗的。如是，從 sati-sampajañña 來看它，我從中會得到歡愉；當我們從習性出發 —— 那麼就會相當複雜。它是複雜的，毫無疑問，要還是不要、內疚、不予注意都可能是問題。你若為腦中的念頭所縈繞，過一會兒你會對外界視而不見，你可以在世界上最美麗的地方，而完全不予注意。所以，美麗做為一種感受，或者感官的歡愉，乃是視其如是，它令人歡愉。美味入口令人心醉，品嘗好的、鮮美的味道乃如是，是純粹的享受，它乃如其所是。你或可默想，「噢，我不該……」那麼，你就在它上面另外添加了他物。但是從 sati-sampajañña 出發，它是其所是。這是從這個中心點來體驗生

活，從這個包容的靜止之點，而不是從排斥性的點出發追求極端，只要美與好，從一個筵席到另一個。我們一旦不能維持那些幻境，就會陷入鬱悶之中。此時，我們又會走向另一個極端，想要以某種方式殺死或毀滅自己。

猶如近來我們這裡的天氣，英國的天氣給人的印象是冷、潮、細雨濛濛、灰暗，這是整個世界對英國的印象。我決定用 sati-sampajañña 來容納這種狀態，它是如其所是，但我不在之上營造厭惡之心。它還可以，而且並非總是那樣，我在這個國家已經生活了二十五年，我有生經歷過的最美的天氣許多就是發生在這裡。完美的天氣，如此美麗，滿目翠綠，悅目的花朵，起伏的小丘，如此這般。如是，sati-sampajañña 包含著冷、潮、細雨和灰暗的天氣，但是卻沒有另外營造的厭惡。事實上，發現自己對其尚有頗為喜歡的一面，因為在這種天氣下，我就不會有非要出門的壓力，我可以坐在我的茅蓬裡，暖和自己。沒有那種天氣好應當出門的壓力讓我感到很愜意，我可以窩在自己喜愛的房間，這給我很好的感覺。而在遇到好天氣時，我總是覺得應當出門。這些是一些觀察的方法，讓你看到那些潮溼之類令人身體不適的條件所生之苦，乃由厭惡而起。「我不喜歡這樣。我不喜歡生活如此。我要到藍天晴空無時不在的地方。」

修習身體掃描[13]的時候，我發現對中性的感覺予以注意十分

---

13 指繫念於身體的一個部分或一個截面，按一定次序，覆蓋全身，如此往復的一種修習。

有益，因為它很容易被忽視。多年前我開始這種修習的時候，覺得並不容易，因為我對中性的感覺不予注意，儘管它其實頗為明顯，我對感覺的體驗往往出自極端的快感或痛感。然而注意到袈裟觸碰皮膚、一手接觸另一手、舌抵在上顎或牙床、上唇歇息在下唇上，調查這些你對之敞開就會接收到的細微感覺，它們本來存在，但是你若無心就不會注意到。你的嘴唇如果疼痛起來，你立刻就會注意到；如果從你的唇上傳來許多快感，你也會注意到。但是，如果既非痛感亦非快感，感覺仍然存在，只是其為中性而已。如是，你允許中性進入你的意識。

意識猶如一面鏡子，它反射。鏡子反射——不擇美醜，而是所有：空間、中性、在其前的一切。通常你只注意突出的東西，很美的、很醜的。然而，對事如所是的覺悟要求你不僅看到極端的，亦要看到極端背後的那些細微。寂靜之聲猶如你覺知到那存在於一切背後的細微，而你若只求極端便不會注意。

在你追求幸福，試圖躲避痛苦和悲慘之境遇時，你總是會試圖獲取什麼，或捉住幸福之感不放——諸如寧靜。我們企望寧靜，我們企望定和禪那，因為我們喜歡寧靜。我們不喜歡迷惑、混亂、不和諧、噪音、與人打交道——我們不想要這些。於是，我們來到寺廟，坐下、閉上雙目，擺出「不要打擾」、「不要理我」，還有「我要進入定」的架勢。這是修行的基本功——進入 samādhi 以便獲得良好的感覺，因為我希望如此。然而，這會走到另一極端——企望、執著於某種微妙的意識體驗。又有人會說，「你不必如此。

日常環境就夠了。鬧市何妨修行。不必盤膝而坐，閉上雙目，只需如同常人度日，何妨繫念諸物。」這又可能成為另外一種我們執著的理念。

這些是理念，我們可能採取的立場。它們陷入「實而不對，對而不實」的困境，乃是我們二元之心所造之物，並不是說它們是錯誤的。在喬治‧奧維爾（George Orwell）[14] 的《動物農場》（*Animal Farm*）一書中，有一句口號是「人人平等，但有人比他人更平等。」這是我們在這個有為世界思想方法的寫照。我們以為人人平等，理念上如此，但是實際生活中，有些人比其他人更為平等。你找不到富裕的西方世界為了與第三世界平等的緣故而放棄自己的特權。

反思一下僧團的形體。它是一種組織，其目的是通過托缽乞食而與世界溝通。我們仰賴社會，我們需要周圍的世界；我們的生存依賴於在家人的社區，他們是我們的一部分。

出家不是對在家生活的一種攻擊或擯棄。如果我們行止端正，在家人就會給我們帶來美好：慷慨、感恩心，諸如此類。我們也可走向沉默，修習更多的靜坐和反思，這是受到鼓勵的。我們可以把止觀和內觀，獨處和世間生活結合起來。我們不是要捨此取彼，以

---

14 是英國左翼作家艾瑞克‧亞瑟‧布雷爾（Eric Arthur Blair, 1903-1950）的筆名。他的重要作品包括《動物農場》，《一九八四》（*Nineteen Eighty Four*）等，在西方特別是英語國家產生了深遠的影響。

其中之一為理想，而是要認識到事如所是，它乃如是。對我們所在的世界，所處的社會——我們不是要擯棄、反對或逃避，而是予以容納。如是，我們即可將之納入寂靜和獨處之中。

事如所是

　　頂禮世尊，斷盡無明之阿羅漢，證得
正自覺者，

　　頂禮世尊之教，善妙詳盡，

　　頂禮世尊諸弟子，修行良好，

　　頂禮佛、法、僧三寶，

　　我等於此獻上微薄之供養。

　　願成正覺的世尊，

　　對後世行者慈悲為懷。

　　接受我等微薄的供養，

　　使我等受益和幸福。

　　世尊，斷盡無明之阿羅漢，證得正自
覺者——

　　我向佛，世尊頂禮。

　　世尊之教，善妙詳盡——

　　我頂禮法。

　　頂禮世尊諸弟子，修行良好——

我頂禮僧。

初禮佛，

現在禮敬佛。

頂禮世尊，應供，成圓滿正覺者。

　　上文是早課的唱誦：對佛、法、僧三寶恆常的禮敬，是一種銘記和看到自己內心真相的途徑，而不僅是一種傳統的唱誦。經年累月，這種唱誦確實能夠在意識上產生一些好的效果，它豐富了我們的語彙，上座部佛教的一個優勢在於它那共通的語彙。巴利現在是一種具有學術性的語言，它不是一個不斷變化的活的語言[1]。它凝住了概念，為我們提供了詞條、共通的語彙，以及不受限於任何一種文化影響或個性化描述的表達和思考的途徑。

　　當我們修習知念，我們從直覺的知念，而不是從個人經驗出發。如此，當我們從自我出發而做表達時，會給人這樣一種印象：它在強化「我和我所」之見，有如在說「自我」的現實。而巴利術語則完全不含我見的意味，「佛，法，僧」不是一種從自我出發

---

1 「它不是一個活的語言」，指巴利當今已不再為任何一個民族所用。巴利是佛陀的母語，也是他講法所用的語言。上座部（南傳）佛教的藏經所用的語言乃是巴利，與大乘（漢傳）佛教經典所用的梵文形成對照。巴利本無自身的文字，所以巴利藏經先是口口相傳，後嵌入其他語言的文字得以留存。嵌入的文字有錫蘭（斯里蘭卡）文、緬文和泰文。自上個世紀起，又嵌入羅馬文字。

的表達，而是指向我們當下的體受。所以，在我用「Buddho」或「Buddha」一詞時，不是用來說某種個人的成就或身分；它指向純粹的知念，純粹的主觀意識，在我見未浮現之前。這如同直覺的知性，它是人人共有的，不是某個人自己取得的。所以，我只需要不斷地指向「Buddho」，而它是由我們活在當下，繫念當下即可獲得的。這就起到聚集的作用，把你四處遊蕩的心領回到此時此地。

如是，我們此刻正在從這一個點出發體受著現實。我們每個人都是一個經受意識之點，而我們在體受，認識法，事如所是。這與坐在這裡回顧自己的過去、情緒、觀點、主張完全不同。這是因為我不再從個人出發：「我的」生活、「我的」經歷、我如此想、我觀點之對錯。超越這些，在我見尚未生或滅之前就達到覺知，這就是知念，或者說 sati-sampajañña。所以 Buddha 相對於 Dhamma 不同於我相對於我的感覺之間的關係。這是一種態度之別，取決於你是皈依佛與法，還是皈依個人場景的行動。如此，我從佛法上來看個人的場景——有生必有滅，個人感情、記憶……俱是有生有滅。

我並非要無視任何東西，而是從情緒化的、痛苦的、個人的立場轉到「佛知佛法」這種知念上去。我在解釋這一點以及如何把佛教的傳統做為一種善巧的途徑，而不是目的本身。這並不容易分開：認清純粹的主觀意識和個人感覺——我為其人，我見——之間的不同。這是為何持有對當下的耐心態度，你會開始認識存在的本然之態，並開始認識到我見實為一個心中的對象。我見出於營造，它不是任何事物的主體，然而我們卻傾向於從個人感覺、個人意見

出發來解讀諸種經驗。

如此，讓我們將心收起來，將注意力放在此時此地、呼吸、身姿、情緒之上：僅僅對這些以及你感受到的心態予以反思。這其中有一種知念，而這包括心態、身姿、還有呼吸，所以這並非是從其中一個轉到另一個，而對前者不予注意。信任知念，讓它把握你，讓自己安住於中，於其之中來做觀察。讓自己當這個觀察者、情緒、身體的呼吸，以及身姿的見證人。

舉例來說，如是帶著知念和視覺，坐在這裡我就能看到鐘、錶、我的眼鏡、還有課誦本——知念意味著它們都在這裡，存在於當下。如此，我就可以察覺、注意到課誦本、或者眼鏡、或者鐘；這種直覺的知念包容此間的一切。認識這一點——解脫並非只向一個東西而去，而將其餘關在其外。在我懂得知念是通向不死和解脫之門後，我就可以注意到事物，那些當下在前的事物了。知念包括眼識，聲、香、味、觸亦復如是。它還包括你所感到的情緒、心態；它包括呼吸和身姿、身體和它的感覺。

現在重複一下：我更感興趣的是態度，而不是某種靜坐的方法。不同的法師和宗門有不同的技術、不同的靜坐的方式。如果態度對，技術可以相當有用，然而，如果沒有正確的態度，那麼不管我們採用什麼樣的技術，結果只會使我們適應、執著於某一種特定的靜坐技術，我們會習慣於某種技術。如此，我們的態度應當是一種輕鬆的注意，帶著容納和接受的意味——一種平穩的注意。我已經靜坐四十餘年，我發現這種對當下的容納已經成為我做為一個佛

教僧人的生活方式。在繫念上下過四十年的功夫之後，我現在持有相當的知覺——純然的注意，知念之下的存在，容納的心態。

我注意到一種背景聲音，而稱之為寂靜之聲，一種嗡嗡的震動之聲。這是一種聲音嗎？不管它是什麼——「聲」用在這裡並不十分恰當——我注意到它那高頻的震動從來不斷。當你認出這一點，此時你會處在完全開放和容納的狀態；當你認出寂靜之聲，你的思想進程就停止了，你可以在這一溪流中休憩。它如同一條溪流，它不像平常的聲音那樣忽高忽低，或有或無。鐘聲有其始有其終，鳥叫、我的話語亦復如是。但是在其背後，在所有聲音的背後，是那個寂靜之聲。它不是我們所造，不來亦不去——在我對它的探索中，它永遠在場，它本來自在，不管我有沒有注意到它。如是，我若注意到它——它自行持續。我無須營造它——它本自在，純然自在。

早些時候我說到身體為四大。所以調查一下，以非個人化的方式，肉身的真相——四大：地、火、水、風。用這些術語是一種默想當下這一肉身的方法：骨骼，身之堅硬部分；液狀的水元素；火或者溫度；風，呼吸。這是一個觀察身體的另一個方法，與你評估身體時所用的方法不同，不管你是男是女，年輕年老那些是我們常用來看自己、自身的個人化的方式。

此外，還有空間和意識這兩種元素。如此共有六大——地、火、水、風、空間、意識——注意身體在空間之中，我們的周圍都是空間。空間永在，但是我們如若只注意空間中的物體，反倒會無視空間本身。所以，我們就進入了無限，因為空間並無邊際。地、

火、水、風俱容於其間，有限有邊；它們有生有滅。然而，於可視的空間而言，邊際又在何處呢？我們可能想房間的牆壁包容著空間，事實上是空間包容著房間。室外尚有空間，其邊際又在何處？我們探求的不是對空間的一個科學解釋，而是對當下的體驗。當我們開始觀察空間，並不是要去除空間中所存之物，而是收斂我們的專注、興趣，和東張西望、顧此及彼的習慣，開始注意空間的真實性。它並非出於營造。我沒有營造空間──「空間」一詞是營造的，但是它指向並引我觀察此時此地。

保持對空間的知念：除了空之外，空間並無其他性質，它無際（appamāṇa）[2]。如是你開始認識，懂得無際、無限、無窮。你可以看到，認識寂靜之聲，意識的本相──它無邊無際因為它使得意識知覺到這微妙、鳴響，引發共振的震動──而在對其的探究之中，我們得知它無際。我們並未營造它，如同空間，它是無限的。

當你的認同停留在「我是我身和我之所受、所思、所記」的層次，你就限制了自己，將自己束縛在不能圓滿的條件之下。這些條件永遠不可能讓你滿足，因為它們無常之故。當你試圖在永遠變化的東西之中尋找可靠和長久的快樂時，你得到的只能是極度的失望。你會感覺 dukkha 或者缺失，而我們常常會將之歸咎於自己的缺點：「我有毛病。是什麼毛病讓我感覺如此孤獨、無能、不完整、無成就呢？」

2　沒有邊際、無限的。

如是視之，佛陀指出的是人類普存的問題，這是來自古代的教義，並非當代的「新時代」（New Age）[3]」的方法。這一教義傳播於世已經有二千五百年之久。因為它是因人的境況而出世的 —— 我們每一個人如何才能覺醒而看到最終的真相。如果我們對自己的認同停留在有為的印記上，那麼不可避免地總會感到不足和畏懼，焦慮會吞噬我們的生活。所以，佛陀講：「醒來！注意生活本身！對之開放。觀察。見證。」所以，當下在這個房間，我們在有為的層次上觀察：身乃如是，呼吸乃如是，情緒……心態……空間……意識乃如是。

　　你從這裡，當下你之所在，即可看到所有這些。我坐在這裡，你坐在那裡。我從我所坐之座體驗著它，你不必坐到我的座位亦可體驗它，所以這不由地方而由態度而定。於是會產生一個不可避免的問題：誰體驗什麼？它是什麼？如此你回到了思想的王國：是誰在體驗這些？誰也不是 —— 它不是任何一人，是嗎？這是因為我見由因緣而生。如是，若有人進門說，「阿姜蘇美多？」，而我回答，「是啊。」那麼做為阿姜蘇美多的那個角色就會開始運作，這種角色依賴於它存在的條件。但是，知念卻不依賴於它存在的條件。如是，你以佛法來看它：諸行無常，諸法無我。現在，把我們放到佛陀的位置上 —— Buddho，知性 —— 我在這樣的一個位置上，

3　是上世紀七〇年代從西方開始的靈性運動，有其宇宙和自我觀，強調個人的靈性，並倡導非傳統的醫療和自健手段。

知覺是開放的，使我敞開於無為。它本身無為，以其所觀的有為就是全角的。它被視為心識所緣（ārammaṇa）——它被對象化了，它被識破了。

從知念出發，此有五蘊——在巴利語，上座部的術語是五khandhas（蘊）：rūpa 之譯為身 [4]；vedanā 是受；saññā，想；saṅkhārā，行；viññāṇa，識。我們的意識來自於五種感覺——視覺上看到鐘、錶、眼鏡，或者通過聞、嗅、嘗、觸而獲得的意識。我們並不營造形和意識，rūpa 和 viññāṇa——它們包裝在一起，和我們與生俱來。我們感觀世界中其他的是 vedanā——包括樂受、苦受和不苦不樂受——我們並不營造它，它乃如是。性格和語言是我們誕生之後逐漸被文化影響形成的，並非我們生而有之。這就是說是我們生身父母和所在社會的影響下形成的，我們的身分等等都有其依賴的條件。我們的世俗之見如同電腦，是被編程的，不是嗎？我們得到的是自己的一個程式。

所以回到編程開始之前的起點，回到純然的知念——不受束縛的意識。我們不要透過對任何事情的感受來投射和體驗意識，而僅是透過知念。這也是為何我一再提到聚神和傾聽的狀態，比如寂靜之聲。我使用傾聽；這意味著我是敞開的，在一種寧靜的注意之中，接收著那易於忽略的引發共鳴的震動。有人從未注意到它，又

4　rūpa，作者在本書譯為「身」，漢傳佛教的經典中，則譯為「色」，指物體，意較「身」為廣。rūpa 亦有「像」之意，如「佛像」。

有人體驗到它後心生厭惡，認為那是耳鳴之類的東西。

四年前，我曾在美國主持過的一次禪修上講過這些。參加者按照一種方法修習，要求他們給所有的東西加上標籤——如是，他們全都注意到了寂靜之聲，但是他們不斷地給它加上「聲，聲，聲」的標籤，以便去除它。這要看你如何處理——你或可討厭它，或可利用它因為它具有擴展性。當你安然放鬆地進入寂靜之聲，它會給你如同在溪水中休息和漂浮的感覺，它幫你學習如何注意以及何為知念。在此你可以反思，因為它並不是一種吸收，你並未沉入其中，或者進入恍惚狀態，它使你格外清醒。現在我就處在對它的完全知覺之中，同時還在講著話。並非我須停下講話，在這裡我可以容納任何事情，我無須閉上雙目或者遮蔽任何事情就能聽到寂靜之聲。

在此寧靜之中，思想的過程可以生滅相續，但是你不為這些習性所生的、縈繞不已的念頭所執。思想是一種習性，你念頭一起，就會念念相生不已，我們會沉入我們的念頭之中，這些念頭會占據我們的意識。然而，你可以由此來認識無念，如我已然講到，你須起念才能營造你的我見；住於無念，我見自然不起。

對無我的反思乃如此——它不是要毀滅個人，亦不是毀滅任何東西。Anattā 可能聽起來好像要毀滅自己，它不是對個人攻擊，它只是把個人放入更廣的視角，以使你不再為後天而得的個人化的習性所限。我此刻正在反思自己，認識這種與生俱來的本然狀態——Buddho，佛——知真相如其所是，知法。

這是重點：無限的當下知念涵括有限。於我而言，做為人最大

的好處就在於我們具有這種能力。這在人所具有的能力之內——這不是使自己的個人完美化，成為美國總統，諸如此類。佛陀的教導是為所有人而設的，它不是為超人所設的某種飄渺的教導。認為我們來到此處，皈依三寶，持守八戒理所當然，人們可以做到這些，但在動物世界，牠們不會持守八戒——試試讓貓不去捉鳥，「讓牠守第一戒！」

我們可能也有類似貓捉鳥的傾向，但是我們人可以對此做出反思。我們看見一隻蜘蛛，我們想殺死它。在英國，我們一般不會傷害鳥類，但是對於蜘蛛，花園中的蟲子，我們就不惜殺生了。但是我們有能力對殺一隻蜘蛛的衝動予以反思。如此，我們可以產生共識，並制定道德上的公約。我們有一顆反思之心：我們可以觀察我們的衝動。我們不是在把自己變成一個非暴力主義者而僅是在觀察我們偶發的暴力衝動，不視之為人性的缺陷，而僅僅視之為一個偶發的衝動——有其生有其滅——並同意不把這衝動付諸行動。

如是，今天這個早晨是我們對此的一次探究，將自己置於當下之中，在知念、容納、接受的位置上。在這樣的位置上，我們凝神於呼吸或者於身體，反思法，注意其生生滅滅時，觀察情緒如何變化，心是如何念念相生，感覺如何由感官而生。我們默想無常的本相——aniccā——然後記住這種知念的純然之態，這樣它允許我們通過身體和感官去觀察、認識和見證正在發生的諸種變化。

無我

　　現在是此次禪修的第三天了，你可以感知兩天的止語、持守八戒和繫念的效果了。我所給出的反思只是鼓勵，我唯一能夠提供的幫助只是鼓勵你尋找覺醒的感覺，因為雖然這說來容易，也不難從概念上理解，而現實是要你親證覺醒之所是：sati-sampajañña, sati-paññā。如是，這會一直將注意力領到此時此地。這些巴利詞語所傳達的涵義是對事如所是真正的觀察、注意和反思。

　　反思，乃是拿意識做為一面鏡子，以便你開始認識意識——懂得意識——因為我們現在對生生滅滅的東西都具有意識：念頭、情緒、樂、苦，還有從五官眼、耳、鼻、舌、身而來的感受。復次，你還可以看到，來禪修，在閉關之中持守八戒，每天長坐不語，這看起來似乎是增加了你生活中所受之

dukkha，或說苦。因為倘若你在自家，大約不會如此而行。那裡不會有什麼讓你坐上一個整點——何況還是在疼痛之中！當我們坐不住或不舒服的時候，我們會轉移自己的注意。在自己的家裡，我們有一整套的安排，知道器物的所在，冰箱、電視在哪裡，另外我們總有責任和瑣事需要照看，電話還會響……。

任何的限制似乎都會增加苦。我們是被習慣驅使的動物，所以非常習慣於自己的方式，自己的住所。這些一旦有些許改變，我們就必須克制自己，或過一種自己在情緒上有所不適的生活——而身體對此也感到不習慣。在前三天裡，我鼓勵你讓自己的身體適應這裡的生活，從心裡對這種生活投降，日常生活安排改變了——它乃如是。這裡的氣氛、環境，在這阿馬拉哇奇禪修中心——我們可以習慣於它。事實上經過十天的閉關，我們對此可以是如此之習慣，乃至你感覺回家反而是不堪想像的。它看來如此之粗俗，你對這裡束約的生活、秩序和寧靜已經習慣了。

我認識有人經歷過六個月的止語閉關，之後返回英國，他們通常會為此吃上很大的苦頭——回到英國，回到自家，回到混亂的家庭生活。我們會變得習慣於事物和環境。我在泰國居住多年之後，有一次回到美國短暫逗留，我的感覺和其他的一切已經如此地習慣了泰國，泰國的森林派寺院生活和泰國人的相貌、體徵等等，所以一回到一個高鼻頭、寬下巴的國家，我就體會了泰國人對這裡所有的感覺。

我們具有驚人的適應能力，去習慣情況和做出調整。禪修中心

這裡的氛圍乃如是。我不打算對事如所是多說，只是要你信任自己的反思，「它乃如是」。你開始對事如所是開放，不是批評和比較，而是對自己在這次禪十的感受更加用意和留心——還有如此而行在你心中產生的效果。這不是強制你習慣，剝奪你感官的渠道以使你安靜——那樣，你回到家中會感到更為不安。這裡的氛圍是有控的、約束的，不為瑣事所擾的環境給我們一個機會，以在其他地方不可能的方式進行反思，要知道這是特殊的。

這裡的條件是特殊的，這不同於日常生活，是嗎？我們在這裡的生活並不尋常。我們如此生活以刻意使之成為特殊的環境，其目的是為你提供盡可能多的時間和機會來對發生的事情，以及發生在你身上的是什麼予以反思。我們從法，而不是從「我」和「我所」出發來看待事情。所以，我們使用佛教的語彙。如我講到的那樣，我們不能依賴對「Dhamma」的適當英語翻譯，這是意義非常深刻的詞，它不是一個在英語中有所對應的概念。我們最多能做到的是將之譯為「事如所是的真理」。「皈依事如所是的真理¹」聽來確實有些奇怪，是不是？至少對我來說，「我皈依事如所是的真理」聽來有些奇怪。然而，這也讓我想知道，「所是為何？給我講講事如所是！」

我不打算告訴你事如所是！你可以自己去觀察，我要把這交回

1　這是對「皈依法」一句按作者對法一詞「事如所是的真理」的譯意展開所成。

給你。醒來，觀察事如所是！——而不是讓我來告訴你事之所是，那樣做你就可能會去想事情應當如何。也許你曾在別的道場練過靜坐，跟過別的師父，得到了一些禪修閉關當是什麼樣子的概念。如是，你找到我說：「阿姜蘇美多……我認為你應當……」或許你那禪修閉關的標準與你在這裡的體驗不同。但這也是可以觀察的，我們並不是說這裡的一切符合最終的、最高的禪修閉關的標準，或者說對你而言就沒有其他的可能。我們既不是在做強銷，也不是在讓你歸正。如是，在閉關中心發生的那些令人不快、不安、不順的事情是這種經驗的一部分——我們是要覺醒於事如所是，而不是對事情應當如何予以理想化。

現在回到 anattā[2]，或者說無我，這個我本人感覺最難把握的概念之一來。我覺得 anattā 在概念上十分明顯，只要你保持你的注意力足夠長，你會發現每件事情都在變化——這並非難以察覺。但是對於 anattā 而言，如果說其中有什麼真相的話，那就是我！那個坐在這裡，感覺著事情的是我，這個肉身，我必須與之生活，它想必是我所有的——這真實地發生在我身上。這似乎是一個明顯的事實。

如是，我們可以說「無我」是某種教義的立場；我們認為我們必須拋棄自我。我們必須將自己改變為一種空人，沒有個性。在理

2　巴利文，本意為「無自性」，傳統漢譯為「無我」。有為法因緣和合而成，有生有滅，本無自性，故謂「無我」。無我實為佛教的核心概念，亦是別於外道的最顯要的特點。「諸法無我」為佛教三法印之一。

念上說，這又是什麼意思呢？你真能想像失去所有的個性嗎？真正地什麼都沒有——這聽起來差不多是你已經死去了！所有的個人觀點、個人情感都要丟棄殆盡。然而，並非如此。這不是要毀滅自我，它是看到我們平時執著的自我乃是我們的自我創造，我們創造出自己。如是，持著知念，我們開始認識到這一點。我們開始注意自己如何把自己營造成一個人，從習性，從無明，從思考習性，從情感習性，從我們常常並不察覺，更不予質疑而又深陷其中的個人身分。

持著 sati-sampajañña，我們開始注意到「我」和「我所」究為何物。以主觀性之故，我們能夠知覺。此時你們都是對象，從視覺意識上說——你們是我意識中的對象。然而，從一般觀點出發我們對此並沒有認識。我們以為我們都是坐在此間的人，在一個禪修中心，而且我們傾向於從常識性的思路來對此觀察。可是我若將此也領入知念，事實上你們就在我的意識之中。我看不到自己的面孔，卻可以看到你們的！這看起雖然明顯，卻值得予以默想。我的右眼看不到左眼——甚至在我對眼之時！但是我能看到你們的雙眼——所以這是一種反思，觀察事如所是。你們中有多少觀察你不能自見面孔這一事實？當然，你可以走到鏡前：「我可以看到自己的面孔！」然而，那是一種反射，不是嗎？那不是你的面孔，而是鏡面的反射。但是我們卻做出假定，從一般觀點出發，剃鬚之時，我們走到鏡前——所以可見，反射使得我們不會把自己的鼻子剃掉，或割傷自己。這些聽來相當明顯，不言自明，然而你們當中又有多少

曾經如此默想？

　　通常，我們從一種培育而出的自我意識，稱作我見（sakkāya-ditthi）我見，出發而行事。「自我」或「我見」——身見——用巴利講是 sakkāya-ditthi，用以指把自我與身體、記憶、思想認同的意識，這是一種習性。如此，我們要問：它真的是我自己嗎？我們不是要從否定主義出發來否認這些，而是覺醒並且觀察事如所是。Anattā 是事物存在的本質，它不是一種品質，亦非一個教條的立場，更不是一種湮滅主義的信仰。

　　巴利語中的涅槃一詞也經常被譯為「熄滅」。如是，當我剛開始接觸上座部佛教的定義，從字面出發，目標是「熄滅自己」，這聽來相當虛無主義，熄滅就是湮滅，不是嗎？那時對我來說，「熄滅」就是要徹底熄滅——無知無覺。這是源自在文化薰陶之下，英文「湮滅」一詞，我的解讀是你要「熄滅」什麼東西——你要去除它、毀滅它。於是在為別人解釋這個詞的意義時，我們會說「噢，就是『熄滅』之意。我們的主要功課就是要『熄滅』什麼東西——以便滅絕！」這聽起來並不令人十分憧憬。

　　那麼，涅槃究竟是什麼意思呢？在佛教國家裡，nibbāna 經常被提到修行證果的最高地位。在泰國，涅槃為人當作一種最高境界，它在我們的語言裡占有著崇高的地位，幾乎與天堂等同：「我進入涅槃，昇入極樂。」但佛陀所指的並不是一個崇高的境界，而是一個覺醒的境界。這覺醒的境界是一種自然的狀態，從而是一個我們皆可親自認知的境界，只要我們能夠注意，觀察事如所是——

如果我們以法觀察事物。這是傳統宗教的一個問題：他們停留在理念王國，固定在二元結構之下。所以，上帝和撒旦是互對的兩端。記得做為一個基督徒，我在成長之中說，「嗯，那麼，撒旦必定也是一個神。」我母親會說不是。我又會問，「如果上帝創造一切，那麼他為什麼要創造撒旦？」她會答道，「撒旦不服從上帝，他必定會被送入地獄！」這其中有什麼不能讓我滿足。這也是你的心常碰到的問題，思考的時候停留在線性的模式上。

如是，我不斷指出念頭是什麼，思惟是什麼，它是我們具有的一個功能──念念相生。我如是起念「我是阿姜蘇美多，我是一個佛教僧侶」，隨之而來，我又會告訴你我的過去，我對將來的計畫，這是遊走之心。只要我們停留在概念和習見上，這也是時有其用的，我們就不能解放自己，因為習見自身亦是有為的；它們是被製造出來的，並且依賴於語言。如是，與其期望獲得一個 sati-sampajañña 的精確英語定義，以畢生之力試圖予以定義，不如直接用它。它用在此時此地，不是你需到他處尋找的東西。你若對之過度定義，就會在你定義中的概念上糾纏不清，試圖使之變成你認為的其當所是。

所以知念，sati，不是一種思惟，既不是要你去發展，又不是要你通過控制條件而去把握──它只要你予以實行、覺醒、觀察、傾聽、專注、敞開。如是，如果我保持著對思惟過程的觀察，我便可著意地去思惟，我可以做正面思惟。我過去曾嘗試過正面思惟，一切都是愛，是好、善良、慈悲，把一切都從正面來看；或者

就是修習 mettā 觀，不讓任何負面的念頭進入意識。我堅持觀照正面的概念，這使我感覺良好 —— 正面思惟的力量。美國四〇年代有一本關於這一題目的暢銷書，作者是諾曼・文森・匹勒（Norman Vincent Peale），人人都要買上這本《正面思惟的力量》。

正面思惟毫無疑問是一個好的忠告，我對之既不指責亦不取笑。我若終日進行正面思惟，我會有更快樂的心情，也會變得更為正面。你可能在正面思惟之中感覺非常之好，變得亢奮，而進入極樂之態。問題在於你需要在理念上，對一切都偏執地正面對待以保持正面思惟。為了維持這種從正面思惟而來的快樂幻境，你不能讓任何懷疑、虛無或負面的念頭進入你的心頭。你一旦察覺到這種正面的偏執性，就可以將之放開了。

現在，來把同樣的原則放在負面思惟上：「生活不好。它是一個玩笑，每個人都腐敗，這地球上沒有一個誠實之人。所有的宗教都不真實；所有的政客都腐敗……我母親生我因為她自私和貪婪，因為她淫蕩而且……」如此會怎樣呢？我會抑鬱起來：「生命，意義何在？虛度時光而已！」你可以被抑鬱纏繞。有意地如此做可以讓你繫念於對事如所是的反思，一個人的感覺可以是正面的或負面的。正面思惟的結果是快樂，負面思惟是不樂；正面思惟是天堂，負面思惟是地獄。

讓你覺知正和負的那個東西 —— 知念 —— 並不站到任何一邊，亦不評判。它只是注意事如其是，當下的體驗之實如其是。如是，佛教的靜坐如若僅僅是一種正面的體驗，當然這需要一定的技巧方

能做到，那麼，當實際境況不能支持你的正面觀點之時，你就垮掉了。你可能失去它，你可能掉入地獄，如果條件和你周圍的人不能支持你的正面思惟。如是，如此觀察，你開始認識到這裡起作用的是那個二元思考的能力——非好即壞。此為營造，此為習見。

所以，我們當如何思惟，才能避免陷入片面的思惟過程呢？思惟成為習慣，你很容易在思惟時遊走迷失。那麼，刻意作想，傾聽你之所想，這就需要 sati-sampajañña，這是在覺知思惟的同時而又不為所動的善巧之門。如若我們不用知念，就常常會變成我們的所思。這就是為什麼我提倡刻意思惟，以便你不必努力去思惟你的思惟。我們的傾向是對無念有點概念，之後就思惟無念，或者說思惟有念，在這樣的思惟之中繞著 anattā 兜圈子，繞著 nibbāna 兜圈子——如此，永遠也跳不出自己思惟的牢籠——直到我們能夠觀察思惟。那麼，你又如何觀察自己心中的思惟呢？

在這個時候我發現，想要刻意思惟，我下定決心：「我要馬上作想。」之後，我就傾聽——你可以聽到你的思惟，至少我可以——我聽我自己說話。如此，我會說，「我是一個人。」這不是什麼讓我勵志的話——它並不把我帶入極樂，亦不把我領入陷入抑鬱。是以，這是一個中性的陳述，一個簡單的事實。你現在帶著 sati-paññā 來觀察思惟，也就是說你是帶著一種明察、覺醒的意識來觀察。你開始認識到你並不是你之所思——你根本不是你之所想。我們的想法大多出於後天發展出來的習性、我見、個人價值，從生活經驗而來，從文化和社會而來：家庭、民族背景、宗教背景。

開始研究佛教的時候，我所有的思惟方法都是在基督教的影響下而形成的。我從虔誠的基督教家庭出來——這是我從父母和我成長的社會而得到的文化包裹的一部分，我並沒有索求它，基督教的概念、價值、道德和愛——都是基督教的。所以，在我開始閱讀佛教經典，很自然地受到我的背景影響，因為我那時的思惟過程是與基督教的價值觀和理念相聯的。到了我發現佛教之時，我脫開了基督教，不再自認為基督徒。我沒有把佛教當作另外一種基督教，我只是試著認識到我的心是如何受到各種影響，如何影響了我對詞彙的解讀。

我發現巴利教義十分有益，因為它是一個不同的語言。使用巴利會幫助我們反思——它需要翻譯，於是你懂得詞彙的意義。術語的使用十分有助，這不是說它影響你生出佛教徒的心態，接受佛教的理念而成為佛教徒，而是說它有助於對事如所是的反思。起初，宗教對我來說是激發人心的事情，比如無條件的愛、神之愛、犧牲、讚美這樣的鼓舞人心的詞語——這與佛陀形成鮮明的對比，他所講的是苦聖諦，dukkha，對永恆之愛則一言未發。這對我來說十分有趣，是完全不同的方法。四聖諦並不是教條，它不是經院教義，或一種形而上學。它講的是十分普通的經驗，亦即苦，每個人都毫不費力即可認識的東西。它從一種人們想要脫離的壞的體驗中，把苦提取出來，而放入聖諦（ariya-sacca）之中。

為什麼他把「聖」放在「苦」之前？或者把第一聖諦稱為「苦諦」？你反思，「此是為何？苦中有何神聖之處，使我當以奉

信？」我若開始相信苦，我會感到抑鬱：「一切皆苦。諸行無常。諸法無我，無神，無靈魂。一切都會湮滅。」這讓人感到抑鬱。它是如此消極，你若抓住此詞不放，就會成為一個索然無味、酸楚、乖戾、令人不快之人。

巴利語中 dukkha 一詞很有意思，雖然通常被譯為「苦」，實際上它的涵義要寬泛得多。在巴利中，du 是一個否定的前綴；dukkha 的意思是「不易忍受的」、「不合人意的」，或者「不令人滿意的」。它傳達的是一種不完全，有所希冀或渴望，或者有所缺失，比如「我不足夠好」。用嚴格的標準自我衡量一下，我們可以看到形形色色的毛病、缺點、不足、過錯。我知道我想成為什麼，只要我能夠完美，讓自己理想化，就可成為完人。我可以想像，他誠實、勇敢、高尚、聰明、強壯；隨後，我看看自己，就會想，「我永遠也做不到了。」

「為何上帝沒有完美地塑造我？為何他要讓我忍受這般負擔？」我曾經深感不安：「這不公平！上帝創造了每個人，如何有些人就比另一些人優越呢？如何有人會有這些不幸的條件：不健康、不好的父母、糟糕的居所？這不公平，不是嗎？」所以 dukkha，做為聖諦，其意在使你反思——反思你的缺失、不足、不滿、不全之感。在我默想自己之時，從未能說服自己我是如何之好。我對自己的缺點、所犯的錯誤、經歷過的失敗更為敏感，我對這些要比對自己的優點、稟賦——或者我的好的業績（kamma），具有更多的知覺。

所以，後天影響形成的人格看來頗具挑剔性，它十分清楚任何錯誤的東西──它對這些錯誤的東西念念不忘──無論那是個人的、他人的、還是世界的。這是可以被觀察的，不是嗎？如果我是自卑的、自我挑剔的，就會引起苦感，因為這裡總有「我不當如此。」「我有問題──不怪別人。」和「為何我不能更為高尚，我應當那樣才對。」的感覺。然而，我發現自己就是這樣的，我只能自責，感覺低劣，或內疚。如是，這是對第一聖諦的反思。知覺自己對自己的負面看法，「我是一個人」：對此的反思並不引發任何強烈的情緒，我注意到它屬中性，我在對「我」作想之前首先對它探索。當你對一句話，或一個詞有意作想之時，你會遇到空白，在空白之中沒有思惟，而它就是知念，不是嗎？對無念的知念。

　　我隨後想，「我……」這又會遇到一個空白。所以這種注意、專注，不在對事物本身，而是對這事物周圍的空白感興趣。我發現這是一種調查自我感覺的方法，亦即拿出中性的態度，「我是一個人」即是中性的一例。但是，「我……是……一個……不圓滿的人……我是一個具有諸多缺點之人」──就有情緒化之嫌疑。它自視為一個有諸多不是之處的人，有點傷感情，但是我所感興趣的是詞語之間的空白，而不是詞語本身。當我開始想，「我是一個具有諸多缺點之人」之時，感覺一定與想「我是一個人」有所不同。這說明話語如何能夠影響我們的情緒，我們是敏感的動物，念頭確實能夠產生效果。

　　如是「我是一個人」──此為中性；「我是有問題的人」──

此非中性，此為批評，此為一個負面的觀察。我又可說，「我是一個很好的人。」我發現如此作想並非易事。我不習慣如此作想：「我是好人。」這似乎頗為乏味，也不誠實。不知為什麼，我從小受到的教育讓我覺得自知不是之處乃是誠實之行。但那個知的主體，「我」的知念之生，這個「我」乃是營造，不是嗎？我是說，在不同的語言裡用不同的詞。在英語中，這是一個單字母的詞，亦即「I」，所以，這實際上是相當符號化的。這個「I」在意識裡，對「I」的知念，那個知念並非「I」，是嗎？它沒有一個命名它的詞，因為它是真實的，而「我」則是語言造成的一種幻相、習性。

我發現「我」沒有「對我」（me）和「我所」（mine）那麼強的自我意識，如在「這是我所！這些東西屬我所有！那麼我呢？」然而，「我」也可以用在「我以為」……「你如若想知道我的看法」、「我實在……」，那麼這個「我」就變得很大了。所以，僅僅從語調之中，你可以知覺對「我是這個人和我的看法如是」的強調程度，這裡我指的是通過調查對此獲得知念。你只要觀察和反思：「這是我，對我，我所嗎？」我營造了這些詞，它們是習見，但是我沒有營造對它們的知念。我沒有營造覺知，我只是在覺知之中。所以，覺知既非「我」，「對我」，亦非「我所」──它是 anattā，乃是無我。它不是一個男人、一個人或一個女人，亦非一位僧人。如是反思，你開始看到覺知能力之寶貴，認識知念，又能對之珍視是十分重要的。

知念是脫苦之道，不死之門。它非營造，不屬個人。所以，當

你修習，當你調查，你開始把語言和思惟客物化，視之為心中的客物——心中所生的情緒，如「那麼我呢？」亦復如是。我申明自己是一個人：「我有我的權利！要敢於為自己挺身而出！我不會讓他人欺負！」而如果我皈依知念，那麼自我感覺就只是一個意識界的對象而已。它有其生，有其滅。如是，這個「我」或 sakkāya-diṭṭhi[3] 乃是幻相——它是人工的、營造的。我們為自己營造出了個人和性情。

所以說問題不在於去除我見，而是認識到它的局限性，從而將我們從中解放出來——因為你若仔細觀察它，就會認識到它是十分局限的。我們對自己、自己的能力、自己的價值等等持有各種觀點。是以，在自我認識上，我們很容易被神經質的畏懼、焦灼、憂慮所擾。在中產社會尤其如此，社會告訴我們具有某些權利，我們應當有某些作為，應當相信某些理想，如此，我們被灌輸了所有這些概念。所以，我們很容易做出評判——對自己、他人和世界的價值判斷。所以，你們要把這次閉關看作從營造自己的習慣中後退一步的機會。只要你探索自我意識，而不是去除它，不是毀滅它，而是認識到你非你之所想，我發現自己不再相信自己所想之後感到了輕鬆。

念頭仍然來而復去。其中有的有其所用，而又有的僅是習性所

3　我見，亦作身見。指因文化、教育、社會、宗教等影響後天而成的自我認同、性情。邪念之一。

致。一些情景讓你高興，讓你感覺良好；隨後，事情糟糕了，有人還俗了，如此這般。在個人層次上，人們誇獎你，你感覺良好；隨後，人們責備你，你感覺惡劣。而知念不為褒貶、苦樂的上上下下所動，知念是你的庇護，它能夠以佛法來認知這些現象：諸行無常，諸法無我，這是為你反思而用。sakkāyadiṭṭhi，我譯為「我見」，在這種時候，你可以拿「我是」做試驗。你可以做為任何你想營造的角色；傾聽它，但不要相信它……「我是上帝！」「我不是個人物，我一錢不值，我是蟻穴中的一隻螞蟻。我什麼也不是，系統中的一條碼，輪子上的一只齒」——這又是一個營造，不是嗎？

我可以把自己造成無所不能，強大無比的上帝，或者是一個毫無希望的人。但這些都是營造而出，而知念對它們一概不予相信。它看到它們，認識它們，但是不執著它們，這是我獲得清晰洞見的一條途徑。什麼是純然的知念，什麼是我見？你須知它們之間的區別，具有信心，不是出自信念，而是出自洞見。認識知念乃是當下，「我是阿姜蘇美多」來而復去，「我是一個好人，我是一個不好之人」記憶來而復去，但是知念是自我維繫的——它非營造，所以永遠可以依靠，它永遠在當下之中。要獲得此種洞見，那麼，你當從對 sakkāya-diṭṭhi、對自我的執著之中解放出來，而卻不是否認它。我還是人，是吧？你視我為「阿姜蘇美多」——「他是一個人」。如此，我並非變成行屍，去勢了的、索然無味之類的東西。這是認識人，而不是成為它，然後又迷失於其習性之中。

認同

有誰，任何人，任何狀況是絕對正確或錯誤嗎？對與錯，好與壞是絕對的嗎？當你剖析這一問題，仔細地檢查它當下的本源，你就會發現其中本無一物；猶如海上的浪沫、肥皂的氣泡。但我們卻可以使自己完全地陷入這種幻相之中。

為了這些幻相，我們會犧牲自己的性命來保護身分、地位和權勢。我們是有領域感的動物。我們以為英格蘭是英國的，分析起來，這塊地盤自己會說它屬於英國嗎？當我經行時，地面會出來講，「先生，您正走在我之上，在一塊英國的土地上走。」沒有，它從來沒有這樣講過。但我卻說我在英國的土地上走，是我叫它做英國，而這是一種認同，一種常規的認同。我們都同意這塊土地是「英國的」，但實際上它並非如此，它只

是如其所是。但我們卻會為領土打仗、拷打、採取極端殘忍的行為，為邊界上的一寸土地而喋喋不休地爭吵。這地本不屬於任何人，即使從法律上講我擁有它——「這塊地屬於阿姜蘇美多。」實際上卻並非如此，那只是一種常規。

人一旦為這些常規或幻相所束縛，就會為這些幻相所煩惱，因為幻相不穩定，與法不一。我們可以把生命浪費在加強這些認同之上，諸如「這是我的，我要保護它，把它留給自己的子孫後代。」我們通過認知在自己心中營造了一個幻相、性情和認同的王國，其生息不已，卻並無任何核心和實質。

當幻相受到挑戰時我們會產生危機感。我還記得第一次質疑我這個人的真實性，把我嚇死了。當我開始質疑，即使我並不自信，也沒有良好的自我感（我從未有自大狂的傾向，恰恰相反，我通常對自己很挑剔）。當那種安全感、自信感在這個糟糕的性情裡被威脅了，我也感受到了威脅。這其中有一種穩定感，即使有人也會認同自己的疾病與負面事，如酗酒。認同某類疾病如妄想症、精神分裂或其他種種，給我們一種認同，讓我們知道自己是誰，以及合理化我們的所作所為。我們可以說：「我沒辦法，因為我精神分裂。」這讓我可以成為某種樣子。這可能成為一種自信和安全感，我們的身分可以因此被標籤，然後我們都同意以這種方式看待彼此，以這種標籤，以這種認知。

這樣你會明白去質疑，看著這個我們自己創造的虛幻世界轟然倒塌需要許多的勇氣，正如世界毀滅時人們難免會魂飛魄散一樣。

一個虛幻的世界所提供的可靠、安全和自信發生裂痕，行將毀滅時，那情景是嚇人的。但在我們的內部有一種東西能把我們從中引領出來。是什麼引導我們出家的呢？是一種直覺，一種感覺後面的感覺，一種位於知識和各種機敏後面的智能，但我們不能說這是個人層面的。我們必須放下個人認知，因為若非如此，你必將創造出另外的幻象。與其主張、認同和執著，我們開始看清或認識事如所是，此即對知念與聚意的修行，亦即巴利語的 sati-sampajannna。換而言之，此謂直入中央點，直入知者境界。這個廟中的佛像是靜止的。它是一個符號，代表一個處於靜止點的人像。

如是，我們鼓勵這稱作靜坐的方法。「靜坐」一詞有諸多之意，它涵蓋任何對心的修煉，好的壞的都在內。我用此詞的意思主要是集中、樹立、安住於一個中心，真正到達到此境的唯一途徑，不是依靠思惟或分析；而是要對注意和覺知這樣簡單的行為產生信心。這是如此之簡單和直接，我們複雜的內心反而會因此而迷惑。「他在說什麼呀？我從來未見過靜止點。我從來不曾在我心中找到過靜止點。我坐下來默想之時，從來沒見其中有什麼是靜止的。」但這裡含有對此的知念。即使你自以為從未找到過靜止點，亦或你是一個迷茫的、步入歧途而根本不能打坐的人，你也要信任那使你產生這個認知的知念。這也是為什麼我鼓勵大家不管你對自己如何作想，有意地去作想；探究一下你對自己的認知，如此你便可不再是僅僅習慣性地遐想：對所想的不是信以為真，不然就是要去除它們。你愈是要去除個性，我們就會愈深地陷入迷茫。你如果認定要

想辦法改變自己的個性，因為它是幻相，那麼你就會為另一個幻相所迷。「我是一個具有其個性，而又必須棄之的人。我是那個必須去除個性的那個個性。」這樣做不會有什麼結果，而且近乎荒謬。個性並不是要被去除，而是應當被瞭解。

　　既然具有個性，不妨著意地具有，發揮到淋漓盡致。這其實是滿有趣的，讓你的個性發揮到荒唐的極致，好好地傾聽它。你與之的關係並非是一種認同，而是認清是你自己造出了這個個性，這個無常的條件。我無力去製造久留不逝的個性，我實在不能從個人出發憑心力創造出任何能夠久駐的東西，這是虛幻、是無常、是瞬時的。

　　但是，我們卻能覺知個性是營造而出的。我如是作想：「我是一個糟糕透頂的人，我需要打坐以求有朝一日能夠開悟。」我如是作想，但也傾聽；我刻意作想，同時也對之予以調查。我造出那個認知，我有意作想並可傾聽自己所想。那個在了知和探究的主體，卻不是我的營造。那不是一個營造，是嗎？我營造了個性，但沒有營造那個讓我覺知個性的意識。你可以調查並開始知道覺知與思惟之間的區別。什麼是靜止中心，中心，涵納的中心？我如此發問以便把注意力引到這裡。我實未指望什麼人給我答案，但它促人反思，使我的注意力變得清晰；幫我集中，幫我覺知。

　　隨著更多的注意和覺知，我愈來愈認出在靜止點中那響亮的寂靜之聲。我並未營造它，我不能聲稱寂靜之聲是我營造而出，它屬於阿姜蘇美多。那就像有人試圖占有空氣、空間：「世上的空間都

屬於我」，何等荒唐。你不能於其中造出一個人，你只能是感覺著——靜止點，平和、開放，接受個性、身體、情緒化的習性乃至思緒的生發。我們現在與它們的關係是理解和接受，而非與之認同。

一旦與之認同，就會產生揮之不去的負面思惟。我感覺到負面的情緒：「唉，自己怎麼又這樣對別人吹毛求疵呢。我實在不該如此。出家這麼多年了，如何才能不再如此呢？實在無望了。」我已經把自己與負面的思惟等同起來了，這就引發了各種絕望的感覺。「我不當如此，我不當如此想。好出家人理當一視同仁愛所有的人。」但是，一旦進入知念之中，我就可立即停下，再次回到中心。

你只要認出，不管你反覆出軌多少次，只要拿出些許的注意力即可回返中心。這不難，亦不遙遠，只是我們尚未習慣。我們習慣於在旋轉的車輪之上，習慣於轉來轉去，而生出諸多是非。我們習慣於妄想、幻想、夢想，一旦放鬆警覺，我們會為習慣所俘。當我們失去覺知、警覺和專注，就會掉回到苦的王國。但是，如果我們培養知覺，即可從這些習性中解脫。我們對幻相釜底抽薪，我們不相信、不追隨、不抵抗，我們對自己的肉身、記憶、思想、習性、乃至個性一概相安以處。我們不去判定、譴責、讚美、奉承或誇大，事如所是。如此，我們那與之相繫念的身分即會淡然消逝。我們不再從幻相中索求自身，我們已然從中突破。一旦看透自我的、自以為是的那個幻相，我們便會傾向於中心點，亦即 Buddho 的所在。

這是你可以實在相信的。這是為何我對之反覆講述，做為鼓勵你的一個途徑。你若有意對之思惟，你便不會有此信心。你會感到困惑，因為他人對此有不同的說法，對於靜坐、佛教等等，你會聽到形形色色的不同觀點與意見。在這個僧團之中有如此多的男僧、女尼，由是就有多種觀點與意見。所以，你當相信自己，相信知覺，而不如此作想「我不夠好，不能相信自己。我必須首先修習禪那。我必須首先整肅戒律。我必須首先克服我的焦慮和心靈暗影才可能真正靜坐。」你若如此相信，那你就必須如此而行了。但如若你能開始看到你做的是什麼，看到其幻相，你便可信任這個直白的認知。如此做不是在譴責幻相，不是在說你不當如此行事；我不是說你不當整肅戒律或解決你的諸般情緒問題；不當作心理醫療，或不當修習禪那；我不是在對「當」與「不當」表達任何立場；我是在指向你之所可信任，亦即當下的知念。

　　假設你到我跟前說，「阿姜蘇美多，我是一個糟糕透頂的人，我童年時代受到了虐待，我有諸多焦慮和恐懼，我實在需要接受心理治療，想辦法治好這些毛病，因為在這個狀態下，我實在無法靜坐。」設若我如是作答，「喔，是啊，你應當的。你確實糟糕透頂。我認為你應當接受心理醫療，先治好這些毛病，然後再來靜坐。」這樣會對你有多少幫助嗎？如此做，我是在指向靜止點呢，還是在強化你的自我之見呢？這些說法以世間觀看來甚至可能是正確的，我並非在說你不當接受心理治療。最好的辦法如是：不是告訴你這樣或那樣，不為你提供讓你認同的某種身分，而是給你力量

和鼓勵你信任你自身的醒悟和注意的能力。如此而行的結果如何，我不知道，我希望它是好的，但可以確定的是你真實的身分不是依賴其他條件的。

指向當下，巴利語所說的 paccuppanna-dhamma[1]，我們可以掌握這一概念，然後又可能覺得本來不必如此絮煩。「我們不必出家；也不需心理治療。我們只需靜坐。純然的打坐即可解決所有的問題。」如是，我們就會變得反對宗教：「所有的宗教都是浪費時間，心理醫療是浪費時間，你無需這些，所需唯有注意和靜坐而已。」這也是一種見解，不是嗎？但如此之見並不指向中心，而只是對條件和常規的判斷。「你不需宗教，那只是一堆廢話。」雖然你可以說這是對的，人們最終所需實在不過是覺醒而已，就這麼簡單，但這說法本身即是語言上的俗套。這種賦能或鼓勵的指向是內在的覺醒 —— 不是要告訴你為何等人物，你在迷途之上，應當覺醒，或者應當掌握這一概念 —— 而是在實際地如此而為的意義上。

我們西方人因缺乏 saddhā[2] 或者說信心，而把事情搞得複雜化。這方面東亞的佛教信眾在文化上具有優勢，他們對佛、法、僧、法師等等具有相當的信心。我們多半在步入成年後才接受佛教乃至剃度為僧，且不免狐疑滿腹。通常我們要對付諸多的懷疑，堅固的自我形象，強烈的個人感。我有多疑、不輕信的性格，懷

---

1 巴利語，現前法、當下法，指心中當即的現象。
2 巴利文，信、相信、信心。

疑（vicikicchā[3]）是我修行路上最大的障礙之一。我未能成為基督徒，因為我不能相信人們假定我應當接受的信仰，使我相信做為基督徒所應相信的基督教教義於我全無可能。我不僅是一個不輕信、多疑的人，還在生活了三十二年之後，變得憤世嫉俗。我經歷了許多，其中不乏磨難，三十二歲時我對自己的生活深感不悅，自己和外界都讓我掃興，充滿著絕望、痛苦與懷疑，在隧道盡頭可見的一線微弱的光芒便是佛教，那是當時我還存有希望的一樣東西。

那是將我引入當今生活一個預示。高度的個人主義、怨天尤人和充滿懷疑並非一無是處，它的一個好處便是讓你對一切提出問題。至為神聖的，乃至在多數宗教中不可褻瀆的都可質疑。我欣賞龍婆查的一點就是在他面前一切都可質疑，他從不取專橫之態，「你必須相信，你必須如此相信。」你見到的不是強硬、高壓、霸道的風格，而是反思與探詢。西方人的問題之一是我們因為缺乏信心而複雜，我們的自我認識在諸多方面是如此之複雜，以至我們把事情個人化。性欲和身體的性功能被看作個人的，被同樣對待的還有飢餓感與口渴感，我們把自己與它們等同起來。

我們同樣地對待其他的基本、自然的力量，並由此判斷自己：「我不當如此膽小，無力，懦弱。」我們變得複雜，因為我們無休止地對自己進行判斷，我們拿高不可及的標準衡量自己。我們變得自我否定、神經質、抑鬱，因為我們違背了自然。我們從意念，而

3　疑，修道路上三結（身見、戒禁取見、疑見）之一。

不是從對自然規律的瞭解出發而行事。

如是，靜坐的要點是認識事如所是、佛法或自然規律、事情的本然——性欲乃如是，它非我所。身乃如是，它是有性之身，如是當有其衝動。它有性器，它生就如是，此為它之所是，它不是特屬於我的，我未曾營造它。我們開始觀察最明顯而又基本的事情，亦即人的身體，但不是將它與自己等同起來，這如其所是，非我特屬，非我所造。我們開始觀察最明顯而又基本的事情，亦即人的身體，看到它如其是，但不將自己與之等同。飢餓和乾渴乃如是——我們調查本能的驅使力，生存的欲望。我們具有強烈的生存和繁殖的本能：飢餓與乾渴，自我保護的欲望，對安全環境的需要。我們都需要身體安全的感覺，這是生存的本能；這在動物王國之中是普遍的，並非限於人類。

如是，現在我們應當換個看法。不管它是如何複雜，其實行卻是非常簡單。這裡我們需要許多的耐心，因為我們過於複雜，我們往往對自己缺乏耐心。我們生有聰敏之心，思路敏捷，情感強烈，致使我們很容易踏上迷途。我們陷入迷茫因我們無力昇華，或更全面地觀察事物。如此，通過指向中心，指向靜止點，指向當下，我就為你指出一條昇華或解脫之路。這並非是讓你出於恐懼而逃跑，而是提供一個救生的出口，使你們看透是非，看透迷茫，看透我們自創並與之認同的那個複雜的自身。

這其實簡單，並不複雜，但你若著意思惟，就會把它變得複雜：「我不確信我能如此做。」但這恰恰是信心派上用場的地方。

你若察知「喔，我實不知」不過是當下的一個認知，「我不以為我有朝一日能進入涅槃」是當下的一個認知——信任你的這一覺知。這是所有你必須知道的，它如其所是。我們甚至不評斷這一認知，我們不說：「多麼愚癡的認知！」我們對此認知毫無添加。對它的知念，才是我所在這裡要指出的，知念。信任你對認知的覺知，而不是認知的內容。那認知甚至可能是眾人認可的常識，對它的執著而不是它本身才是你走失的所在。「我們當靜坐，我們不當自私，我們當更為自律，當更對自己負責。」都是很好的諫言，但一旦為其束縛會如何？我會回頭想，「我對自己負責不足，我須更為負責；我不當自私，但我自私；我不當」——由是我跳入轉輪之中。人們常為至理名言所嚇退，怎麼辦？相信自己對它的覺知。「我當負責」——知見之後，你與它的關係就不當再是為其所縛。若它提醒什麼要做的事，或許我會更為負責。這不是要否認、抹殺、譴責或贊同，與其去清理旋轉之輪上沒有頭緒的思緒和習性，從而使你暈眩和困惑，你應當相信專注的態度和知念。

這靜止點可為境況、轉輪、困惑、混亂提供全面的視角。它引你與它建立這樣一種關係，使你知其為其所是，而不從個人身分出發。於是你可以看到自己本性乃是這一知性，這一純然之態，純然的意識，純然的知念。你在學習牢記回歸本原，做你實之所是，而不是在你的心所受到的諸般影響之下你所想像的自己。

觀身（二）

只要一想到坐姿，我立刻就察覺到身體由坐而生的壓力。這一知覺包括此刻的全身，身體由坐而生的壓力，或僅手部，或腳部……任何緊張感。若感覺到緊張或不適，那麼接受它，而不生去除之想。這是學著安然接受，注意它如其所是，而不是習慣性地做出反應。

我經常鼓勵人們默觀身體，因為這個身體沉重、粗糙，由地、火、水、風四大而成。它比思想與情緒看來更堅固和真實，因後者難以捉摸且變化多端。如此，我們把注意力放於坐──「身體正在坐」而非「我」、「我的姿勢」或「我的打坐」。我將此身做為一個客物，而非自身化的「我身、我姿」，僅僅是「身如其是」，這有助我們更客觀地觀察，看到它如其所是。

如是，這是一種對事的本來面目的一種直覺的感知：「此身乃如是」。

注意腹部和任何部位的緊繃，我們出於習慣常常綁緊這裡而造出壓力，讓腹部一帶緊張。你當放鬆，感覺一下把身體放下來，而非繃緊於它或操控它。現在注意心臟，心臟所在的胸部的部位，專注於此。其後是喉部，專注於彼。

注意身體，反觀此身 —— 如其所是，觀其反應。我們試圖令其服從我意、我欲。年輕之際，我們幾可為所欲為，行諸多其所不堪，於其本無裨益。這種專注並非試圖按什麼理念去軌範身體，不是要否定它，不是要忽視它；而是做為一種體驗，將之帶到自己的意識之中。因每當你如是而行，你的身體便會回到此時此地，不是嗎？這也可視為是對慈悲的一種修行，接受你的身體，不予批評、不予評判。接受它的樣子，自然的狀態，如其所是，而不是創造什麼你理想的中的形態。即便它並非你之所望，接受它如其所是 —— 此謂接受性的專注。

這其實也是一種應對身體的疾病、痛苦和其他狀況的方法，因為欲望力圖去除事物，而它無視身體自身。我們可以完全生活在自我創造的心理世界之中，從而忘記了身體，直到它病痛纏身而悲慘不堪，才開始注意到它的存在。此時，你又只想盡快將痛苦與疾病除去 —— 如果身體有麻煩了，你不想為此費神。步入暮年更是如此，因你在收割年輕時對身體的造作之果。

如是，把身體做為默念的對象，你由是了知此身無我。你若不

強加意志於它，亦不無視它，它就頗有自我調整適應外界的能力，身體裡一種天生的智慧使它知其所需。我記得在一些靜修中心做身體掃描，發現這頗有功用。你默念自己由此得到的感覺，持著入出息念先著意於鼻孔，從頭部開始掃描，漸到面部，從頸後到肩膀、臂、手、軀幹、腿、足，再回來從頭開始。如此而做，你使得身體真正被意識所接收，而這也似乎是身體相當享受的。

那麼還有呼吸，此時此地，吸入，呼出。若你的所圖是安謐，鼻孔當是你專注之處，鼻尖上，入息，出息，不鬆懈地專注於身體之呼吸。一旦走神，輕柔地將注意力領回到呼吸或身體，回到當下，這並非想法、念頭或其他什麼。此為你立足於當下之道，且使你得與身體、姿勢、坐態、呼吸的本來狀態同在，但你仍不免再次走神。

當你發現自己進入遐想，輕柔地將神意領回到呼吸或身體。你若說，「我不要走神，我要具有修行的功夫」，你便將自己領上了失敗之途，終將大失所望。此事非關修行的成敗，而是時時刻刻，隨時隨地，與當下同在。每當心生遐想，承認它，並將之輕輕地領回到身上，做為當下的體受。

我們常有入 samādhi 或 jhāna 之想，因我們以為那是我們應當證入的狀態。若果如是，對之注意，也注意其他任何你給自己設立的目標，注意自己的專注或進入 samādhi 或 jhāna 的意念。我們若看不到這些，則易從欲望和強制出發，靜坐便可能帶上許多強制性與約束性。我之所言與約束相反，它實為解放：一種在當下的放

鬆、開放和休憩。沒有必要一定要成為或進入什麼！那些都不過是世俗的目標。

現在說一下 mettā，譯作「慈愛」或「無條件之愛」。它是不評判，也就是說，它不是一種投射的愛念，而是一種接受的態度，允許事情如其所是，不予挑剔，不予揀選，不予區別，不予批判。這是一種接受的態度，歡迎的態度，允許事如其原。即便你不歡悅，以佛陀知法那種知者的態度來接受自己的不悅；而不是與負面思緒或不快之情爭鬥。所以，mettā 不只是一種溫情，而是一種不予評判，不生厭嫌之心的態度。

現在，專注於身與呼吸乃如其是，專注於四大；它們不過是客物而已。主觀客觀的關係正是人生經驗之所在，不是嗎？我們由此而生主觀與客觀。主觀所知，從這點開始，知姿勢與身體如是，知呼吸如是，知心態與情緒如是。如是，你讓自己在此知念之中休憩，寂靜之聲，那似乎顫動著的聲音或其他任何的形容——這宇宙之聲。它非是客物，莫將之錯作專注之所向，而當視之為認知的對象。

我們如是修習以觀想事如所是。我們有四聖諦，這是佛陀開悟後在印度鹿野苑為五比丘初轉法輪時所命名。此次開示的內容十分深刻，講到苦、苦集、苦滅、和八正道。所以，當我們反思，我們即可開始領悟，存在著一種自然的苦感，諸如感官的衝擊所生的那種。但四聖諦中的第一苦諦非關痛苦之自身，而是我們圍繞它的營造——欲所未有，不欲所有，事不如意。

聖諦之二的集諦揭示苦的根源乃是渴愛（taṇhā[1]）——由無知[2]而生對欲望的執著。當記，我們並非要去除欲望，亦非要成為無欲之人。我們要承認欲望：欲望原來如是，它是客物。你注意到占有的欲望、丟棄的欲望、感官之快的欲望。欲望是一種能量，它會占有我們，若不了知它，不承認它或不懂得它，就會被其奴役。你若憤世嫉俗，不妨將人視為是欲望的綜合。從佛陀的 buddho 或者說從知念出發，欲望是一個客物，你實可注意的對象，這是一種強制性的欲求占有的情緒。這是野心，不是嗎？那種「我非要有我所沒有之物」或「我非要丟棄欲、瞋、貪」。這些有愛、無有愛、欲愛[3]的渴求是對我們欲望如何生起的說明。我們見到美的東西，我們生出欲望：「我要。」或是我們見到醜陋的東西，便想要去除。

這是對事如所是的認知：欲望生生滅滅，變化無常；如是，它本無我。欲望是一種自然的狀態，它有生有滅。我們在不經意之中生出了它，然後在這聲色世界和習性的形成中受制於感官。一旦為欲望所俘，我們就會失去客觀的視角，失去理智。所以，從知性和覺知出發，你即可將欲望看透——這就是第二聖諦，懂得它，知它為其所是，而不是一種判斷。我們可以欲求好的事物：世界和平或

1　欲、愛、渴愛。可分三種：欲愛、有愛、無有愛。其一為對感官快感之渴；其二為獲得未有之渴愛；其三為去除已有之渴愛。

2　此處「無知」與傳統漢譯的「癡」、「無明」同義。巴利文為 avijjā。

3　有愛、無有愛、欲愛，是渴愛（taṇhā）的三種表現。

其他無私之事。欲望本身不一定總是負面或反面的，要緊的是承認它，當欲望之知者，而不要成為欲望本身。

第二聖諦的旨要在於放下。看出為欲望所縛乃是諸苦之源，你並不去除欲望，而讓它為其所是。你看到你所生之苦出於對欲望之追隨，或是去除欲望的努力；你於是當知不要將之視為一個問題，而是允許它如其所是。然後，你了知它的性質：欲望無常、無我、自滅，欲望不能自我維持——必定自滅。第三聖諦就是達到和認識無欲這種自然狀態。

隨著你對知念的修習，欲望不再是一個問題。我們不再為之蒙蔽、為之所害、為之所役、為之所用、為之所迫。八正道，第四聖諦就是通向知念之道。我現在的所作是把四聖諦拿來予以反思，當我有著一定的寧靜，不在半瘋狀態，心猿意馬之際。如是，我們可以開始反思、觀察，以 dukkha 亦即第一聖諦為參考點——苦或不滿足感——持著 sati-paññā 或者說覺知的辨識智去調查，而不停留於我們自己的觀點和意見。

如此，我們有機會調查、實驗和發展——開始意識知念。你大可對之產生信心，它是圓滿的，你當珍惜它、尊敬它——不是將之做為一種個人品質，而是做為我當下正在體驗著的，人的身體之內的意識。正是這一簡單的對生活的留意，即可使我們超脫苦境，即使按世俗標準，這也並非難事。你的世俗一面會說，「怎麼了？我想進入迷幻狀態，想感覺到狂喜，想進入無苦永樂的淨土。」但是，事情本非如此，事如所是，它乃如是。所以，知念不是要創造

境況、討價還價或抱怨，而是去認知。在我看來，人生在世的意義就在於理解我們該學的課程，以從無知中解放出來，而這只有通過知念，而不是通過任何一種個人的成就，才可能做到。

信任直覺

反思你所在的心態，僅僅觀察它乃如是。如是，對 paccuppanna-dhamma[1]，此時此地，事如所是的真相的感覺，在於識別自心所處的狀態。你若抓住什麼不放，就會陷入困惑：「我當修習入出息念嗎？定念於身嗎？傾聽寂靜之聲嗎？下一步又該如何？」觀察此種懷疑、不定、迷惑，把它們看作心的一種狀態，而不圖強行化解他們，僅僅承認它乃如是 —— 不知如何是好。如是，當你感覺不確定、不知，你觀察這種不確定和不知的感覺。

由於具有智能和推理能力，我們希冀清晰，我們期待的是問題有其答，難事有其方。這裡有這麼一種願望「第一步我當如

1　現前法、當下法，心中浮現之相。

何？」我完全可以說，「好啊，先從入出息念著手，平靜下來之後，再反觀自己的身體。」你會十分情願地照做，因你懂了我的指示之後會帶給你一種安全感，因為你實際不相信自己，不相信自己對它是如何的直覺。

如若不再依靠靜坐的配方、程序或保障，經過更多的靜坐，你會懂得正確的理解無異於不確定和不知。不確定性不再是你要抵制、否定的東西，也不再是讓你受罪的根源；它不過是事情本來的樣子。這是你當下直接可知的，這樣或許並不能為你提供一種獲知它為何物的精準答案的感覺，然而它乃如是。這是把問題交還給你，讓你信任你自己的直覺，而不是總是懷疑，請老師指導，想著可照做的指南，這些是我們大家由培養而生的傾向。與此相反，我們當開懷迎受不確定、不安全和迷茫的感覺。

調查：尋根問底 —— 這在巴利文叫作 yoniso manasikāra[2]。Vipassanā[3] 意味著調查、研究，要不帶成見，不設前提 —— 那樣做是理性推理 —— 而是要認知到我們自己的了知力，知其可觀察事如所是，亦即佛法。故你若感到在心理上或情緒上迷惑了，那就對這

---

[2] yoniso 為源，manasikāra 為念、注意。字面之意為源頭之念，指住念於源頭。漢譯常作「如理作意」，它亦為七覺支之七，在七覺支中，傳統漢譯為「等捨覺支」。

[3] Vipassanā 內觀，又有音譯毗婆舍那，指清晰地觀察事物，得其真相。內觀，常解為內心之觀，非其本意也。

迷惑進行觀察 —— 它乃如是。

我發現這對我自己的迷惑十分有幫助，而我是不喜歡迷惑的，我喜歡確定性及精確性，迷惑是一種我們通常都想抵制、捨棄、躲避的狀態。在 sapaṭṭhānas[4]（四念住）的概念中，有 kāyānupassanā，亦即身體，四大和呼吸；vadananupassa[5]，樂受、苦受和非苦非樂受（vedano[6]）；以及 cittāpassanā[7]，即心之狀態。故知迷如迷乃如其是，知則成為你的庇護，迷惑則是客物，懷疑、不安、不定、不知亦復如是。

你亦有怒或貪，以其方式激烈之故，更適於清楚觀察。我們對許多其他心態，諸如迷、鈍、昏、狂、憂、不確定以及懷疑有規避的傾向，之後又因迷、因不定、因無保障而覺得有什麼不對頭的地方。我們把這看成個人的問題，因我們有著人本不當陷入困惑的理想：在生活中你希望知道、希望確定、希望清晰，那樣是理想的。但我們所生活的世界基本上是不確定的，本質上就是不確定的，這如同到不定的面前討取確定，結果只會得到巨大的挫折感。所以從前阿姜查總是增加我們的不確感，泰語 mai nei 的意思是「不確定，不肯定」，阿姜查喜歡把它掛嘴邊，以致它現在已經出現在英

4　念住、念處、念基。有身、受、心、法四住，故又作四念住或四念處。
5　受念住。
6　vedano，受。
7　心念住。書中下文釋之為「心之狀態」，是原意的寬鬆之解。

語之中。你若聽到英國人說「mai nei」，也大可不必吃驚。

人們對精進抱著各種不同觀點。比如克里希那穆提（Krishnamurti）[8] 就愛強調其中「不刻意」的一面。於此相對，你若翻開上座部佛教的經典，就會找到多種精進。八正道[9]中之六是sammā-vayama，亦即正精進。那麼到底該如何理解精進呢？不管做什麼，我們都要努力——掌握概念之後，我們本當專注，努力行事——這是一邊的看法。但克里希那穆提強調的卻是放逸。這些都算得上是種看法，不是嗎？

克里希那穆提傾向於批評某些精進的方式，而有一些人則堅持認為克里希那穆提那樣說是不知所云，這其中的悖論正是我們通過靜坐而可了知的。從努力過度上講，當我們用力過度，我們就必須認清情況，看當下所要成就的任務是什麼，眼下的事情如何。如若我們需要用到重體力，比如要把砍下的樹幹抬到卡車上去，你必須做出相當的努力，而這努力又必須在瞬間和短時間內做出，不然你別想將這圓木從地上抬起放入車內。這種努力雖大，卻恰如其分，這是顯而易見的常識，不是嗎？「克里希那穆提提倡不費氣力」，但你若僅僅用手摸摸圓木，你永遠也別想那圓木會被搬上卡車。所以，這種情況下你就必須動員自己做出巨大的努力，但你並不可能

8　1895-1986，二十世紀印度靈性導師。

9　八正道為正見、正思惟、正語、正業、正命、正精進、正念、正定。為苦、集、滅、道四聖諦之四。脫苦、證悟之道。

一直維持這樣的努力水平，不是嗎？

所以，我們受到影響，在靜坐時使出極大的意志力去除各種染著，進入某種境界。這是你認清自己的性格、你的期望、你做事的習性的重要性之所在。靜坐，乃至做其他的事情，會使我們習慣性地努力而行，從而可能努力過度，而這種努力的程度只能維持到一定的時候就會終止。所以佛法告訴我們要在精進和專注之間尋找平衡點，而這要由直覺而定，沒有什麼固定的處方。我無法告訴你如何去做，我只能指出它的方向，這也就是為什麼你必須相信自己的知念。

我們所受的訓練傾向於使我們在做不甚明了的事情時，拿出很大的意志力並做出很多的努力。這就是知念有助之處，檢查一下我們必須做什麼、必須靜坐、必須得到什麼、必須進入定、入定等等假設。它本身並沒有錯，不失為好的忠告，但它對我們發生什麼影響呢？是否使我們在努力過度之時陷入了緊張的刻意之態？我們得到靜坐的概念，懂得靜坐在字面上的意思，然後予以嘗試，抓住這個概念，然後就產生了極大的挫折感，只是因為它看起來如此之明顯。人們會說，「阿姜蘇美多，你把它說得過於簡單了」，可是實際上它就是如此簡單。在這個層次理解佛法本來不難，但當你付之於行，靜坐之時，我們所要用到的並非智力，而是知念 —— sati。然後你會有精進、繫念和專注。

那麼 sati，亦即知念，猶如一切的中心。沒有 sati，我們會從一個極端走到另外一個極端，上上下下。sati 不是一個極端，它是

學習觀察、見證和注意。此刻我可以對情緒有所直覺，而評判心卻是當我心情不好時我想「這是不好的心情」，然後就會試圖去除它，因為我覺得不應當具有壞的心情，「當予以去除」。所以，這其中有它的邏輯，然而從知念的角度來看，即便糟糕的情緒也應當由直覺來認清。它沒有被無視、否定或斟酌，它被認出了，「它如其所是」。感覺不定、不安全、困惑都是如此。

懷疑可能會使你感覺遲鈍和半死不活，這種狀態無形，矇曨如同天上的行雲。我們喜歡內容清晰的圖像，可是一旦我們進入懷疑和困惑的狀態，它們變得朦朧和不定。但是毫無疑問地它們卻會在 sati 的面前顯現原形：接受、放鬆、專注，認清心態如其所是。如是，我們即可力行忍耐之心。耐心在其中是必不可少的，它也意味著我們真的接受事物如同它們自己的樣子。如果我們缺少耐心，碰到不快的心境，我們就會一心除掉它，這是缺乏耐心的表現；忍耐乃是承受痛苦、焦灼或任何狀態的能力，我們應當接受事如所是。如果缺乏信心，我們便只會試圖去除它，或盡快逃離。

閉關禪修大致就是關於耐心，培養對自己、心如其是，和身如其是的耐心。你們當中許多人會以為自己打不得坐，因為你會灰心，或東張西望，你以為大家都進入了深思狀態，唯有自己還是心猿意馬，這時你或許想，「他們都能做到，我做不到。」這是一種自見。我們有我們應該做到什麼的概念，或因水平不夠做不到什麼的恐懼。我們以為自己遇到了太多的問題，或過於惴惴不安。對此，我總是發現對自己如其所是 —— 生理上和心理上 —— 予以反思乃是我

的出路。習性、業績、性情、身體狀況、樂觀還是悲觀、聰明還是愚蠢、快樂還是悲傷，或任何其他的自我看法——對所有這些都不要執著。我們從我們的所是，我們恰好就是的樣子之中來學習。

我們不一定是自己希望的樣子。我對自己的性格就有諸多不滿之處。我不喜歡自己如此之甚，對自己也不以為然。現在我將之視為修行道上的一部分，而非障礙。所以不管你現在怎樣——對自己如何不滿，覺得自己如何不足——你應當改變一下態度，從你的現狀之中去學習。不要去強制自己成為什麼——不要試圖著去除負面的東西、不安或困惑，因你以為這些都是缺陷，覺醒之路上的障礙，不要相信這些想法。你那富有偏見的心會生出種種歧見，你應當相信的只有知念。

在知念之中，你可以覺知自見 [10] 實為客物，不再將之擺在主體位置。即便你對自己感到極度的絕望——「我做不到」，聆聽這一聲音。更進一步，你聆聽身見之語，但卻不相信它所言，認清其是有為，其是營造。「我做不到，我不能靜坐，我有諸多障礙，諸多情緒問題。」你營造出這些假定和態度，你於當下憑空營造。但是你若對它們具有知念，若傾聽自己所想，你將看出事情的全貌：一個念頭無非是意識之中的客物，並非主體。如果 sakkāya-diṭṭhi 之結如此作念，「我做不到，我不是一個好的靜坐者。」不要相信它。

---

10 自見在這裡指自己對自己的看法或認同。由我見而生，後天而成，偽而不實。

覺知它。你的所有的念頭都是依緣而生的，並非你之實際所是。對「我未開悟，應當修行以便有朝一日能夠開悟」這一說法，你亦不要信以為然。

多年前我開始打坐時，我以為自己糟糕透頂。「我對生活深感困惑，不知拿自己怎麼辦；我需打坐修行，以期將生活收拾起來，甚至可能有一天開悟。我實在不能指望這一點，因我自己糟糕透頂。」所以，我那時有很重的懷疑、自厭、掃興和絕望，還有那一絲希望，就是打坐能將我從個人困境中解救出來，也解決我的情緒問題。

我有些方向，因那時東南亞和泰國是可供選擇的目的地。我去了馬來西亞，但當時的馬來西亞在禪修上並未給我許多幫助，於是泰國就成為了明顯的去所，如此，我開始帶著這樣的態度開始禪修。至少，我有了方向，我有信心，我熱愛佛教。我生活中有一樣東西真正激起我的熱情，那就是佛教，正好泰國是一個佛教國家，美好、友善，並且很近，於是它是明顯的去所。我開始修習禪坐，但總是從「我必須如此，以便將來達到一種境界」的感覺出發，我總是為了發展或達到什麼而修行。因為我意志力強，我能強迫自己做到各種事情，自律對我不是一件難事。但是，雖然我具有很強的自制力和上進心，結果仍然沒有使我感覺更好，我只曾獲得過片刻的安寧，卻不能進入更好的境界。

在此之後，我對佛法的真諦有了更好的理解。我開始認識到這本來非關意志，非關達到境界，而關正見和知念。「知念」

（mindfulness）[11] 一詞曾使我感到十分神祕。知念究為何意？後來我明白了，知念是對當下的了知。我們反思佛法時唱誦「Sandiṭṭhiko akāliko ehipassiko opanayiko paccattaṃ veditabbo viññūhi」[12]。這裡，sandiṭṭhiko 指的是現前或當下；akāliko 的意思是即時；ehipassiko 為鼓勵觀察。「鼓勵觀察」並未能表現 ehipassiko 的精神，它有「來，看看當下」、「現在醒來吧」的意思。Ehi 在巴利語的意思是「來，看看」，「鼓勵觀察」不能表達由自己來觀察佛法的那種急迫感，「來，看看當下」則更為貼切，有了馬上實行的意味。

所以，ehipassiko-dhamma：立即觀察佛法。我當首先如何做才能鼓勵觀察呢？給出一些輔導肯定不錯，但要注意對佛法的反思不當從理論著手，而當從明顯的當下著手。「好吧，我們必須學習事如所是，什麼是明顯的當下，說來容易，」但「什麼是此刻那明顯的當下呢？」。Akāliko-dhamm[13]：無時的。我們被時間所制約。身分不是別的，而是「我有我的歷史，我記得我的兒童時代，我有

---

11 為巴利 sati 之譯。意為「念」，「知念」，「繫念」，「覺知」，又有音譯「薩提」。四念住（sapaṭ.ṭhānas）一語中的「念」，即是此字。常用以代指「正念」。它為本書所講的中心概念，更是佛教修行的核心內容。

12 這裡所誦為佛法的六個特徵之一。六特徵為：善說（svākkhāto），自見（sandiṭṭhiko），無時（即時）（akāliko），來見（ehipassiko），導向涅槃（opanayiko），智者自證（paccattaṃ vedittabbo viññūhi）。

13 無時，即時。為佛法六徵之三。

七十多年的記憶。」當人們請我講法，他們向我索取簡歷：美國僧人──生於華盛頓州的西雅圖，曾在海軍服役（有時他們搞錯，以為我是陸軍的飛行員或類似什麼的）。「我生於華盛頓州西雅圖」那是一種記憶，不是嗎？那不是一個人。明顯的當下又是什麼？我若說「我七十年前生於華盛頓西雅圖」，那僅是一個回憶。所以，「明顯」要找的是事情的自身，而不是陷入回憶，不是記憶中的品質。我七十歲，那是在說時間。我有出生之時、年輕之時、中年之時，而現在我老了，這些是在說時間、出生、成長、變老。法所說的明顯的當下卻是與時間無關，是無時的，即超越時間的。「無時」僅僅是一個詞而已，但無時的現實，通向無時的唯一之路是知念，這不是通過任何分析或其他思想過程所能達到的。所以，這是把它放到 sati 的中心位置上。

「我若精進努力，我可在將來開悟」，這是另一種自我幻相，是不是？「我尚未開悟，但如果精進努力，我可在將來開悟。」這是一種營造：有關我做為一個人的詞語與概念，我以為自己為何，我當如何以成為什麼。這些都與時間有關，與身分有關，而與法無關。當我被身分與對時間的感覺所纏，sati 便不在其中了，分別心、希望及絕望之情紛紛而起。由是，sati 才是通向不死之門。所以，學著認清和實現自然本態，並不是要在將來開悟。這關於什麼：關於那照亮自己的光，關於那了知自身，而不是執意成為一個了知者，如此而已，開放、接受、專注。

在佛陀的年代，第一個比丘的授戒程序很簡單，只是一句

「ehi bhikkhu」，意為「來，比丘」，只是後來才變得複雜起來。如今，我們要經過繁複的程序。素波多（Subhaddo）尊者這個星期天要受戒，得經過那繁複的程序。但根據佛經的記載，當初的過程就是如此簡單，「來，比丘。」如此而已。你知道那種急迫性，所以來見（ehipassiko），總有著「醒來，注意觀察」的意味。有時，打坐頗有逃避之嫌，許多人以為我們默想丹田，呼吸而不去面對世界。「你們應當出去，到社會上做些好事。如今你們卻在阿馬拉哇奇坐著，成天數息。何用之有啊？」

從世俗之見出發，世上當作之事舉不勝舉。現在有如此之多的問題，讓人不堪重負。一想到我們這個星球上人類文明所面臨的各種問題，你只有倒下，筋疲力盡。所以，我們這樣做並非無視問題，使世界變得更好是一個無盡的過程。你們沒有捉住問題的根源：錯見和無明，乃是眾苦之源。現在我們在這裡討究這些；我們不是在責備政府，而是尋根溯源；我們不責備任何人，而是去認識自己的無知，認識自己心中營造，並為之牽制的種種幻相。我們學習著認識什麼不是迷見，這需要對自己的耐心，對自己的任何感覺、修行得到的任何結果，無論感到的是安寧還是困惑，平和還是憤怒，都要抱著接受和開放的態度。我不是在要求你成就什麼，只是——這一點：ehipassiko——來，看看，逐漸加強你對知念的信任，認識它。這是正法，這是我永遠的皈依，因為我愈來愈相信它，我愈來愈靠近它。如是，汝當覺知。

別無出路

〔開示 9〕

佛陀教義之本在四聖諦，故有四真諦、三轉、十二行相之說。三乘四得十二，你若得到十二行相的真意，你就成了一位阿羅漢（完全覺悟之人）。如此，每一諦各有三轉：苦為其之首，第一諦如是——「是苦當知」，這是一個陳述；其二轉為「是苦當解」；其三轉則為「這個苦已被理解」。注意這是一個反思的模式：學習、修行——對苦當如何而行——最後是修行之果。如是，這裡有學習（pariyatti）、持行（paṭipatti），和體證（paṭivedha）[1]。

---

1 pariyatti、paṭipatti、paṭivedha，意為「學、行、證」，亦有譯為「基、道、果」，為修行的三個方面。與漢傳佛教中「見、修、行」的涵義不盡相同。

Pariyatti[2] 是一個陳述。每一個聖諦都是一個陳述——有苦，有集（原因），有滅，有滅苦之路，即八正道。我們從 pariyatti 的層次上學它，從書上讀到它，而且可以用巴利語背誦：dukkha（苦），samudaya（集），nirodha（滅），magga（道）。但每一諦的第二轉是 paṭipatti，亦即「行」，也就是說如何修行，如何實現。第一諦說你當知 dukkha，但這並不是說你在意念上以為你懂，而更多的是去忍受、用心注意、感受，在迎受苦時發展知念。這裡要的不是一種停留在大腦的理解，不是「啊，我知道了什麼是苦」如此而已。這要的是對此真正的承認，苦乃如是，心的焦慮、不安、怒、妒。你要看到它的真相，不是簡單地思考，而是修行、懂得。要想懂得一個東西，你必須首先接受它。

如是，有了這樣的理解，第三轉——paṭivedha，行之果——是苦已被知解。注意這裡先有陳述，又有方法，再有結果。所以，每一真諦的第三轉是行之果，我將這稱為佛陀的返照風格。這不是對觀念、學說、信條、立場或其他的執著，而是指向苦，即平常和乏味的經驗。每個人對它都不陌生，現代社會中，我們通常的對策是設法去除它。在當代的英國社會，我們追求幸福，我們不想受苦——「讓我們盡情享受，讓我們嗑藥，讓我們到好餐廳及時行樂，追求快樂和安全。」——因為苦不是人之所求。然而這是這個世界的一部分，也是人類社會的共通之處。

---

2 （從概念上的）學習。上文中提到的修行模式的三方面之一。

我們對它的態度不是無視、逃避、否認或其他的態度，而是去懂得它。要懂得什麼，你必須接受它、忍受它、感覺它，且情願如此。這是「我情願受苦」，而先前則是「我不願受苦，我願快樂，我為何要受苦呢？」這並非是我要受苦。我不是自虐狂，不以苦痛為樂，不圖折磨自己。我不喜歡痛，不欲望苦，但我情願受苦，所以我轉過身來面對痛苦，而不是想盡快去除它。如是，我的第一年，當我還是一位沙彌，我獨自住在一個小小的茅蓬裡足足一年，頭幾個月於我看來完全是無可排解的苦難。我獨處，無人交談、無事可做、沒有電視、沒有收音機，又無處可去。你要駐留在這茅蓬裡，只可以出來慢步禪行。剛開始，我還相當歡喜，你可以理解的，因我剛從喧鬧的曼谷脫身。我在曼谷教過英語，能從那種境地脫身，我相當高興。頭些日子過得很好，但是，一天又一天，無事可做，只有我和我的苦難。

我發現因為自己在一個不允許表現出怒氣的家庭度過了如此長的時日 —— 三十多年來被壓抑的怒火 —— 我突然之間被綿延不斷的怒氣所吞噬兩三個月之久。這從何而來呢？那裡並沒有人惹我生氣呀。這與我當時的處境無關，周圍的地方也好，人也好，事也好，我都無可指責。出於直覺我堅持下來了，最初試驗著做有目的性的功課，努力地集中心中的意念以便壓制怒氣。但想這樣做上三個月是不可能的，因為我其實沒有如此做所需的堅強意志。因此，我放棄了控制的企圖而轉為觀察，就這樣，通過觀察而不是控制，我開始明白了。其後的一天早晨，我醒過來，所有的問題都消失了，怒

氣沒有了，我進入了一種極樂狀態。每樣東西都是美麗和光明的，怒氣消失得無影無蹤，即使我試圖把它找回來，也做不到了。所有的事情看來都不同了，我不再為任何事所捉、所握，耐心和情願受苦之心把我領到這樣的境界。我原本是可以走出來的，我並沒有被鎖鐐在一堵牆上，不是一個被囚禁的囚徒，或是一個被槍口頂在腦門上的人質。

那年廊開[3]洪水泛濫，我有幾天沒有得到任何食物，沒有足夠的食品，我有了營養不良的症狀。我本可離開的，可以回到曼谷，逃回美國，但我決定留下。於是我體驗了營養不良，蚊蟲叮咬，還有許多別的苦楚。這些是自然發生的，我恰巧趕上了一場自然災難，並非我刻意追求所致。那裡的多數人別無選擇，但我是可以選擇離開的，然而我選擇了留下，就在我所處的條件下靜坐。四聖諦的第二諦，巴利文為 samudaya[4]，講的是苦之集，亦即苦的淵源。集諦說明苦不是絕對的，它無常性，有其開始，有其源頭。這就指出了事物 saṅkhārā[5]（意為形成或行），都有其源頭 —— 這是佛陀的教導，sabbe saṅkhārā aniccā：諸行無常。苦是一種 saṅkhārā，它

3　泰國東北部一府，與越南和寮國交界。

4　集諦，四聖諦苦、集、滅、道之二。集，源之意。集諦說明渴愛乃是苦的根源。

5　本意「形成」，漢傳佛教中常作「行」，如在「諸行無常」。亦為十二緣起的第二支，「無明緣行」。

是無常的。所以這是 pariyatti（教理）[6] 中的教義；苦有其由，其由為對法的無知，和對欲望的執著。根據這一教義，執著源於無知（癡），並非僅僅出自習性而已。如此，無知意味著為習性所役，從不質疑，從不觀察，從不試圖了知。我們於是成為了習性動物，如同被編程了的電腦，用一成不變的觀點看待事物。

與其如此被編排行事，我們開始觀看、守望和見證。於是我們發現苦的緣由是對渴愛的執著。渴愛有三種：其一是 kāma-taṇhā[7]，這是感官對其感受的色、聲、香、味、觸，及其快樂、美好的印象之欲望。再有所謂 bhava-taṇhā[8]，這是從追求、達到、成就的欲望而來。欲望是「要」──要我們沒有的，要感官的快樂，要成為什麼。最後第三種是 vibhava-taṇhā[9]，即是要去除、要消滅。種族滅絕的行為就是一種 vibhava-taṇhā，去除害蟲，去除寄生蟲也屬這種欲望。如此，對苦的反思我們就可以看到這三種欲望，因為僅僅懂得字面意義，並不意味著當它在我身上發生，或在我的意識中浮現之時，我就能真正地審視它。

6　pariyatti 相對於 paṭipatti 和 pativedha，分別指教理（律、經、論），禪修（戒、定、慧），和證悟（道、果、涅槃）。合在一起，是學佛的三個階段。

7　漢語為「欲愛」。下文中的 bhava-taṇhā 和 vibhava-taṇhā 則分別為「有愛」和「無有愛」。亦有「生愛」和「無生愛」之別譯。

8　有愛，別譯「生愛」。

9　無有愛，別譯「無生愛」。

我感覺 kāma-taṇhā 是明顯的，辨認感官而生的愛欲並不困難：你看到什麼你喜歡，便想要它。但 bhava-taṇhā——你想成為、得到、達到、成就——就沒有那麼明顯。我開始注意到即便是我的坐禪也是為 bhava-taṇhā 所驅使的。出家人的環境不能說是體驗 kāma-taṇhā 的理想場所，但無疑也是一個 bhava-taṇhā 和 vibhava-taṇhā，亦即無有欲的溫床。如是，我注意到自己原來是一個消亡主義者。我想去除所有的東西，包括我自己、痛苦、不安、dukkha（苦）、過錯、惡習。這看起來蠻對頭，難道我們不應去除那些惡習嗎？難道不應去除自私、妒忌和恐懼嗎？

從邏輯上講，趨善避惡本是自然，你如在基督教的家庭長大尤其如此，你掙扎、抵抗，以打敗魔鬼。你與邪惡力量鬥爭如同英雄的武士，你殺掉惡龍，你是聖喬治（Saint George）[10]。但我僅僅是一個可憐的罪人，而我想當個聖人，或至少成為比我這個自認下賤的罪人好上一等的什麼人物。如此，bhava-taṇhā、vibhava-taṇhā 就來了。這樣的 taṇhā 讓我發生興趣，它究竟是什麼呢？在我身上看到它，而不是僅僅思考它。kāma-taṇhā 不是大問題，但 bhava-taṇhā 和 vibhava-taṇhā 就很微妙，它們看來好像是挺正確：本當成為什

10　生於三世紀羅馬統治下的巴勒斯坦（又一說是當今的土耳其），父母具為基督徒，他身為羅馬軍官時因反對皇帝對基督教的迫害而在巴勒斯坦的 Lydda 被當街斬首。他一生行諸多善事，後又有其與惡龍相鬥的傳說。十五世紀法國大主教 Jacques de Voragine 著作的《黃金傳奇》（*The Golden Legend*）對此有詳盡的描寫。

麼的啊，本當去除什麼的啊，不失為高尚的努力啊。但是，我開始注意到它原來是一種能量。

Taṇhā 是一種驅動的能量，它使人去尋找什麼東西。在出家生活中，我開始注意到這一點，有時我回到自己的茅蓬，就會產生一種要做什麼事的欲望。我情願做任何事情──我會重新安排枕頭。我出家時曾收到一些禮物，於是我會拿出來看看，其中包括一個繡花枕頭和其餘一些物品。獨居使我生出萬般無聊之感，我會四處徘徊並把枕頭擺到不同的地方，僅僅為了找點事來做，我到了如此之絕望的地步。但是，那時我總欲望努力修行、成就、得阿羅漢果、圓滿覺悟──我開始注意到經歷過美國的教育體系訓練之後所生的強烈的強迫症。我曾就讀研究所，體驗了令人難以置信的強烈動機，並付出巨大的努力來驅使自己有所成就，所以這還是我所受過的訓練的一部分。即使是坐禪，也可以產生許多 bhava-taṇhā，也會有 vibhava-taṇhā，試圖壓制和去除。

我於是開始警覺，觀察對這些欲愛的執著，而這正是佛陀的教導精闢之處，因為欲望本身並不是問題的所在。我們生活在欲望的世界，欲望在你來到這一感官世界之時就同你與生俱來。問題在於你對法、對事如所是的無知，在於對欲望的執著，執著──巴利文的 upādāna[11]──與「我要、我需、我必有、我必須、我應當、我不當」認同，所有這些無非是 kāma-taṇhā、bhava-taṇhā 和 vibhava-

---

11 執著。亦是十二因緣中的「取」支。

taṇhā 的表達。「如果沒有欲望，我是什麼呢？我就什麼也不是了。」我想，我其實就是我的欲望。我不能想像把所有的欲望都放棄，那樣我就不會去做任何事，躺作一團了。然後，有了這樣的了知：欲愛是客物，是狀態；它有生有滅，並無常性。所以當欲望產生的條件具備時，它與對它的無知和執著一同出現，而這就意味著一個人為之所俘。

如是，我們成為自己欲望的犧牲品；我們成為了欲望本身。欲望總是在尋找，尋找最好的對象。欲望總是在尋找它可以維持自己的東西：投胎的子宮，任何抓得住的東西，比如把一個枕頭從一邊挪到另一邊。但對欲望的知念並不是欲望，我認識到了這一點，知念的主體又是什麼呢？我開始信任知念，這使我得以將欲望放到視角之下。我開始能對欲望做觀察時將自己置身於外，不再因被欲望繫縛而變得盲目。

此前，我會用一種欲望來代替另一種。「我想去除感官欲愛，那就戴上眼罩、耳塞。我要絕食，因吃本身讓我生出許多欲望。必須抵制這些欲望。」這是一種要去除欲愛的欲望。你不可能如此獲勝，你愈是要消滅欲愛，愈會生出更多的欲望，這是一個進退維谷的局面。

如此「放下」是踐行的精髓，第二聖諦的 paṭipatti[12] 部分，既要放下欲望，你須先懂得和瞭解欲望為何物。不然，你便容易去壓

---

12 為修行的「學、行、證」三轉之中的「行」。亦見前註。

制欲望，用 vibhava-taṇhā，用欲望來抵制欲望，此路不通，結果定然不好。所以，你當放下，放開自己，不要把自己與欲望等同。你看它生，你承認它，你放下它。

有時畏懼會占據你的意識，所有的事物看來都是邪惡的，對此如不察覺，那麼就是執著了，不是嗎？這是對邪惡的認知的執著，去除它和逃離它的欲望。畏懼具有迫使我們逃跑的力量。當什麼使我們害怕時，我們就要跑開。我認識到當我停止營造欲望，放下生出的欲望，畏懼就消失了。結果是「欲愛已被放下」，而這就是四聖諦中集諦的第三轉，這是對禪修結果的反思，亦即巴利文的 paṭivedha[13]——修行的結果如是。第三聖諦，nirodha sacca，是滅諦——苦止、苦滅。這是說，放下欲望之後，恐懼—欲望—息止，存在滅境，有生則有滅。滅如是，它為空。東西滅後則不復存在，但對它的覺知還在。如果我對有為之物執著，那麼我必然會怕死，因為既然我是我的身體，身體死亡，我就消亡了，我於是不再存在，無知無覺。

因為我尚未死去，對投生或轉世之類的死後遭遇只能想像。我會昇入天堂，還是下到地獄？這些都只是臆想而已，不是嗎？現在，對死亡，對我們的肉體的死亡，我們唯有臆想和猜測而已。對死後的各種可能，我們可能會對其中的某些比另外一些更加喜

---

13 體證，修行的結果。本文起首講到的修行的「學、行、證」三個方面中之「證」。亦見前註。

愛，但實際上，我們在此刻對此並無所知。死亡，肉體的死亡不可知，但是滅卻是現在就可由心而知的；苦滅乃如是。那麼，這個陳述「苦可滅」和「苦當滅」——這種實現或這個現實就被認知了。互相連結的知念，當 sati 互相連結，不是碎片化的，而具有知念的連續性，那麼你便會了知何時畏懼不復存在。畏懼消失後，知念還在，而這是對無畏的了知。注意著無畏就像這樣。

畏懼使我感覺自己是個人物，因為畏懼會引發你強烈的自我感。「我怎麼辦？我會被殺死嗎？我會瘋掉嗎？」更有甚之，「不可知的黑暗力量將附我身。我就要瘋掉。他們將要把我關入瘋人院，用鎖鏈將我釘在牆上，對我的大腦電擊，給我各種可怕的藥品，誰知道他們還會幹出什麼來，我就要失掉理智。」這些都是有關自己，不是嗎？由畏懼而生「什麼都可能發生」，但是在畏懼消失之後，對畏懼的知念還在，但它不是有關自己的，並不是「啊，現在我不為畏懼所擾了，我自由了。」對無畏的了知並不是在個人的層面上發生的。所以你當知見它、認識它，無畏、息止乃如是，非恨、非貪、無恨、無貪、無癡，無畏乃如是。

如是，你有 lobha、dosa、moha ——貪、瞋、癡——還有它們的反面，alobha、adosa、amoha。我們一般只注意 lobha、dosa、moha，隨著你對知念的修行，你會漸漸了知「無貪乃如是」。所以現在，無貪。我在觀察我的心（citta），這裡並無貪念，它乃如是、寂靜之聲、知念，現在我於其中找不到任何貪念，一無所求。這其中有一種泰然的注意力和反思、觀察：無恨，無欲去除什麼東

西或什麼人；無著，找不到執著的蹤影。如是，在這連結的知念中，我們獲得全面的視角。我們不只是隨有為之緣而動，與之認同，而迷失在有為世界之中——我們對此有了全面的視角。有了這樣的視角，我們就再也不會被束縛了。

修行和實證息止意味著我們實行無著。這不是說我們再也不會感受貪、瞋、癡，或者畏懼等等。這不是說它們永不發生，而是說它們發生在我們的知念的庇護之下，它們發生時，你不去執著任何東西，你認識無著、無我、涅槃，無著的狀態乃如是。如此，息止，第三聖諦的 paṭivedha，亦即修行之果就實現了。第四聖諦是 majjhima paṭipadā，或者說中道、道諦，或八正道，而它永遠以 sammā-diṭṭhi，即正確的理解或正確的觀點為起點。

正見來自先前的洞見，它不可行於文字。它是一種直覺、空，不是什麼你可寫下來的東西，它是要你的接受和證悟。對於我，sammā-diṭṭhi 猶如基點，知念之始，當下。而 sammā-saṅ kappa，正思惟——此為慧行、慧學。然後是 sammā-vaca、sammā-kammnata 和 sammā-ajiva，正語、正業和正命。我們必須生活，有食物，在世上維持存活。我們免不了講話，我們沒有割斷舌頭，或做大腦前部的切除手術。我們還是正常的人，但以正語、正業和正命來承受責任。非暴力：不用體力傷害別人、不欺騙、不觸犯法律。這是道德，或戒律。

其後是 sammā-vāyāma[14]、sammā-sati[15] 和 sammā-samādhi[16]——這些是定學[17]之道，你在精進（vayama）、定（samādhi）和念

（sati）之間找到平衡點。這是一種可感知的安謐，清涼而又平靜。你不再是境遇的犧牲品，隨著褒貶和成敗而如同溜溜球般上上下下。我修行之前就是那樣，我是境遇下無助的犧牲品。有人讚揚我，我會高興；有人批評我，我會抑鬱；考試通過了，我高興；考試不及格，我抑鬱。當一切順利，我會高興；當事情不順，我會不安。這使你變得對生活感到恐懼，從而試圖控制和操縱，「我必須控制事態是以獲得保障」。有一種意識，即「事情會好起來的」，所以你不惜代價地避免那些可能使你不安、丟臉或失敗的事情。

　　只要我還在控制生活，我就有許多的畏懼、怯生和痛苦，因為我在情緒上不穩定，無助地隨著外界對我的衝擊上上下下。但在獲得修行八正道洞見之後，我在情緒上找到了更多的平衡和寧靜。並不是我沒有情緒了，而是我不再執著，不再認同，不再畏懼；我不再需要壓制、否認、追隨或認同這些。如是，第四聖諦所講乃是禪修，也就是 bhāvanā。巴利文 bhāvanā 意為「禪修」，在泰語，他們用 bhāvanā 來指「禪修」。Bhāvanā 是通向知覺之路，連結了知、證悟、看透、領會、發展和對它的培養。

　　佛教的出家生活方式對 bhāvanā 的修行十分有助，它本是為此

---

14 sammā-vāyāma，正精進。

15 sammā-sati，正念。

16 sammā-samādhi，正定。

17 八正道可分為戒、定、慧三學。正語、正業、正命為戒學；正精進、正念、正定為定學；正見、正思維為慧學。

而設計的。寺廟生活的結構就是為了知念的發展，不是成為「佛門之僧」，而是去發現你的知念。所以 bhāvanā 應當被發展，這一洞見的結果是八正道修行：證得阿羅漢果。在泰國，人們相信阿羅漢能騰雲駕霧，是超人或魔術師。阿羅漢像另外一個詞涅槃一樣，與各種奇蹟的傳說相連，譬如阿羅漢在空中飛過、顯示神通、具有心靈感應、具他心通，有各種超自然的神通──那不是阿羅漢。阿羅漢是通過修行證悟了四聖諦的人──這是經中的說法，並不是阿姜蘇美多個人對阿羅漢所持之見。

我對四聖諦的反思已有如此之多的年頭，對之可以說是倒背如流。它猶如一個模式，一種不難記在心上的格式。四聖諦不難記憶，然而如果把三轉，十二行相包含在內，那就有點複雜了，但其實也並沒有特別的困難。所以你一旦對之有了基本的瞭解，就知道它是讓你觀察、發展知念、知解的反思性的指南。你可從十分簡單的事情入手，拿一種通常粗糙的苦感為對象，你並不須舉頭仰望上帝抑或天使抑或其他什麼聖相，你要尋找的是十分基本的東西，我相信你們中的有些人在這次閉關中已有如此的經歷，儘管沒有人能通過打量你而知道。

調查，尋其本源，或者說 yoniso manasikāra[18]，溯源──不是

---

[18] 巴利文 yoniso manasikāra 的詞義如本文所說，是尋根求源的意思。在漢傳佛教的傳統中，也常被譯為「如理作意」，義靜、玄奘、印順對此皆有論（譯）述。

停留在外圍、停留在表層，而是找到其因。洞見是直覺性的知識，並不是停留在理性和符號的知識；你由洞見才可體會其真相，這其中有十二行相。所以，四聖諦並不僅是初學者的修行，亦不是為什麼人準備的初級教程，而是一個人終生要做的功課，這是由業績的法則決定的。當你的業果成熟，它就會發生，出家這麼多年，發生過許多不曾預料的事情。你如此想：「我只要解決這些問題，得到十二行相，那麼我的餘生就會平順。我不會再受苦了，只須持有知念，浮在其上……」

而實際上業果成熟時會發生的如是：未及所料的事情、各種挑戰，因為這就是此界的生活。這裡不是天界，你只能接受你的業報，直到將其耗盡。此乃如是，這其中有褒貶、成敗、苦樂；有老、病、死、失。我們都在失去，最後我們會失掉一切。你看到你的父母變老而死去，你的老師死去，你的朋友死去，這種失去的感覺是我們所在世界的一個自然部分。對所有這些的發生，我們不能無動於衷，當你的母親逝世，你絕不會注意不到，你感覺到它，但你通過智慧來對待它，而不是出於個人的執著而陷入悲傷。

你體驗悲傷，但不執著於它。在知念的生活中，你經歷高峰和低谷、好運和厄運、讚揚和責備，你仍然感覺到這些。你甚至可能會有更鮮明的感覺，但你與感覺世界的關係是無著，與從個人出發不一樣，不再與之認同，不再被其掩目而成為其犧牲品，不再像過去那樣停留在個人層次上，而掉入情緒的漩渦之中。

煩惱之際

現在我們所處的情勢可以說一切都在掌控之中，它為一次正規的禪修提供了完美的條件。下個星期就會大不相同，許多人會來，許多人會去，許多事會不在我們的掌控之下發生。你們要留意自己的期望，正規、正式的禪修當為何樣的觀點。不管你持著什麼樣的看法和意見，當知它們如其所是。你感到任何不安、失望和厭惡，你皆可將之做為禪坐的對象。重要的是覺知事如所是──而不是去壓制或無視自己的感覺，或因為事與願違而不安和生氣，不去看它，失去觀察事如所是的機會。如果你為事如其是而不安，你可以將之用作自己參禪的一個內容。

人所不欲的事情在任何一個禪修的期間都會發生。舉例來說，寺廟的窗戶，開關它的電動馬達故障。高科技，不是嗎？我們本

可用長杆，或編織的繩子，從房樑上吊下來，學會爬上去開關我們的窗戶，那會是不錯的身體鍛鍊。還有，聚光燈壞了。我注意到在事情出了差錯，東西壞了，或有什麼讓我感到沮喪或不安時，我是喜歡利用這種情勢的。在窗戶打不開，聚光燈不亮時，我注意到自己就會有某種感覺。我清楚自己不想讓聚光燈滅掉，窗戶打不開的感覺。我也清楚希望它們被立刻修好的感覺：「我們可以找什麼人在我們中間休息時進來修理，以便我們的功課不受影響。」但要注意，知念在所有這些之中都是重要的因素。定念可以被中斷，但知念，你如果對之有信心，對生活中一系列事件做為或苦或樂的經驗則一直開放。

如是 sati-sampajañña，了知、感知，或直覺的知念：我一再重複這些，意在讓你們體會直覺的知念與那由掌控之心所生、從有欲或無有欲出發，而做出的思考或分析之間的本質區別。當你陷入思考過程中，總可歸結為「這應當是這樣的，不應當是那樣的。」還有「這是對的，那是錯的。」甚至是，「佛陀的教導是對的。」如是，我們會執著佛的教導是對的這一概念，如果沒有帶著足夠的sati-sampajañña，結果是我們會成為一種佛教徒，認為我們自己是正確的，因為我們在追隨正教。如是，這種執著和這種對佛教的看法，會使我們變成那種自我肯定的佛教徒。我們會覺得其他佛教的門派，只要與我們認定的看法有所不同皆是錯誤的，其他的宗教是錯誤的。這些是自我認定觀點的依據，注意它有多麼狹隘，你有時會被這樣的想法、感知或對自己的鄙視所控。我們有時會對自己產

生相當負面的看法，而且還自以為是。「認知」是對感知的了知，我的感知或佛教是正確的，乃如是，「佛的教導是對的」──所有這些俱有其生滅，餘下的唯有「如是」。這裡仍存有意識、知念、智力，它是純淨的，但這不是個人成就的純淨，它是自然純淨的。

要注意這包括身體、情緒還有智力。這是八正道──sīla、samādhi、paññā；戒、定、慧。Sati-sampajañña 包括一切，所以身現在亦在其中。這不是要無視身體的生理體驗，它包括情緒狀態和你身體的各種狀態，或健康或病態，或強壯或虛弱，或男或女，或老或幼。這裡關心的不是身體的性狀，它不是說你的身體應當如何，而是將其納入當下之中。自覺的認知接納當下的存在，而身體亦在其中。這是我的體會，身體就在這裡──我無疑能感覺到它。知念的對象還包括情緒，不管它是什麼狀態，不管是是愉快還是悲傷、興奮還是抑鬱、昏沉還是清醒、自信還是懷疑、妒忌還是恐懼、貪婪還是淫欲燒身，這全都包含在內，但是僅僅予以注意，而不是評判。我們不是說你不當有淫欲，或其他什麼欲望，我們不做道德上的審判，因為我們在運用知見。如果你為頭腦，亦即理智所控，它就會說，「啊，你在廟堂裡生出淫欲，你不當如此，你如此做就不是一個好的出家人！你不純淨！」我們往往十分執著於這種判斷，我們具有判斷與批評的能力，但是 sati-sampajañña 包容判斷，它不對判斷予以判斷，它僅僅注意那個專制的，自以為是的超自我在說，「你不當是你現在的樣子。你不當如此自私。你當發慈悲心和愛心」，和其他善心。「佛教是正確的」，「我在修行上一

無所獲」──sati-sampajañña 包容這一切，它只是注意事如所是。我可以去傾聽我的理智、我的那個超自我、情緒和身體──「我知道了，我知道你了。」這需要對所有這些的耐心，不是要去控制，去挑錯。但是當我們放鬆並對所有這些開放時，我們允許它們自己發生變化，它們有自己的業力，我們要給它們自然發展的機會。我們的庇護不在於思索、情緒或身體，我們僅是將這簡單的傾聽、專注於當下的能力，視為我們的庇護。

我總是修習聆聽寂靜之聲的能力──體驗背景之中那微妙、連續和內在的鳴響──因為每當我向自己的內心敞開，我聽到的就是它。它的存在同時容納並接受身體、情緒和思惟之心。它不是甲乙丙丁、前後成列，或井然有序，而是如其所是，一個整體，它容納，它不挑揀，比如「我要這個，不要那個」，只要注意、信任並珍視這個我們人人本具的能力，珍貴它、發揚它。

你可將直覺做為包容和接納的入手點而予以反思。我們都同時具有直覺的能力和思索的能力，而後者是排斥性的，你聚集注意力於一點所得的一境性[1]。在你聚神於單點時，你的注意力集中於一點而排除其他，但是直覺的知念卻會容納當前的一切。單點只是一種感知，不是嗎？按字面的意思，它意味著你要排除單點之外的一切，這是對之理性和邏輯的解釋，一境性可以看作排除單點之外

1　一境性，此處原文為「single-pointness」。當為巴利文 citta-ekaggatā 的對應。

的其他，因為這是這種思路的邏輯。與之不同，直覺則是不可言表，不可思議的；如是，那單點就無所不在，它容納一切。這就是sati-sampajañña、sati-paññā；這些就是佛陀形容通向不死境界之路時所用的話語。這也是為什麼你並不能通過思考和分析，不能通過熟悉和掌握對佛教經典的分析論證（Abhidhamma Piṭaka）[2]或經文（suttas）[3]的內容，不能由出家本身而進入不死的境界，因為詳盡地知道一事並不等於你知道它的本身，這如同具有許多蜂蜜的知識卻從未品嘗過——知道它的化學成分、各種品級，種種極品、中品和劣品，你可以知道這一切，卻不知道它的味道。你可以有照片、圖畫，如此這般，但是只要你品嘗蜂蜜，你即可直覺地了知它嘗來如是。

般若（Paññā）乃由直覺，而非理性而生。你可以對佛教有淵博的知識，但在生活中卻不運用佛教的智慧。我很喜歡 sati-paññā 和 sati-sampajañña 這兩個詞組，你可能已經注意到 sati-sampajañña 不是通過研究或刻意的追求所能獲得的。它是覺醒、學習信任覺醒，和對生活予以注意。它是發自內在對於未知的信任，因為它本不可得。人們請求，「給我一個定義，給我一個描述，告訴我是否

2　論藏。與經藏（Suttra Piṭaka）、律藏（Vinaya Piṭaka）合為三藏。Abhidhamma，音譯有「阿毗達摩」。

3　複數式為 sutta，經文之意。三藏之一的經藏即是經文的集合，巴利文為 Sutta Piṭaka。

具有。」但沒有人可以告訴你，「哦，我想你具有，你看起來好像有知念。」其實許多看起來像是有知念的人，可能根本不具有任何知念。這不是人們可以用言辭告訴你，也不是通過言辭學習它的定義而能掌握的，而是只能從對現實的體認中來[4]。

與我的背景有關，我曾對此做過試驗。我在大學受過多年的教育，被訓練得慣於運用智力來定義和理解事物。我總是在懷疑，我愈是想搞明白（對此，我頗為擅長），我就愈不確信自己是否搞對了，這是因為思考的過程本身是靠不住的。它乾淨、俐落、整齊，但卻不是開放自由的。情緒是煩亂的，情緒可以使你哭泣，使你感到悲傷、悔恨、憤怒或妒忌，你可能感覺各種煩亂的情緒。但是一個合理的理性體系是令人愉悅的，因它整齊和俐落，它不煩亂、不黏、不溼、不潮──但是它也感覺不到任何東西。當你為理性所控，你的感覺就被吸走，你的情緒生活於此終止。你壓制它，因你陷入在思惟、推理和邏輯之中。智力有其歡悅和靈氣，但也使人麻木不仁。各種思想都不具備敏感的能力，它們不是敏感的條件。

做為一個美好的理念，我們常常講到「一切都是愛」，或大慈大悲，但這些詞語本身並沒有能力感覺到情緒、慈悲或其他類似的東西。我們可能執著於這些美麗、完好的概念，但執著令人盲目。我們可以大講我們應當對彼此持有愛心，對眾生慈悲，但卻不能實

4　這一段開示與禪宗的「言語道斷，心行處滅」，以及老子的「道可道，非常道，名可名，非常名」可謂是異曲同工。

際予以實行，乃至不能感覺或注意到它。如此，只有在心中你才會找到充實的情感，儘管那裡與理智世界相比並不乾淨、俐落、整齊。如此，理智會說「哦，情感是煩亂的，你不當信任」，而且會感到尷尬，「它令人尷尬！我不想讓人以為我是感情用事的。阿姜蘇美多感情用事！」喔，我不想別人如此想。「我是理性的。」——我喜歡這個，「理智、理性、善良」。但是說「阿姜蘇美多情緒化」就讓我聽起來軟弱和怯懦，不是嗎？「阿姜蘇美多情緒化，他哭泣、流淚，他懦弱，他是一團糟。哦！」也許你認為阿姜蘇美多有正念，那就挺好。

　　情緒經常被人忽視或拒之於外而不受重視；我們不從中學習，因我們對之抱著拒絕和否認的態度。至少我個人覺得這樣做來得較為容易。如此，sati-sampajañña 就可以說是敞開自己去面對煩亂，讓煩亂煩亂吧，凌亂乃如其是。黏濕、軟弱、一團糟、呆、傻、愚蠢，如此這般。sati-sampajañña 容納這一切，它不予以判斷，不去控制，不捨此取彼，僅僅予以注意事如其是。無論是什麼樣的情緒現前，它如其所是，它乃如是。

　　如是，這個容納之點——注意它就是這個當下（paccuppanna-dhamma）[5]，將心中本在的注意力拿出來。這是一個不大的調整，只要你放鬆，敞開自己去面對當下，傾聽、專注。這不是要你進入一種神奇的定境，它乃如是。所以，這看來沒什麼了不起。當你放

5　現前法、當下法，當下所現之相。

開，具有信心，安住其中，你會發現這種狀態會自我維持。它自然，非你營造。在此開放狀態和這個容納之點，你會知覺平時不曾注意的情緒，諸如孤寂和悲傷，或幽怨、掃興等更微妙的情緒。強烈的情緒很簡單，因為它們強求你的注意，但當你敞開自己，你會察覺微妙的情緒。不要評判它，而要迎受它，如此，不是把事如其是變成一個問題，而是知道事如其是。它乃如是，當下的感覺，受、想、行（vedanā-saññā-saṅkhārā）乃如是，身體乃如是。

注意你對感覺開放，對情緒開放會是什麼樣子，不予評判，不生是非，不予去除，不去改變，不予思考。完全接受你所處的心境，你情緒的狀態，你的生理感覺諸如痛、癢、緊張。當我如此而行時，我注意到的是一個「變」字。當你願意讓事情自如其是，它就會變化，然後你開始認識和實現放下。我們說，「接納」：如是 sati-sampajañña，不是執著於它們，而是接納。其廣度是涵括性的，非挑剔的。它不是說，「我要好的，不要壞的。」它接受其壞同其好、整體，蘋果同其所生之蟲、果園同其中之蛇。它允許事情如其本是的存在，這不需要批准。這並不是讓你去熱愛蟲子，望其生在蘋果之中，喜愛它如你喜愛蘋果一樣。這不是讓你犯傻、荒唐，或做不可能的事，而是鼓勵你允許事物的存在，包括那些我們不允許存在的事物，因為倘若它們存在，它們就要如此而為：它們存在。事物的整體，其好其壞，俱有所屬。Sati-sampajañña 是我們對此直接地實現和體認的能力，之後，自然進程就會自行地去解決問題。這有別於阿姜蘇美多要改過自新、去除污垢、不受染著、不

為情動、糾正錯見、當一個好的出家人，以期將來有覺悟之時。我向你保證，此路不通——這個我已經試過了！

如此來看，你可用善巧的方法視當前的具體情況行事。有人會說，「只要對所有的事情持以正念。」這並不錯，但有的事情令人困擾不已或威脅性很高，所以我們可以找到善巧的方法去應對。在發展善巧方法上，我曾獲得阿姜查諸多的鼓勵，這要用到般若，不是嗎？這要用到般若來看如何處理情緒狀態，特別是那些頑固的情緒性習慣。不要害怕試驗，看看宣洩一下會如何，或跟一個願意傾聽的人談談，或對之故意地反覆探究。

我自己的一個方法是傾聽自己的思想，猶如籬笆另一邊的鄰居們在對話。我只是一個無辜的旁人，無意中聽到了鄰居的對話。所有這些流言、意見、觀點，實在是由我心生，但我在傾聽。我並不捲入其中，對話題並不感興趣，但我在其進行時靜心傾聽，聽它喜歡什麼，不喜歡什麼，這個人有什麼不好，那個人有什麼不對，為何我喜歡這個甚於那個，如果你問我對……如何作想，我只是傾聽這些來自內心的聲音，那些自以為是的、驕橫的、自大的、愚蠢的聲音。覺知這個覺知和專注的主體，記下這個覺知體。這覺知才是我的庇護所，而不是那些流言、自大的聲音，或那些主張和意見。這些是我找到的善巧的方法。

我們可以學著通過傾聽來互相幫助。學會傾聽他人是發展相互關係，而不是布道，或告訴別人如何修行，如何行事。有時，我們只需學會以 sati-sampajañña 來傾聽他人，如此，這個人就有機會把

自己的畏懼、欲望用言語表達出來，而無受到譴責或領受各種指導之虞，這是相當善巧的方法。某些心理治療可以是解決情緒問題的好方法，對情緒問題，我們通常最為盲目和束手無策。

　　方便善巧，是去知道你具有如此行之的智慧。如果你如是作想，「我不具如此行之的智慧」，那麼不要相信它！但也不要害怕尋求幫助。這不是捨彼求此，而是信任自己的苦受。如果你發現自己被念頭纏繞，什麼事忽然占據了你的意識，過去的記憶浮上來，一種情緒或不值一提的傻事纏住你不放，愚蠢的念頭等等，我們說，「我不要為此愚蠢所擾，我要進入定境，心中充滿慈悲之情，行諸善事」，而看不到我們正在做的是什麼；我們正在努力成為，努力按一個虛幻的理想化形象塑造自己 —— 佛陀肯定不會對你有這樣的期望。不管對你而言事情是何等樣狀，它如其所是，而這是你學之所從，這是覺悟之所在 —— 就在這裡 —— 在你煩惱之際。

歡迎痛苦

我們唱誦時用到佛十號之一為世間解（lokavidū）[1]。我們當然可以看到這是佛的本質之一，但在唱誦這被稱為「佛」的一個人的美德之外，更有實際意義的是對這個我們體驗著的世界，世間的情勢予以反思。這要求我們去觀照或反思我們正在體驗著的生活，而不是去描述生活應當如何。如若我們是理性主義者，我們會有生活應當如何的理論。但是在反思的知念中，我們注意的是事如其是。

在我們覺知呼吸之時，呼吸乃如是。我們並不是說你當以某種方式呼吸，有一個標

1　巴利語音譯作路迦憊，意譯通常為世間解，知世間，為佛十號之一。大智度論卷二（大二五七二上）：路迦憊，路迦，秦言世；憊，名知。是名知世間。佛的十號為：如來，應供，正遍知，明行足，善逝，世間解，無上士，調御丈夫，天人師，佛。

準的呼吸方法最為理想，我們都當努力那樣去做。我們默念「感覺乃如是」的感受，我們開始注意到這個人身——這個我們所生的肉身有眼、耳、鼻、舌——具有感覺，而感覺乃如是，之後，我們就向內觀查。被感覺的究為何物？我們觀察和注意所受、所視、所聞、所嗅、所嘗、所觸、所想、所記的對象。我們可以對感覺，對「我們的」感能，形成一些概念，或者試圖有意鈍化我們的感覺，因為我們可能認為這是一個弱點。敏感對某些人來說是一個軟弱的標誌。我們對感覺不予判斷，而只是注意它乃如是。

當我們注意我們所處的世界、環境——如其所是——我們發現這把我們領向對諸行無常的認識，事情如何生息不已，終而復始，此謂「知世間」。不是根據什麼標準來評判世間，而是視此世間乃如是：是敏感的。這個世界中有生死、離合、來往、好壞、善惡、美醜，以及我們有可能經歷的各種不同程度的經驗和品質。

雖然當你認識到這一點，它看起來就頗為明顯，但又有多少人真正從經驗出發來覺知這個世界呢？我們對世界的解讀往往從個人出發。通常都會從個人局限的條件、個人的感覺、個人的見解來解讀一切。當我們注意到世界如其所是，我們會看到它並非個人的東西。一個人乃心之營造，在覺悟之前也必然為之所羈。如果我們依照固有的情緒影響行事，我們看到的就會是「我碰到這事了」或「我好⋯⋯，不好⋯⋯」。

認知與瞭解這個世界如其所是是非常重要的。這是很強烈的感受，因為具有肉身意味著我們永遠不停地接受著各種不適的刺激。

我們的身體由四大，地、水、火、風所成，觀想一下這樣一個身體所具的意識究為何物。由生至死，從母體降生而啼哭的那一刻起，你就哭喊；之後，感覺、體受和攪擾與你相伴，直至它死去。我鼓勵你觀想降生於世究竟為何，但不要根據你可能抱有的任何理想或概念而予以評判，此謂進入覺醒的知念。「覺醒」指的是知事如其是，不是評判世界。如果我們對世界如何存有先見，那麼我們的區別心便會說「事當如是」。你如果看到國家當如何、政府當如何、父母當如何、配偶當如何、或其他任何什麼應當如何，那麼你通常是從「如若每件事都是完美的」這種高標準的理想出發的，但我們所處的世界之完美並不體現在將有為的經歷推向高峰。高峰的時刻如其所是，它以自有的方式呈現著美妙，但是它並不能自我延續。我們以具有意識的身形沉浸和捲入這不斷刺激著我們的有為世界，而我們在此有為世界的生活總是圍繞著「變化」而流動不已。

注意一下，視、聞、嘗、嗅、觸等感覺其實讓人有多麼不適。總有些什麼不對頭，你會感覺到太冷、太熱；還有頭疼、腰痛；討厭的噪音、臭味等諸如此類會刺激或接觸我們的肉體——結果我們會感到美與醜、樂與苦。但是仔細想來即便樂也會讓人不適，我們喜歡愉快，但過多的愉快令人疲勞和不適。這不是在做批評，這只是在注意具有人身乃如是；呼吸乃如是；意識乃如是。

思考一下我們對言語和想法何其敏感。一個人講話，他的某種語調就足可使得眾人不安，某些詞語可以令人非常緊張。我們記得愉快和不愉快的往事，我們的心可以對過去所做的事情耿耿於懷，

為記憶中的錯誤、失敗或愚蠢，有許多的內疚、悔恨和自責。我們可以變得非常神經質，因為二十年前一件不該做的事現在仍纏住我們的心頭，我們可以陷入真正的抑鬱或絕望的狀態。

生而為人本是一場真正的挑戰，我們要面臨如何處理誕生的經歷、人生的經歷，還有我們生下所處的敏感的狀態這些問題。有人想到自殺：「早完早了」，難以忍受，難以煎熬，一生永不間斷的不適、內疚、悔恨和對未知的畏懼。這可以是終極的抑鬱，我們想還是自殺為好。佛陀教導我們對此抱有清醒的態度，從中學習，視其為機會、為挑戰。我們可從生活中這些並非理想的狀況和經歷之中修習智慧，沒有人保證生活是理想的，我們中的許多人不可避免地要經歷挫折、失望、破滅和失敗。當然從個人角度看，我們希望盡快結束它，但是從知此世間如其所是的角度來想，那麼你就可以接受任何事情。我們具有超出想像的能力，從即便最不公平、悲慘、痛苦和惡毒的境遇中學習。這些煩惱並不是我們覺醒之路上的障礙，問題在於你是否會將之用作覺醒路上的資糧。

有人以為一個安逸的歷程、富貴的家庭、美好的相貌、聰明、平順的人生，種種益處、種種好運、種種福氣是好的業報。它是善報，是好的波羅蜜（pāramī）[2]，諸如此類。我檢視自己的一生，我

2　波羅蜜、美德、完美化（的途徑）。又譯「度」，指到達彼岸的方法。十波羅蜜為：施捨、持戒、出離、精進、智慧、忍辱、誠實、決意、慈、平等心、捨。

曾面臨令人無法置信的挑戰，它們震撼我，使我極度不安，失望到產生了自殺的念頭——「我要結束這些。我不想在此世間受多年的煎熬，我忍受不了了。」但是覺醒之後，我卻發現自己十分情願接受生活擺到我面前的一切，並從中學習。挑戰在於我們是否可以做為人，做為有意識的眾生，我們將之視為機會。

佛陀的教導所指向的正是這些。它們是為了使你覺醒，而不是在制約你。教法不是讓我們抓住不放的教條，而是發展和帶動覺醒的覺知、知念和直覺的探索途徑。與其畏懼敏感，我們不如迎受它，不是無休止地試圖保護自己免遭痛苦與不幸，而是讓自己的敏感更為完全。

認識這一世界如其所是並不是負面的放棄——「噢，你知道世界是怎樣回事」——好像這個世界不好，有什麼不對頭的樣子，這不是知此世界如其所是。「知」之所指本是研究、關注、調查、檢驗經驗，而且情願看到和感覺它的負面。它不是去追求感官的快樂、愉快的經歷，而是願意面對和感覺最令人掃興的經歷、最糟糕的失敗，將之變為覺醒路上學習的機會。我們不妨將之視為是「devadūtas」或「天使」拍著你的肩膀，說「醒來」。正因如此，佛教並不畏懼或蔑視老、病、癱、損，而視之為 devadūtas。巴利文 devadūtas 一詞，指的是一種信使，而 deva 是天人，神天的意思，所以他們是由天而降的信使。一位基督教徒問我佛教中是否有天使，「我們基督教中有天使，」他說，「白色的，美麗的，彈著豎琴，散發著光輝。」我回答，「佛教中的天使有所不同。他們是

衰老、疾病，還有死亡！」第四個天使則是沙門：善於默觀而走在覺悟之路上之人。

這讓我很感興趣，將一個老人視為天使，將病人、神經病人、屍體、男僧、女尼視為 devadūta 對我而言多少有點好笑。讓我們互相將對方視為 devadūta。不然，我們就成為某種具有身分的人物而已，不是嗎？看著剃光的頭頂，黃色的袈裟，我們看到的是信使，而不是男僧、女尼、尊者、沙彌諸如此類，所有這些都會導致身見。我們互相把對方視為覺醒路上的提攜者，還是一個什麼人物？「這個僧人這樣，那個女尼那樣。」我們可以用世俗的眼光來看，或者換一個視角，把他們視為 devadūta。

你可把老者視為 devadūta。拿我來說，不出數日我就六十七歲了。不僅身為沙門是一個 devadūta，亦是一位老翁了。隨著疾病和衰老，我更加成為一個 devadūta 了；而且當我死去，我就集四者為一身了[3]。如此反思，我們就可看到當如何利用生命，我們心的可塑性是沒有邊際的。出於我們的文化背景，我們接受過許多二元思惟的成見和訓練。比如，我的基督教的背景使我從小就被灌輸著二元化的觀點，事情絕對的非對即錯、非好即壞，這是對事情十分僵固的看法。你的心沒有被給予多少空間，因為它常常只能從一個極端移向另一個極端。

注意，某些佛家的禪修功課是讓你在心裡觀想物品的形象，其

3　此處，「四者」指老、病、死、沙門。

中的一個功課是讓你觀照身上的三十二個部位。記得我在泰國開始做這門功課時，總是想著從生理學上按照西方科學的概念去想這三十二個部位。對我而言，打開一本解剖學的教科書，看著上面的插圖，要比觀想當下這個我稱作自己、假定是自己的肉身中器官的實相和狀態，要來得容易。這是一種不同的學習，它要求我們的心多少有所伸展。

我曾經與一位僧人談到從正面看自己有多麼困難，因為我們太習慣從負面看自己，總是找自己的錯誤和過失。我尤其注意到歐洲和美國人，花許多的時間來批評自己，停留在自己是錯的、壞的、軟弱的感覺中而不能自拔。我們覺得承認自己的優點是不對的，我曾經這樣感覺：承認自己的弱點和缺陷是誠實，而承認自己的美德則是自詡。在英國這裡，自詡並告訴別人自己的好處，掙多少錢，有多少了不起的學位和頭銜被視為一種可鄙的舉止。在泰國，有些僧人的名片上卻印著所有的頭銜 —— 學士、碩士、博士、尊者、省長、世界佛教協會和議會副總裁、這個或那個組織的受託人 —— 把自己的成就拿出來示人在那兒並沒有什麼不對。但在這裡，這樣做就會被認為品位低級，令人尷尬。在一個英國人的家裡，你永遠也不會見到牆上懸掛著鑲框的學位證書，不是嗎？人們會感到尷尬的，因為那等同自我炫耀。這裡含有一種謙虛，其本身不失可敬之處，但它一旦被推向極端，就會使得一個人無法肯定自己的優點、成就、美德和長處。

如果承認自己喜愛美好的事物，會不會使我們變得狂妄自大

呢？我為什麼要成為一位比丘？我為什麼選擇出家而受清規戒律的約束呢？我可以給出這樣的理由：「我必須整肅自己，使自己更像樣。非如此，我做不到。我只有這樣做，才可能讓自己走上正軌。」我可以從弱點和無能的角度看自己，告訴自己需要外界的約束，否則自己做不到；但是，我也可以換個角度，看到自己為善、德、美所吸引，兩種不同的角度各有其中的道理。對於低下的東西，生活裡黑暗的一面，我也不免遐想，我並沒有高潔到只被光明美好的東西吸引的地步，我當然有過為負面事物所吸引的經驗。不過我可以講我的秉性是使我更傾向於為光明、善良、真實和美麗的東西所吸引。這是我願意走的方向，是值得尊敬的，我把它視為自己秉性中相當好的一面。

對個人的秉性誠實以待，學著承認並留意欣賞你自己的人性和個性。如此而行，會幫助你建立一種信心，一種當你為自我批評和負面情緒所糾纏時就不能有的信心。我們生有批評和區分的心智，不是用來分析和比較事物的，而是用來檢查和研究我們的體驗的。我們醒悟到呼吸 —— 它乃如是。我們醒悟到當下的感覺 —— 它乃如是。我們醒悟到感官與外界接觸時感到的不適，我們的執著和情緒的習性，不管它們是什麼樣子，我們全面地看待它們，而不是將其視為當棄之物。它是我們可醒悟到的對象，做一個從抵抗、否認到醒悟、接受，乃至歡迎的轉變。

佛陀的第一聖諦宣示了苦的存在。它是做為神聖的真理，而不是令人沮喪的現實而表現的。如果我們視之為令人沮喪的現實會怎

樣呢？「生命為苦，唯苦而已。你衰老、生病，然後死掉。你失去所有的朋友。我所有的一切，可愛的、令人愉快的，將不復如是，將去不再來，如此而已。從始至終皆是苦！」如此以來就沒有神聖之處了，不是嗎？有的只是悲觀、壓抑，視之為「我不喜歡這個。我不想受苦。這是一個無聊的玩笑。上帝跟我們開這個可惡的玩笑，製造一堆麻煩，然後讓我生於其中。何苦活著呢？僅僅為了衰老、生病、死掉嗎？」當然了，這很壓抑。這不是神聖的真理，實際上你把事情的真相變成了一個問題。聖諦說：「這裡有苦。」而解決的忠告和處方是歡迎、理解、開放和接受。如是我們要張開雙臂接受我們所不喜歡，所不希冀的事物，並從中學習，這包括痛苦、挫折和不適，不管那是生理上的、心理上的，還是情緒上的。

要懂得痛苦就要對之開放。我們說，「我們懂得痛苦，因為它是……」這是在對之理性化，而不是去懂得它。要懂得它需我們對所受之苦欣然迎受，挫折、絕望、痛苦、不安、無聊、恐懼和渴望一俱在內，對之歡迎、開放、接受，這是神聖的真理。只有如此，我們的人性才是神聖的，是 ariyan 真理。這裡 ariya 一詞的意思是「神聖的」，神聖一詞在英文中有宏偉、立起的意思，你如果神聖，你立升起來面對事物。你不是僅僅說，「噢，生活是一團糟，我想躲起來，我受不了。」這就沒有什麼神聖可言。你如果在基督教的熏陶下長大，你很可能會為苦而埋怨上帝：「主啊，你為何要創造這許多麻煩，這都是你的錯啊。」我曾對上帝十分憤怒。「如果我是上帝，我會創造出遠遠比這更好的情勢。」記得自己是一個

孩子時，曾想如果我是上帝，我就不會創造出痛苦這回事。你摔倒，傷了自己，就想，「上帝為什麼要允許這個發生呢？上帝為什麼要創造出這樣一個充滿了痛苦的世界呢？如果我是上帝，由我來創造世界，我就不會創造出痛苦來。」痛苦是真理嗎？衰老是真理嗎？損失、離別和所有我們以此身形，在人世間所經歷的都是真理嗎？我們是要抱怨和責怪，還是視之為聖諦呢？這就是我在這裡所指明的。

我們本可用不同的方法看待事情，你可以有所選擇，我們不必掉入一個套路之中，成為它的俘虜。我們從父母和習俗中所承繼的套路不一定都是好的，其中有些是好的，但既然我們有機會去探索、研究和直接地發現真相，那為什麼要限制自己呢？開悟並非遙不可及，你可能視之為自己所立的一個抽象的目標，卻不信真有一天能夠達到。但你如此想的根據何在呢？你認定你是此種之人。

我若從身見出發，我會一事無成。我不可能指望自己有開悟的一天，因為我的身見根本不能容許我把自己想像為一個開悟者。我的身見總讓我從自己的過錯上看待自己，因為我從一個競爭激烈的環境而來，那裡每個人都清楚誰好誰壞，誰高誰低。所以，我不能信任這個。我的個人習性乃後天養成，所以，不具自身的靈活性。你若受執於彼，以其為據來解讀生活的經歷，從不學著以不同的方式來看世界，那麼你就猶如井蛙觀天，生活也必是可悲的。

我們可以開始覺醒，跳出家庭與社會給我們灌輸的那僵化、極端的二元論，或任何其他套路。我們可以學著相信自己的直覺、覺

醒的感知。不要相信你對事情，包括對自己、對佛教，及對世界的看法和意見，因為這些看法常常充滿著偏見。我們彼此間常常懷有很深的偏見，由種族、階級、族群、社會優越感等等而生，這些都不可予以信任。

我們不必總是從後天所獲得的成見看待事情。正因為如此，佛陀所講的「佛心」是非常靈活和可塑的，它是普適的。我們可以用多種方法看事情，我們的心具有放射性。意識有光，它是自具光明的。所以，當我們丟棄那由成見所生的扭曲所加的限制，我們就會開始懂得事情如其所是，懂得佛法──開悟。這並非遙不可及，除非你從身見出發堅持那些看法。你可能一直把你的期望抬得如此之高，乃至你永遠也搆不到，這是因為你並未領悟你自己的所為，僅僅從成見出發機械行事而已。

這裡有苦，而苦是應當被歡迎的，這是我的一個新的解譯。通常的翻譯是「苦是應當被懂得的」，而我對此的解譯是「苦是應當被歡迎的」。試著奉行一下，你可對這不同的用詞做些試驗。你不必非要如此作想，「巴利經典說『理解』，沒有說『歡迎』。」事實上，巴利經典沒有講「理解」，那裡用的是一個巴利詞，我們把它譯為「理解」。也許我們並不知道「理解」的真意，你可想到這種可能嗎？也許，我們並不真懂得我們自己的語言，我們從一種狹隘的視角來看「理解」一詞，不能對之引伸。如果我們用更廣闊的視角，就有可能對這些詞語做些試驗，看看效果如何。

我說「歡迎」並非是說我找到了正統的翻譯，所以那些用了

「理解」的說法是錯誤的，那樣做就是另外一種僵化和自大。我並無意力圖證明自己的正確，證明自己的解譯是最好的，而只是要看看這樣做在當下的效果如何。我與你分享這些，意在鼓勵你獲得自我探索的權利和自由。你不必非要將自己納入經院的正統形式和定義之下，那僅是一個特殊的群體的觀點。

「這裡有苦，而苦是應當被歡迎的。苦已經受到歡迎。」這樣如何？不放試上一試。我不知道這對你是否會起到好的效果，但對我而言則是肯定的，因為我的個性傾向是要將苦推開，這是我的狀況和性格。「苦？推開它，不要它。」別人的苦──我看到別人受苦，我不想走近，我想遠離他們。如果我遇到一個受苦的人──「阿姜蘇美多，我碰到一個問題」──我將之推開，這是我的個性傾向，去排斥，我不想知道苦。告訴我些美好的事，你今天好嗎？「好啊，阿姜蘇美多，我喜歡阿馬拉哇奇這個地方，我喜歡做這裡的僧人。我熱愛佛法，上座部佛教的儀軌，還有戒律。我熱愛這裡的一切。」啊，這讓我聽來好舒服，再多說說。但我如果碰到另外一種人，就不一樣了：早上好啊？「哼！生活是如此陰暗、悲慘。我受夠了。我要還俗。」我不想聽這個，別說了。

我們可以到處走走，試著碰到讓我們感覺良好的人。告訴我些好事，因為那使我舒坦；不要說壞事，因為那使我不快。我不想感覺不快，我不想苦，我不歡迎它，我想棄掉它。我想如此生活，得到最多的好事，推開最多的壞事。但如果根據最新的解譯，「這裡有苦，苦應當受到歡迎。」事情就不一樣了，不是嗎？你視苦──

自己的或他人的問題、困難等等——為歡迎，而不是躲避或推開的對象。

我們閉關禪修已經一個星期了，我喜歡正式的禪修，我喜歡這樣坐著，面對佛龕。我喜歡這座寺廟，坐在這裡感覺很愉快。我坐在這個三角狀的座墊，它支撐我的脊椎，讓我能坐很久還很舒服。我看著佛龕，心就感到十分平靜和安寧。然後，當我向四周看去，面對你們……當我看到你們眾人時會怎樣呢？這是一種默念的練習。當我看著佛龕，佛龕上的一切帶給我都是平靜。蠟燭、香、佛像對我而言不是 dukkha，這些使我鼓舞、歡欣，不煩擾我，不引發我任何不快的感覺。如若我一時不想看到，我可以閉上眼睛，不看任何東西。可是，轉過身來，你們都在這裡——這會如何呢？這一下就帶來了一種什麼都可能發生的感覺。形形色色的人，有些我不瞭解，有些我自認瞭解。我對你們其中有些人有些看法——你是這個樣子，而你是那個樣子。我是有記憶的，每個人都引起我的某種記憶，有些是愉快的，有些則相反。有些人有獨特的行為和語言方式，帶給我獨特的心中和意識上的感覺。我若想，「啊，我不能忍受這個。」世界也便如是。我必須立刻轉身，凝視佛龕。與此不同，當我凝視佛龕，如若我讓知念領我到無執，到無執著的真相——假定我真正知道如何做到，而不只是因為沒有刺激，那麼我就不必掉過身來背對眾人，我便可轉過身來面對大家，而不必依賴於面對佛龕。如此，我們開始覺悟真相，而不是我們習慣上所依賴的有為的經驗。

我們常說到皈依僧寶，我們可以定義僧寶為四向四果[4]。有多少人達到了這種境界呢？你們之中有多少人能夠自認為修成了 sotāpanna-magga、sotāpanna-phala、sakadāgāmī-magga、sakadāgāmīphala、anāgāmi-magga、anāgāmi-phala、arahatta-magga、或 arahattaphala 呢？（原文版編輯按：這些是八賢聖，他們至少達到了以下八種境界之一：入流向、入流果、一還向、一還果、不還向、不還果、阿羅漢向、阿羅漢果）你們當中有誰是啊？我如何皈依「四雙八輩呢」？這很抽象，這些遠在一方的賢聖，理想的人物……也許他們就在這裡？這個僧人，那個尼師？我們要將之抽象化嗎？是由我來決定誰是 sotāpanna 或 sakadāgāmī 等等，決定跟隨誰來皈依佛寶嗎？如此，這就又回到自我之上了。我在這裡──這個人，要決定他人為何。

　　我們是要把「僧寶」這樣的字樣拿來，讓它對你有其所用，使它實用。我們都有同樣的依止，而我們是僧。我們的依止是佛、法、僧；而不是個人的態度、偏好、習慣、觀點和意見。當我們從

4　四向四果為：須陀洹向（sotāpanna-magga）向和須陀洹果（sotāpannaphala），漢譯入流；斯陀含向（sakadāgāmī-magga）和道斯陀含果（sakadāgāmīphala），漢譯一還；阿那含向（anāgāmi-magga）和阿那含果（anāgāmi-phala），漢譯不還；還有阿羅漢向（arahatta-magga），和阿羅漢果（arahatta-phala），俗稱羅漢。這裡的向，亦稱道，指在對應的果位的修行道上。四果亦分別稱為初果、二果、三果和四果。四向四果合為修行的八階，又稱四雙八輩。四向四果中，初果道稱為賢人，初果以上為七聖，合稱八賢聖。三寶中的僧寶指的是八賢聖。

僧伽或 devadūta 的角度彼此相觀，這是一種彼此觀看的方法，使我們能夠開始欣賞、敬重，並超越個人的偏好、觀點，和個人反應的影響。但是我們並不是要消滅偏好，因為我們所歡迎的 dukkha 完全由個人的反應而生。我們為何生氣，為何妒忌，為何感到受拒，諸如此類──我們並不是要無視這一切。我們出於對覺醒境界的信心，我們歡迎自己那些愚蠢的情緒和神經質的習慣，我們將它們做為神聖的真理，而非個人的疵瑕而予以歡迎。

寂靜之聲

有人將寂靜之聲視為為宇宙的低鳴，閃爍地幾乎像是電氣的背景之聲。雖然始終存在，我們卻常常注意不到，但在你的心開放、放鬆之時，就會開始聽見它了。講到這一點很有用，要聽到它、注意到它，你必須先進入一種放鬆的覺知狀態。當我這樣描述，人們就試著按圖索驥。他們參加禪十，試圖找到它，之後他們會說，「我怎麼沒有聽到，我做錯什麼了？」他們試圖尋找這個東西。但這並非是一個你要去追尋之物，而是一個你要對之開放的東西：這是一種由進入接收狀態的心而生的聆聽能力，從而使你能夠聽到寂靜之聲。你不是在解決什麼問題，而只是在聆聽，你將心放在一種接收的覺知狀態中。覺知使你情願接收任何東西，如是，在那些你開始能夠辨認的東西之中，

就有寂靜之聲。

有人會對寂靜之聲發生反感。有一位婦人開始聽到它，想讓它停下，所以她抵制它。她說，「我向來在寧靜之中打坐，但現在卻滿耳是這震耳的聲音，我想讓它停下來。過去我從來沒有聽到它，現在一坐下來，馬上就是吱吱吱的聲音。」她生出了對事如所是的反感，「我不要這個。」她由寂靜之聲生出煩惱。但是，感受到寂靜之聲，非但不必生出煩惱，反倒可以幫我們凝聚心緒，因為當心覺知它時，心是在一個十分開闊的狀態。這種狀態使之能夠欣然接收意識中浮現的任何意念，它不是一個排斥任何東西的狀態。寂靜之聲猶如無盡的空間，因它包涵著所有的其他聲音，其他的一切。它給你開闊、無限、無窮的感覺。其他的聲音來來去去，此消彼長，但是它連綿不絕，常流不止。

我曾在泰國北部的清邁主持過一次禪修，那是一個有瀑布和溪水令人歡愉的山間勝地。禪堂就建在瀑布和溪水之邊，瀑布的聲音很響，而且從不間斷。有來禪修的人對溪水的聲音發生了反感，「我不能在此坐禪，這也太吵了。溪水之聲也太過分了，我實在無法忍受了。」你可以選擇聽任它，對這聲音放懷接收，或者選擇抵制它，爭鬥、抵抗，由此製造了苦痛。

我注意到了瀑布和溪水的聲音，而且有寂靜之聲在其背景之中。事實上，寂靜之聲相形之下更為強力和明顯，但卻沒有掩蓋溪水的聲音；這兩種聲音彼此相襯，溪水之聲並沒有抹掉或遮掩寂靜之聲。

如是，心有如雷達，是在一個非常寬廣，伸展的覺知狀態：包容、開放、接納，而不是封閉和控制。如是，注意且默想這種體驗，並凝神於寂靜之聲。你若如此作想，視其為福音、恩賜、開放帶來的快感，而不是耳邊的噪音，因那樣你將視之為耳鳴，或其他什麼病狀。你若將之默念為天使的聲音，來自天宇，無始之聲，在你聽到它的每一瞬間為你祝福，你就會感謝這種祝福。如是反思，抱著正面的態度，會幫助你保持對它的興趣，並從中獲得好的感受。

　　聆聽寂靜之聲，你便可開始作無想之想，因為當你僅聽到天宇之聲時，你便在無想之中，有如空、無我。當你單獨與此天宇之聲同在，所有的僅是純然的注意，這裡沒有什麼人或什麼人物，無我，亦無我所。如是，它指向無我。

　　放鬆進入此聲之中，不要試著強制注意而進入其中。保持放鬆、安靜和平和的感覺。試著計數，比如數到十，以便幫助自己傾聽寂靜之聲：「一，二，三……九，十。」心並不習慣於如此休息，它習慣於思惟，習慣於不停地妄想。要花一些時間，才能使之平靜、放鬆，休息於寂靜之中。

　　在這寂靜之中，你仍可覺知情緒的起伏。它並不是一種毀滅性的真空，亦非一片不毛之地的虛無，相反，它是充實的、敞開的。當它們浮現到你的意識中，你可覺知情緒的變化、懷疑、回憶或感覺。寂靜接納它們，它既不加評判，不予牴觸，亦不為之所迷。它僅僅接受和認知事如所是。

我們對「聲」的理解不免受到心中成見之影響。我們把聲與耳相聯，這使我們覺得聽到的寂靜之聲有如耳邊的吱吱之音，因為我們總把聲音與耳朵相聯。但當你捂上耳朵仍可聽到它；當你正在水中游泳依舊能聽到它，這又是怎麼一回事呢？

　　如是，你開始意識到它無處不在，並非僅在耳中。寂靜之聲由耳而來有如心在大腦之中一樣都是錯覺。你在改變，由於自我意識和文化背景的熏陶，我們一直帶有成見體驗著生活，現在你將之拋棄，轉而不受成見所拘，更廣闊地去理解事如所是。

　　這有如心在身中的認識。通過從直覺的知念，我們可以看到身在心中。現在你們在我心中，在這禪堂裡所有的人，都在我的心中。傳統的看法是，對於我們每個人，我們的心在我們頭中──你坐在那裡，有一個心在你頭裡，所有這些各不相同的腦袋裡都裝著心。但以心看來，我坐在這高座上，我眼見著你們，你們在我心中，不在我的頭裡。我不能說你們全都在我的腦子裡，心是沒有邊際的。

　　那麼，有人會說我們的身體有如一台收音機，一個有意識的東西，它從宇宙裡接收東西。我們生而為宇宙中一個獨立的存在，如是，我們是一個光點，一個有獨立形體的具有意識的生物。我們傾向於假定自己是固定的、堅實的、物質所成的人，但是我們實在比那更為神奇──並非像傳統文化所說，或是我們常常自認的那般局限、沉重和一成不變。

　　寂靜之聲不是我的，也不是在我頭腦之中，但這個形體卻能夠

認識它，且知事如其是。這種知不是文化之知，並非從文化背景出發解釋所有的事物，它是直接地看到事如其是，而與文化背景無關。如是，我們開始真正地懂得 anattā，亦即無我，而這使我們看到我們彼此相聯，歸而為一。我們並非像表相所示那樣，為一個彼此分離的個體的集合。你若如此默念，你便開始擴展你的覺知以包涵，而非定義。

如是，說到坐禪，我們於當下發展知念，收集、回顧、凝神當下一處──身、息、寂靜之聲。然後我們可以注入慈愛的態度，亦即不帶分別心地處理和認識有為法。若無此種態度，人們便容易從個人角度判斷所體驗的事物。這個人平和，那個人不安，這個人意氣風發，那個人百無聊賴，這個人得意洋洋，那個人情緒低落；抑或你生出的念頭或善或惡，或癡或智，我們每個人都有對各種經歷的分別心。在理智上，我們知道這些想法是有為法，有其生，有其滅。不善或可怕之念有其起止，善念亦復如是。重要的不是由惡念之生而判定自己之惡，而是具有認識這種念頭的能力，知道此念的本性無常、變化、無我。所以，你當啟用這來自天宇的低語，這輕柔的溪流，這跳躍的聲音，你當熟知它。

情緒上的感受有時會使我們決定著手做一件事情，有時會使我們感到受挫和不安──「我不做這個了，我受夠了。」遇到這種時刻，讓自己去聆聽寂靜之聲，之後數到五、十，看看之後如何。不妨做個試驗，現在就做，「我受夠了，不能再忍了，到此為止。」之後，回到寂靜中去。過去當我因不平、怒氣、厭煩所擾時，我

曾經很喜歡做這個試驗。我喜歡「夠了」這一說法，它說出來很有力度。

　　這天宇之聲，寂靜之聲，乃自然天成。如是，當你學著休憩於其中，它可自我延續，並不需要你營造。這不是在創造一個微妙的狀態，而是此狀態有賴於其他條件的支持。延續任何一種微妙狀態，你需要相當的條件予以支持。你無法在粗糙、嘈雜、殘酷、令人厭惡的事情發生時，保持一個微妙的心態。要進入微妙的心態，你必須要寂靜、清淨，沒有雜音，不分神，沒有爭執、戰爭、爆炸，一切都要小心看護並在掌控之中。進入那種狀態，我們會變得十分脆弱，人們彼此間僅相互微聲低語，然而當有人突然發出一聲「啊」時，那個境界就一下子毀掉了，我們都會大為不安，這是因為我們已經變得過於敏感了。

　　這寂靜之聲，你開始可以隨處聽到它 —— 倫敦的市中心，曼谷堵塞的車道上，與他人熱烈的爭吵中，氣鑽、割草機、電鋸聲中，甚至在音樂聲中。所以學會檢測它、協調它，具有一定的挑戰性。有時，人們會說：「我聽不到，這裡太吵了。」你若著意抵制噪音，便不會聽到寂靜之聲，但你若放開接受，便會聽到那柔和跳躍的低聲，即便有一個氣鑽機正在轟鳴之中。

　　聆聽寂靜之聲可以讓你在行動、工作和生意之中也保持清楚的知念。你或在廚房洗碗，或從這裡走回房間，或在開車，都可同時聆聽寂靜之聲。這不使你分心，它允許你專心於你的所作，它加強你的覺知。它有助於你全心全意地洗碗，讓你與洗碗同在，而不為

他事所據。踱步回房間時你可能會雜念叢生，而寂靜之聲會讓你與踱步同在，保持知念並清楚當下的每個動作。

有時候寂靜之聲會很響亮，令人不快，但不會持久。記得有一次，我聽到它震耳欲聾，我想「出了什麼問題吧。」之後，它就變了。我試著讓它變得更響，卻做不到。這個現象並不危險，它依你的態度而變，你若對之抱有牴觸和否定的態度，就會製造出負面對立；你若放鬆、開放，那麼就會感覺到那柔和、跳躍的背景之聲，是如何地平和、安謐和輕鬆。你可開始體會「空」為何物——它不是那種你修習禪坐，有那麼一天可能會感受的模糊的意念，它一點也不模糊，它是直接可得的。

處於空之中，默想一下「我」為何物？當你成為一個什麼人物，會發生什麼呢？你開始想，抓住你的感覺，於是你就成了僧人、尼師、男人或女人，總之是某個人物。雙魚座、白羊座，亞裔、歐裔、美裔，老人、年輕人，諸如此類。通過思惟和對五蘊的執著，我們進入其中，然後就變成了什麼東西。但是在空境之中並沒有國籍，它是不屬於任何人或任何群體的純然之智。如是，你便可知何時你變成了一個人物，何時沒有，何時有我，何時無我。

在空之中，本無我在，現在並沒有阿姜蘇美多。「但是我想告訴你們我的個人經歷，我的資歷，我在出家三十三年裡取得的成就。我是一個寺廟的住持，是一個 VIB，亦即非常重要的比丘（Very Important Bhikkhu），我要你們對我懷有敬意，給我相應的對待，因為尊敬老人你會有福報！」這是阿姜蘇美多啊！或者，

「你們大可不必尊敬我，我對此無動於衷，你不喜歡我、批評我、挑我的錯都沒關係，我可以安然承受。沒事的，我樂意聽到批評，因我為你們犧牲甚多。」但這又是阿姜蘇美多了。生出來，又消逝了！空。

你若如此探索，便可真正懂得我之為何，你又是如何變成一個人物的；又，你還可知丟掉我見之後，知念尚在。它是理智的覺知，而非無覺、麻木的癡呆。此空狀乃是光明、清晰、機智，你經由思惟而變成一個人物：可憐自己，持有觀點和意見，自我批評等等，而後它停止──留下的是寂靜。但這寂靜是光明、清晰和機智。我更喜歡這種寂靜，而不是那種漫無邊際、絮絮不休的雜念。

我曾為我所稱的「內心的暴君」所擾，亦即一種我養成的不斷批評自己的習慣。它確為暴君無疑，因為世上絕無人像我對自己那樣地殘暴、挑剔和無情。世上最挑剔的人，不管他們曾如何傷害過我，使我悲慘，卻從不曾像我的暴君那樣折磨過我。它是一個能夠熄滅一切熱忱的暴君，不管我如何努力，從來不能取悅於它。乃至眾口一致稱道，「阿姜蘇美多，你給了多麼美妙的一個開示。」它還要說，「你不該這麼說，你所說有其不當。」它從不歇息，不斷地發出譴責。但是，這只是一個習性，我從中掙出，解放了自己，它再無立腳之處。我知道它是何狀，不再相信它，甚至不再費神去除它。我知道了不再追尋它，而是任其消融到寂靜之中。

這是斷除那些折磨、纏擾我們內心的那些情緒習性的辦法。實際上你可以通過理解和修習寂靜來訓練自己的內心，而非透過拒絕

和否認。如是，不要把這寂靜當作消滅和去除你經歷中會出現的諸種事端的手段，而是要將之做為一條道路，把你從不斷充斥的雜念和負面情緒中超脫和解放出來。

滅苦於當下

　　從世俗出發，我們很容易構思出我們所執著的條件。依靠 sati-paññā 和 sati-sampajañña，我們可以覺悟到事如所是，而不落入世俗之境。這只是對知念的強調，以免你誤取身見之你。我盡力讓你們懂得這一點，覺得有必要多次重複，因為這雖然看來簡單，我們的心卻傾向相信我身見乃是現實。你們當中許多人帶有你為身見之你，身見之你為你的烙印。

　　巴利語 sakkāya-diṭṭhi 一詞可譯為「身見」或「我見」。它指的是將自己與色、受、想、行、識五蘊認同，五蘊屬於個人的那種觀念。我們對這種觀念的調查並不是要陷於對「無人」的執著。我們可以抓住無我的概念，比如說，「無我，因為佛如此說。」但倘若如此，你還是執著於一個概

念。執著於自己無我是自相矛盾的,執著任何概念都不是一條出路,你若執著於任何你製造的境況,你就回到了原點,苦也隨之而生。你也不要聽信我言而已,而當自取其證。

與其從一個認知或一個什麼意想出發,佛陀建立了一條通過知念,通過對覺醒的專注來修行的道路,這是一個發生在當下的內在過程。你可以抓住覺醒的專注這一概念不斷重複,但是實在需要的只是非常簡單的專注,這種專注亦即 sati-sampajañña,是意識放在當下直覺的知念:「事如所是」。它開始從那種執著自身的認知上來探究自身見,這也是為什麼我強調要將自己刻意地視為什麼人。比如,「我是一個要修行,以便覺醒的人。」「我是一個尚未覺悟之人,到阿馬拉哇奇來禪修,以便將來有一天覺悟。」你可對此點評,形成對認知的認知,但這還不是重點。刻意來想:「我是一個尚未覺悟之人……」有意地灌注著你的意念來這樣說,也同時傾聽它。刻意之想會使我們於思惟之時聽到自己。

你的心迷失之時,即你自己迷失之刻,你從一個念頭跳到一個念頭,念念相生,愈行愈遠。但刻意的思惟與迷思不同,不是嗎?它是有意而為的,因你選擇了你所想的。重要的不是你所想的,甚至不是你之所想的品味,無論愚蠢還是機智,正確還是錯誤,重要的是注意力,傾聽自己刻意思索的能力。在我的經驗裡,對思惟的這種覺知,想來你們也是一樣,但誰知道,也許我是個特例!你開始作想「我是一個尚未覺悟之人……。」於此之前還有一個空間,不是嗎?在你開始刻意起念之前尚有一個空隙。注意它,這就是事

如所是，這空隙中並無意念，所有的乃是專注，是知念[1]。在「我是一個尚未覺悟之人」之念浮現之前，你肯定對此有所覺知。對這個的思惟，不是妄想，不是評判，不是分析，而是注意，它乃如是。所以，當你刻意去想，即可用思想指向它，注意到事如所是。

讓我們來想一想「我是一個尚未覺悟之人」句中「我」這個代名詞。你若傾聽它和那些其後的詞語，你會察覺到通過那些你刻意所想的詞語，你實際上營造出了這個自我意識。那個覺知你之所思的東西是什麼呢？是一個人嗎？是這個人在覺知嗎？抑或是純然的知念？這知念是某個人物嗎？抑或人物由其而生？這是探索，是調查。通過這樣的調查，你實可注意到事如所是，注意到佛法，亦即這裡並無人物在覺知，相反，覺知涵括了所謂的人物。

「我是一個尚未覺悟的人，需要禪修以便有一天成為覺悟之人。」如此我就假定了我是這個身體，且有其經歷。我有這些經歷，年齡為何，生於某地，曾做過如此這般的事，我的經歷可證其人的存在。我有護照、出生證明，人們甚至指望我在互聯網上有個網頁。可是實際上，知念之中看來並無任何人物。

我發現，我的知念愈強，我過去之經歷就愈是無足輕重。實際上它們並沒有多少意義，不過是一些可溯的記憶而已。但從身見出發，自認為是一個什麼人物，我就會發現過去的經歷忽然變得重要

1　這裡講到一念將起未起之間的空隙，和其中的知念。阿姜對此未給予命名，但與禪宗的「話頭」似有異曲同工之妙。

起來。「身分」給了我自己是個人物的感覺，我「有」過去，我「是」某某，我是一個「重要的」某人；不見得「特別」重要，但至少與過去的什麼事相關，我有家，有傳承。近來有人講他們失去了身分意識，因其身為難民，因為父母雙亡，因為身為混血，或沒有明確的身分與往事相關。身見依賴於你可查的經歷、你受過的教育、你的種族、你的成就（或失敗），有趣還是無聊、重要還是不重要、是一個非常重要還是非常不重要的人。

坐禪之時，我們並不否認身分，我們並不試圖說服人們他們什麼人也不是，比如如此作想：「我並無國籍（或性別、階級、種族）」抑或「佛法即是我的身分」。那仍然是一種身分，不是嗎？不，那是不對的。這不是要你執著無我的概念，它是以覺醒的注意力來認識，覺察到事如所是。這個簡單的練習，「我是一個尚未覺悟之人……」，它是刻意所為。你大可說，「我是一個覺悟了的人」，你可挑選你欲成之人，未覺悟或覺悟了的人。我們大多數並不敢到處去說「我是覺悟之人。」那就可能碰到有人向你挑戰，「在我看來，你不像個覺悟了的人！」無論如何，所用的詞語並不重要。不管你說「我是一個尚未覺悟的人」或「我是一個覺悟了的人」或「我是一個覺悟了的無人」都不要緊，要緊的是注意力。

我發現這是非常有揭示力的。當我做這個練習，覺知的本質──sati-sampajañña，知念、了知、知解，就變得十分清晰。隨後是思惟，是認知。刻意之想「我是一個尚未覺悟之人……」浮現到覺知之中。知念並不是一種認知，是嗎？它是一種知解，它包含認

知。認知浮現，消逝。它不是個人化的，它沒有「阿姜蘇美多」，也沒有或男或女，或比丘或尼僧（sīladharā）[2]的意味，它沒有世俗或依其它條件存在的成分。它如無物，如非物。覺知「我是一個尚未覺悟之人」之後是無物、無人。所以你在探索、調查「我」前後的空隙。你說「我」，這裡有 sati-sampajañña，這裡有寂靜之聲，不是嗎？「我是」浮現於這種知念之中，這種意識之中。這一點，在你調查時不妨自行考察。

這知覺並不是一個營造，是嗎？我造出「我是……」，事實上，比「我是一個尚未覺悟的人」更真實的是知覺，是 sati-sampajañña，它連綿不斷，自我維持。而對自己的感覺卻可以轉往各種不同的方向，當你想自己是什麼樣的人，你可能想到你當為誰，願意為誰，不願為誰，你有多好或多壞，多完美或多糟糕，轉來轉去，漫無邊際。一會兒你可能會感覺「我真完美」，下一分鐘可能又覺得「我絕對沒希望了，糟糕透了」。但是你若把知覺做為庇護，那麼你想什麼就不重要了，因為你的庇護所就在於這知覺的能力，而不是那迴轉和沉浮不已的你之自見，你之自身見的習性。

注意，做為一個人物實在有如「溜溜球」，上上下下，永不息止。得到讚美，你感覺美妙，自「覺」優秀；然而接著你又變成無可救藥、憂鬱、一個絕望情況下的受害者。你中彩了，狂喜；然後

2　阿姜蘇美多在英國戚赫斯特寺重建的比丘尼僧團（在上座部佛教國家已經不復存在）。

被什麼人偷走全部錢財，你變得輕生。做為一個人物乃如是，隨境而變。你可以在個人層面上被嚴重地傷害；又可以意氣風發，當人們認為你是最為美妙、令人歡悅、讓人激動的人物時，你感覺愉快。

當我還是一個年輕的僧人時，我為自己持戒的堅毅而自豪，說實在，對持戒我確實十分堅毅。我對戒律理解很深，自律嚴格。我曾與另一個僧人在一個西拉加（Siraja）海岸外的寇西章（Ko Sichang）島 [3] 短駐，後來這個僧人告訴別人我持戒不嚴，我幾乎想殺掉他！所以說即便戒律也可以成為一種自我評價的形式：「我是如何的一個僧人？」有人說，「啊，阿姜蘇美多是一個典範，頂級的僧人！」這十分美妙。「他沒希望了，不持戒。」就讓我起了謀殺之念。自我之不可信賴由此可見。

我們可以上升到高度的利他主義，然後在瞬間掉入罪惡的深淵。把自己放在任何形式的人物之下做為庇護都是一個不可信任的狀態，即使秉持著「我是一個好僧人」這一看法，也是一個相當靠不住的庇護。你若所知此，當有人講你不是一個很好的僧人時，你感到憤怒、受傷、被冒犯，Sati-sampajañña 在所有這般的沉浮面前，不為所動，這是我為何視其為庇護所。當你認識它、意識到它、瞭解它、重視它，它就成為我所說的庇護所，因為一個庇護所不依賴於褒貶與成敗。

3　泰國離曼谷不甚遠的一個小海島。

停下心生的妄想有諸多方法，其中包括禪宗的公案或疑情[4]，例如自問「我是誰？」這樣的方法或方便，在禪宗和不二論吠檀多（Advaita Vedanta）[5]裡的用意在於停下妄想之心，以便你開始覺察你在妄想和自我假定中所沒有的，純然的知念。這是你聽到寂靜之聲的時刻，因你的心恰好在注意之態。在純然的知念之中，無我，它乃如是。然後放鬆進入其中，信任它，但不執著其中。我們也不要執著於「我要得到寂靜之聲，我要放鬆進入其中。」這是任何法門的微妙之處，因為弄不好就很容易執著其中。Bhāvanā（坐禪）不執著任何念頭，不持任何立場，這個paṭipadā，這個法門，其旨要在於通過覺醒的知念、直接之知而來認識和知解。

　　當自我開始破裂時，有些人會感到恐慌，因為你本以為堅固而真實的東西開始粉碎。記得多年前，我還不是一個佛教徒的時候，曾感覺受到某些激進想法的威脅，這些想法往往會挑戰我所生活世界的安全。當你覺得受到了什麼人的威脅，或什麼讓你感到安全的

4　阿姜此處所講的是禪宗的「話頭」參禪之法。話頭指話將說未說之際。話頭常用疑情，如「念佛是誰？」「萬法歸一，一歸何處？」大覺普慧言：「千疑萬疑，只是一疑。話頭上疑破，則千疑萬疑一時破，話頭不破，則且就上面與之廝崖。若棄了話頭，卻去別文字上起疑、經教上起疑、古人公案上起疑、日用塵勞中起疑，皆是邪魔眷屬。」話頭禪可追溯到唐朝的黃檗希運，他的弟子臨濟義玄開創了禪宗的臨濟宗。

5　吠檀多（Vedanta）為古印度哲學，不二吠檀多（Advaita Vedanta）為其一支派，主張人、梵不二。

東西受到挑戰，你可能會變得憤怒乃至粗暴，因為這威脅到你的世界、你的安全、你的庇護所。由此可知為什麼保守的人們會把外來的、激進的思想，或任何挑戰現狀和慣例的東西視為一種威脅，因為如果你所依賴的世界一旦受到威脅，你就會感到恐慌。

　　讀到印度發生的可怕地震[6]，據說死亡人數有數十萬之多。這地震沒有任何先兆，一些女學生為了某個節日的遊行正在操場上排練行進，就忽然被吞噬了，還有一些商人當時正在店裡擺放商品，就只是一個普通尋常的日子。忽然，在五分鐘內，這些女孩就都死了，被掉下的磚瓦打死了。有二萬五千人口的小鎮在五分鐘裡被夷為平地，毫無先兆。試想這會在你的心裡產生何等震撼！想到我們所在的世界何等脆弱，不由讓人不寒而慄。你若細想我們星球的種種現象，不由你不生自危之感。它看似堅固而安全，四處看看，我們以為想之當然，可是就在上週，古吉拉特邦就有那麼多人受災而死。看來是那麼堅固和安全的環境，突然間地震就從天而降，一切就被夷為平地。即便沒有地震，我們也可以看到人們多麼容易為心肌梗塞、腦溢血所襲；我們可能會撞車、飛機可能失事。在這一個我們認知、營造並執著其中的有為界中，一切都是如此之不穩定、不可預見、不可依賴、變化多端，此乃它如其所是。

6　阿姜在二〇〇一年二月二十二日作此開示。文中所提到的地震應指二〇〇一年一月二十六日上午八時四十六分發生在印度吉吉拉特（Gujarat）邦的地震，持續兩分鐘，震級七點七，死亡人數約在十三到二十萬之間。此日也恰逢印度第五十二個共和日（Republic Day）。

佛陀指出了有為法的不穩定性，諸行無常。這並不僅僅是一種他期望我們接受的哲學，我們以自己的經驗來探索並看待有為世界，這包括物理上、情緒上和心理上這幾個層面。然而你的庇護乃是覺醒的知念，而不是尋找或營造提供安全感的條件。我們並非是要用正面思維來愚弄自己，為自己提供不實的安全感。我們的庇護來自對現實的的醒悟，因為無為乃是現實。這覺知、醒悟乃是通向無為之門。我們覺醒之時，其乃無為，覺醒乃如是。有為如其本是——或強或弱，或樂或苦。

　　「我是一個尚未覺悟之人，須勇猛精進。我必須努力，去除污染，以期有覺悟之日。我願死前能證得初果，但若不能，我願生入善道。」如此，我們憑空生出許多複雜。人們問我，「我們可獲證初果嗎？有阿羅漢在世嗎？」如此，我們仍將初果和阿羅漢視為一種人物的格位，不是嗎？我們看一個人，會說，「那個僧人是一個阿羅漢！」我們視某人為阿羅漢，或證得初果之人。此乃依緣而生之心的思想方式，不由自主，非此別無可能。所以，你不可信之，不可依止於此思想和認知，而只可依止於知念。它看來不似他物，似非一物，但實為萬物，諸般煩惱逢此立得化解。

　　你那依緣而生之心如此作想：「這不是什麼，不算什麼，不值什麼，沒有價值。」這是為何我們要有覺悟的信心，因為你若對此作想，可以生出諸多懷疑。「我醒了嗎？我足夠醒嗎？或許我當睡更多，以便能真的醒來。或許我再堅持以此無知之態修行，就會受不了而放棄。」你若從無知出發，如何能獲得智慧呢？這不合情

理。拿頭撞牆，過一會兒也許就會清醒了，假如你尚未損害大腦的話。停下來真的感覺很好，不是嗎？但是與其如此，不如信任這個很簡單的注意力，然後探索並信任自己運用智慧的能力。

你們之中不少人會想，「噢，我可沒有多少智慧。我不是什麼人物。我沒有真正的洞見。」如是，你徹底地說服了自己無此能力。從個人角度來看，事情也好像如此。從這個角度出發，你以為自己沒有什麼可用之處，但這是營造。這有如「我是一個尚未覺悟之人。」不管你對自己如何作想，或最好，或最壞，俱為營造，營造後才被引入當下之境。你對自己的假想，不管多麼合理，仍為當下的營造。信之、思之、執著於彼，你就造出了一個格位化的自己。

覺醒不是造作，它是當下內在本存的專注。這也是為何刻意作想「我是一個尚未覺悟之人」是一個方便之門，讓你更細緻不斷地體會知念，在你把自己營造成你希望的什麼人物之同時，還能有純然的覺知。你對己見乃確實為心之客物會有所感覺，它來而復往。你不能維續「我是尚未覺悟之人」之念，你如何維續它呢？無時不刻地去想它？你若四處不停地遊說，「我是一個尚未醒悟之人。」人們會將你送入精神病院。它生息不已，但對之覺知卻是可以維續的。這知念並非營造而出，它不是人物化的，而是真實的。

還要看清它的結尾，當「我是一個尚未覺悟之人，應當禪修，以期有一日能成為一個覺悟之人。」停下之時，隨之而來的是鳴響著的寂靜，這裡存有覺知。境況不斷地在當下生生滅滅，息止即在當下，此境之終結即在當下，這世界的末日即在當下，我之不

存即在當下，苦滅即在當下。你可見其生，「我是……」，又見其之息，生息之後唯餘覺知，它乃如是。它光明、透析、清靜、生動；它非昏沌、非遲鈍、非愚蠢。故說此為鼓勵，或用當代詞語乃為「給力」。你當如此而為！不要只是站在一邊，作如是想「我是一個尚未覺悟之人，應當禪修，以期有一日能成為一個覺悟之人。」過了一陣，再嘀咕「啊，我需要更多的時日。」又回歸到往常的套路、觀點和看法。你若從無明出發，得到的就是苦果。佛教緣起法（paṭiccasamuppāda）中有無明緣行（avijjā-paccayā saṅkhārā），其中 avijjā 是無明，以無名為緣（paccayā），生出行（saṅkhārās），其他的一切又從中而生，你得到的就是愁、悲、苦、憂、惱（sokaparideva-dukkha-domanass-upāyāsā）[7]的結果。這是一個法門，讓你不是從無明，而是從覺知（vijjā）出發，從智慧（paññā）出發。讓自己成為智慧的化身，而不是一個不具智慧，卻想變得智慧的人。只要你還執著於「我尚不智慧，但希望有一天變得智慧。」你將不免愁、悲、苦、憂、惱的苦果，就是如此地直接。「現在」就學習著信任智慧，覺醒起來。

即便你感覺到情緒上的嚴重不適、懷疑或不定、害怕或恐懼，那就要覺知這些情緒，「情緒乃如是。」它是一種反應，因在情緒

7　愁（soka）、悲（parideva）、苦（dukkha）、憂（domanasa）、惱（upāyāsā）是佛陀在經中講到苦的五個表相時常現的語式。書中此處的英文與巴利文對照之下，少了苦字。此處補上。

上我們習慣性地導向無明。我在情緒上習慣性地導向己見，我在情緒上習慣性地是那個阿姜蘇美多。「阿姜蘇美多，你太好了！」情緒就會說：「噢？」；「阿姜蘇美多，你真是糟糕的僧人，不守戒律！」情緒就會說：「呃呃呃！」情緒就是如此。如果我的安全感依賴於別人的讚揚、愛戴、尊敬和賞識、成功與健康、諸事如意、眾人和諧、世界對我的需要有求必應……那麼當其他一切看來良好，我就感覺良好。但當相反一面的事情發生——地震、迫害、虐待、還俗、責怪、批評，我就想「啊！生活如此可怕。我再不能忍受下去了。我被傷害如此之深。我做了如此的努力，卻沒有人欣賞，沒有人愛我。」這就是情緒的依賴性，是個人化的條件。

　　知念將這些情緒做為客物（ārammaṇa）[8]而非主體涵括在內。你若對此不解，就會將自己與情緒等同，情緒由此成為你的自身。你化身為這種變得極度不安的情緒，只因世界對你未予足夠的尊重。我們的庇護在於不死的真如，而非瞬變無常的條件。你若信任知念，那麼自我及其情緒，不管其呈何相，即可看到它們如其所是，不評判它們，不從中生出是非。而僅僅注意，它乃如是。

8　通常譯作「心識所緣」，文中的用法包括情緒、心態。

觀點與意見

反思「中心」──它意味著此時你們每人都各自為宇宙的中心。這並非一種個人的解讀,而是當下的現實。就當下而言,你是我所體驗的對象,中心就在此時此地,從這個點出發。我若反思它的存在,這個我們體驗生活的出發點,意識從來就是自於這一點:此時此地的覺知。我們是宇宙中彼此分離的意識形體,但我們終生對宇宙的體驗皆從這個中心點出發,不管機緣置我等於何處:這裡、在一個茅蓬、在一座山頭、在一個機場……

反思這個中心點:它並不是空間的一點,而是我們存在的現實。從個人角度上說,「我是宇宙的中心」聽起來像一個自大的假定,好像說我最重要,或我是上帝,或我很特殊。其實這很平常,因為我們每個

人，每個生物，從體驗上講確實是宇宙的中心。即便是一隻跳蚤也是有意識的生物，也是從這一中心出發，不管它在狗或貓的身上，我想像跳蚤沒有很強的自我感，它們並不多想。雖然由於我不是一隻跳蚤，並無資格為牠們代言。如是，我們可以看到自己——我僅僅是一個普通人，沒有什麼異人之處，究竟還有幾十億人生活在這個地球上。這是一個慣常的說法，「我僅是這個星球上的一個生物」，事實顯然如此。這並不錯誤也不虛妄，但這真是事之所是嗎？發生在這形體上的正是我所體驗的，所以它是重要的，儘管宏觀地說，我與一隻對宇宙無關緊要的跳蚤並無區別。

我現在若倒下死去，並不構成宇宙很大的損失，也不會有很多人注意到。如同一隻跳蚤死去，誰會關心呢？事實上，我們倒可能高興呢，看見一隻死的跳蚤可能比看到一隻活的好。可是，從體驗上講，這是我現在強調的，要緊的是此地此時的體驗。所以，這個覺醒的狀態，知念，是我們能對體驗予以反思的能力，不是從我們個人的偏好和見解出發，而是站在佛陀知法的位置上。獨立形體中的意識乃是知解的體驗，知解正是我們這次閉關的目標——知事如所是，而不是知道關於事如所是的知識，或持有個人層面的觀點和見解，諸如「我在感覺，我的感覺如是」，抑或「我的身體感覺如是」。我們的思想習性、我們的語言，在很大程度上建立在我與我所的感覺之上。但是超越思想和語言，當我們停下思想，存在並沒有消失，不是嗎？

當我想「我是阿姜蘇美多」，我可能陷入與此念頭相關的聯

想，執著於對自己的那些特殊的知解，但這裡仍有覺知，而這是通向不死的大門。這是一個空隙，是輪迴的裂縫，是從永遠被習性驅使和奴役之中出脫的安全通道。思惟是一種習性，以身見看自己是一種習性。個人的習性是身見、戒禁取和疑，是十結[1]，巴利語十結之前三。此三結須予越過，須予看透。之後人便可證到入流之果（sotāpatti）。所以此三結並非靠消除一切進入虛無之態，而是認清這些障結，成為它們的觀察者，而不為其所制，成為其人、其習、其念，成為其思惟過程。

所以這是自我探索、自我審視、自我觀察，而不是持著一個不當有我，不當自私的立場，這些都是要依賴思惟……我若相信 anattā，亦即無我，那麼就把自己視為本當去除而不是被理解的東西。如是，這是要理解第一聖諦，理解 dukkha，理解自己，「接受」或者說觀察自己。「我是阿姜蘇美多」這一念乃是心中的一個客物，我可以對之予以思惟，但如果我持有知念，這裡亦可有一個觀察和對此思惟的見證。《法句經》（Dhammapada）中我琢磨多年的一句是 appamādo amatapadaṃ[2]，意為覺知是通向不死之

1　十結：結為纏縛、障礙。十結在上座部傳統中（與漢傳佛教所指有所不同）指身見、戒禁取、疑、欲愛、瞋、色愛、無色愛、慢、掉舉、無明。

2　出自《法句經》二十一篇的第一句。整篇為「無逸不死路，放逸趣死路。不放逸得樂，放逸者如屍。」《南傳法句經》，了參法師譯。

路[3]。Appamādo 是無逸、注意、覺知之意，通向 amatapadaṃ 之道，amata 是不死。我一向認為這個教導意味深長，在我誦《法句經》或誦經時，這些話語在我內心總引起強烈的共鳴，非同凡響。

佛教的經文數量可觀，巴利三藏浩瀚如海。你開始讀時不由心生敬畏，是一種永遠也讀不完的感覺。但是在你的生活中讀經或讀《法句經》時，碰到那些真正有意義的、突出的、那些會向你召喚的事情，你可以信任自己的直覺。在《經集》（*Suttra Nipāta*）[4] 中有：「有如此一島，此島無可逾越。」（v. 1094）這一比喻對我有很深的啟發。一個不可逾越之島，這個不可逾越的中心點。當你到達這個中心，認識到其為中心，那麼一旦你在其外，便是再次偏離而落入外圍，這個比喻的涵義就在這裡。你也可將之想為世界的支點，世界或宇宙的中心。

我們如果不能認識這個中心點，那麼就總是落在其外，落入輪迴之中。我們可能在尋找中心點，但卻是在外圍找這一中心，而不是中心本身。所以具有知念，依止佛、法、僧，就不是依止於處於

3　appamādo amatapadaṃ 的原意當是「不放逸乃是通向不死之路。」了參法師的翻譯「無逸不死路」還是相當準確。但其中 appamādo 一詞亦有仔細、認真、注意等意，阿姜在此取其意為「覺知狀態」，故在此有「覺知是通向不死之路」的說法。

4　《經集》是巴利《小部尼柯耶》的第五部，分為〈蛇品〉、〈小品〉、〈大品〉、〈義品〉、〈彼岸道品〉。支謙譯《佛說義足經》相當於第四品，其他四品沒有傳統漢譯。

外圍的思想、宇宙、想像中的某種模糊的力量，或不可見的能量，也可能就是懷疑。這些概念的目的是使我們認識到當下的中心，存在於此時此地的中心。如此，從這一中心看，如果我的身見之我在輪迴之中，你便知我為一個常人。常規，包括那些上座部佛教的常規，俱在中心之外，這是常規世界，在輪迴之中。我們的目的並非是以佛教的常規來約束自己，而是用這些常規來發展知念，趨向中心。

巴利文所說的戒禁取為三結之一，所指為緣於無明而執著於儀軌，事實上，我們是常為儀軌所制約的，我們在佛教的世界裡各執己見。在英國這裡，你有堅定的觀點，派系的觀點，對小乘、大乘、藏傳、金剛乘、禪宗或贊同或反對。當然，還有不二法、奉愛（Bhakti）、蘇菲派（Sufism）、基督教的神祕主義、耶和華見證派、摩門教。我們十分執著於一個特別的儀軌，乃至我們成為儀軌的本身，此實在為結、為障。而且，它還具有分裂作用。如果我的主要身分是上座部教徒，那麼就覺得大乘有所不同，如此，你追隨上座部佛教，若逢人言「我是大乘佛教徒」，你便視其為異端；遇到基督徒、摩門徒也會如此。即便在上座部佛教的內部，也不乏各種不同的觀點和意見。

「佛所教如是」、「此為真傳」，這樣的陳述，可以說是權威，讓我做一個聲明，「我們的法門是唯一正確的。」在上座部，言過其實的觀點製造分裂、隔閡，和對儀軌的執著，它具有分裂性。那麼在此時什麼是聚合性的，不分裂、不從個人立場、不從個

人偏好出發的呢？拿我來說，我有個人偏好，我承認這一點。我選擇了上座部的傳承，因其對我具有吸引力，此乃我個人的偏好，但我對此有自知，無須對其執著。吸引你或引你共鳴的儀軌，往往是你之所用的。如此，若說「你必嚴格如我所行，你必隨從上座部的傳統，因我即是如此，其餘非偽即妄。」這導致門派，不是嗎？這就又回到個人意見上去了。

如此，要認識到，這個中心點並不持有意見。若讓意見在心中浮現，我必先成為「阿姜蘇美多」，之後，我們就又回到 sakkāya-diṭṭhi、sīlabbata-parāmāsa 和 vicikicchā 這三結上去了。上座部的傳統是好的，但對它的傳統之執著則為一結。結會束縛你、限制你、分離你。結與傳統本身不同，是無明和對傳統的執著，因傳統本身乃是方便之門，它們並非目的。我若將傳統當作目的，則必力圖說服每個人成為上座部信徒；如果他們拒絕，我則視之為叛道者、外道，這是分裂。我說我是對的，你不以為然，所以你顯然錯了。

是非由思惟而生，真、假、好、壞，從思惟過程生，由分辨智生。巴利語的 vicikicchā 譯為懷疑。那麼，懷疑從何而來？由思惟而來。你若想得過多，不免懷疑不斷。語言就是如此，它是我們的投影，它是一個道具、人為的創造、習俗、自我，我們製造這些，並將之帶到面前。我現在營造自己，「我是阿姜蘇美多，一位上部座佛教徒。」如此，我若為此見所束縛，則是無明，不知佛法。

上座部的背景或許使我知道很多佛法，我或許是一位巴利專家或上座部的專家。我或許十分博學，可以為大學院校或其他機構

寫教科書。如此，來反思一下世俗世界是什麼樣子，戒禁取是一個有意思的詞彙，通常譯為「對儀軌的執著」。西方來的佛教徒常常具有一種優越感，我們並非出生在佛教文化和佛教家庭，對各種咒語、禮拜唱頌、燒香從不執著，我們好像天生如此，我從未有過儀軌和唱頌會令我開悟或淨化的幻想，這與我的文化背景格格不入。如此，這些自大的西方佛教徒常常對佛教虔誠奉獻的一面予以鄙視，以為自身不為所執，沒有禁戒取結。還有唾佛，乃至「逢佛殺佛」的公案[5]。我們對此類公案頗為認可，因我們認為佛陀時代本無佛像[6]。有英國學者以為佛像不屬於真正的佛教，「這不是佛教，是 sīlabbataparāmāsa」，「我們不需佛像」。這又是一種意見了，不是嗎？

　　用到反思、知念，我可以看到我若對佛像有不見容，就會對此有所知覺。這是什麼，何以為是？實際上我喜歡佛像，所以在我的

5　原文為「故事」，而不是公案。但從內容上看到阿姜這裡所提到的「故事」來自禪宗。如唐代禪宗高僧臨濟義玄「逢佛殺佛，逢祖殺祖」之說，即為諸多廣為流傳的「呵佛罵祖」的公案之一。故且譯為「公案」。

6　佛陀時代和他入滅之後很長一段期間本無佛像，在禮拜時，信徒借用菩提葉，取自四聖址的水等等物品來追憶佛陀。佛像首現於犍陀羅（Gandhara）國，位於現今巴基斯坦、阿富汗、北印度一帶。阿育王曾遣佛僧於此傳教，但阿育王時代仍然沒有佛像。佛像的出現，有一定的根據說是在希臘文化影響後才出現的。

身邊擺設了不少——於我而言這從來不是一個問題，但它對有些人來說卻是。有些正統派，佛教的正統派教徒，主張凡事必須按照他們認為在經書和經藏上記載著的佛陀教誨來做。龍婆查曾說過「實而不對，對而不實。」我發現這對我幫助很大，因我發現做到正確和正當是容易的，而正是在對這一追求的執著之中，你就會有所疏漏。我若堅持我的看法是對的，則失察於當下，因我那是從一個正當立場而行事。

故說「唯我為是」對所有宗教傳統都是危險的。我是對的，所以事當如此，否則不對。這是二元論，不是嗎？對與錯、好與壞、真與假。事實上唯有通過知念，人方可於對錯和真假有全面的看法。這是因為在知念中沒有批評、沒有評判，只是認識事如所是而已。如此，我入佛堂，見到一個佛像，我感覺此為 sīlabbata-parāmāsa，戒禁取結，對各種儀式和儀軌的執著，或許我並無錯，眾人多對佛像之相有其執著。但人亦可執著於他自己的看法，而這也是 sīlabbata-parāmāsa，執著於自己對佛經的解釋，執著於教門、宗派及其觀點。所以佛陀教導我們要克服視己為一種獨立、永常的靈魂，「我」為一種永常之人這種幻相的執著。還有對各種慣例——推理、觀點和意見、對錯和好壞的執著。

所以，在這次閉關禪修中，我一直強調要對此有清晰的認識：看到執著，認識這個稱作 upādāna[7]，由無明而生的抓握或執著，從

7　巴利語，執著。

而得到踏上修行之路，或者說入流的洞見。這不是說要做到事事皆對，去除佛像、儀式和儀軌，消滅個性，停止思惟以免對所思產生執著。試著如此作想「我不當有想」，於是我已經有想。不管我如何努力不作想，我都在想——這雖無可厚非，但無助於覺醒到我之所為，亦即事如所是。思惟過程是意識界的一個客物。佛像、無佛像、自我，還有 sakkāya-diṭṭhi，俱當依佛法而視之。

佛法如此講來是事如所是，諸緣生滅。Sabbe saṅkhārā aniccā[8] 不是要抓住有為法悉皆無常的觀點，它是要你觀察，做無常的知者，無常乃如是。不該有佛像是一種生滅的觀點，所以你的庇護是此一觀點的知念。這觀點還可以包括：「佛像當有，當用巴利唱誦，非此不為正宗上部座。」

修行的四果——須陀洹（入流）、斯陀含（一往返）、阿那含（不來）、阿羅漢，皆是對「十結」有其反觀，不受後有，亦非關「我」成為四果之一。經常發生的情況是，你看不清 sakkāya-diṭṭhi、sīlabbata-parāmāsa 和 vicikicchā 三結，不能越過它們，於是就努力「成為」入流，或努力「成為」阿羅漢[9]。或者感覺你做不到，「我做不到，我有如此之多的執著，不可能做到。世上果真有修成入流果的人嗎？」我住在泰國的時候，有西方人向我問到阿

---

8 巴利文，諸行無常。

9 成為（becoming），在這裡用到的是其在十二緣中的「有」之意，取緣有。

姜查，「他果真是一個阿羅漢嗎？」西方人在這方面的優越感令人吃驚，他們在泰國四處尋訪阿羅漢，然後做出沒有阿羅漢的結論。你如何識別阿羅漢呢？你會看到一個光環，或圍繞著他或她的金光嗎？

有些僧人自稱阿羅漢，令你不免琢磨他們是否果真如此。有自稱阿羅漢的僧人的行為舉止不像阿羅漢，但是阿羅漢行為舉止又當如何？阿羅漢一詞僅是用來指聖人縹緲的形象，你在圖畫中看到過的聖人，一種高尚縹緲的完人之化身？抑或佛陀用這些詞語時所指的並非一種身分或受有[10]，而是放下？如是，對前三結，通過對它們的知解放下它們：視它們如同佛之知法，而不是要去除它們，或去除對它們的執著。

這是為何對知念有信心是如此之重要。我仍然可持有觀點、意見和偏好，這是我個性的一部分。但這已被置於知念的視角之中，我不對此把持不放，用以衡量諸事，從而陷入具有分裂性的「我是對的，你是錯的」。在這種二元性裡，我的個性會導致分裂：我的個性與你的不同。傳統可以導致分裂，宗派主義是一個問題：蘇尼派／什葉派，天主教／新教，佛教／基督教，印度教／伊斯蘭教。分裂源於無知，你執著於自己的方法、信仰、宗門、觀點，還有執著本身。這些派系並非不好，它們大抵蠻不錯，問題出在源於無知的執著。

---

10 有，這裡的「有」指十二緣起之第十支，取緣有。

故說對此當予思考，什麼是對我見、宗門、文化影響的執著？我們從嬰兒時代就受文化的影響。我出生在西雅圖一個白人、中產階級、聖公會（Anglican）的家庭，父母的觀點、期望、是非、道德皆從此而出，這些於我並非與生俱來。我若生在他處便會不同，不同的文化、宗教，從而受到不同文化的影響。文化影響始自誕生之刻，所以要跳出來常常並非易事。

　　許多的假設和舉止是我們從童真時期就由文化銘刻在心，一個女孩該當如何，一個男孩該當如何，怎樣舉止得體，對與錯，還有我們出生的社會階級與父母的期望，以及隨之而來的身分認同。對這些假設，我們通常從不質疑，甚至渾然不覺。為此我將文化影響納入戒禁取結，超越它的唯一路徑是知念。這些你通過滲透、通過你的出身而與你的父母和社群一同生活獲得的舉止，其實無可厚非。而如果說其中一個好於另一個，就成了一種文化優越感，不是嗎？

　　英國人在文化優越感上有長久的歷史，在世界上四處去拯救和教化他人，強迫他們皈依基督教，糾正他們，從野蠻中解放他們，這些皆出於文化上的優越感。這樣的思惟當今已不再被認為是政治正確[11]了，這是好事。但是要超越這整個的過程，超越在西方影響之下，對民主、平等和自由這些理想的執著，還是得在知念上下功

---

11 政治正確（politically correct）一詞在西方特指避免在宗教、種族、文化、性別等方面上使用顯示自己的優越感，或貶低和傷害他人的語言和舉止。

夫。要認知這個靜止點，集中和反思對當下的注意，並培養它。修習看到身見之無常，文化影響之無常，念頭和思惟過程的生生滅滅。

勿從身見

我們的雨安居（Vassa）[1]還有三週就要結束了。這句話中的詞語，反映了我們在有為世界對時間和變化的認知。雨安居是一種常規，秋天不會說「我是秋天」，而我們以此稱呼它，這是一個我們用以傳達我們文化傾向和道德共識的常規。Paramatthasacca，亦即聖義諦，是超逾常規的。常規乃由人訂，並依賴於他物，被一種常規認可的事物在另外一種就可能並不得體。我們由自己的文化和習俗形成了各種偏見與成見。生活在歐洲，我們對法國人、德國人、義大利人等等是什麼樣子，都抱有一些古老的文化偏見。

1　又稱夏安居、結夏。佛陀本人制定，僧眾在雨季停止出遊，閉關修行。

我們帶著文化傾向來認知事物，我們會形成各種不同的意見和看法，這是容易導致民族衝突、種族偏見、階級歧視等等的原因，因為我們並不質疑所沿用的常規真實性。我們只是隨波逐流，我們對宗教、種族和文化有種種看法，並與他人在這些方面相比較。在這個層次上，我們懷有對民主、平等，諸如此類的理想，但我們還是不免受到被灌輸的常規現實的影響。

　　擺脫你所受的文化影響需要刻意的努力。做為一個美國人，我有許多理所當然的看法，從未意識到自己是多麼傲慢自大，直到有了在其他文化下生活的經歷。我從來沒有看出美國理想主義何以是另外一個盲點，我們美國人又如何將自己的理念強加於人，聲稱我們知道什麼對他們有益，告訴他們如何管理自己的國家。當你從小就被灌輸你生在最先進的社會，這就變得理所當然。我不以為我被特意地教導，這是理所當然的，是一個不言而喻的態度。

　　超越這樣的假想並非易事，我們對自己的這種執著其實渾然不覺，直到以某種方式被反射回來，也正因如此，我們可能在不同文化的生活經歷中獲益。在泰國的經歷使我看到許多這樣的事情，因為那裡的文化不同。寺廟生活帶來一整套不同的態度，強調反觀、知念和智慧。我並沒有成為人造泰國人，所謂「當地化了」，但我漸漸學會看出由過去的影響而形成微妙的態度和假想，不吃上一些苦頭，要看出這些就相當不易。

　　我們禪坐時常遇到的一個問題是強迫症。在我們的社會，教養使我們生出許多偏執和強制性，這其中有太多的「應當」。在你接

受許多理想和理念之後，你的詞彙中就出現許多的「應當」。這種理想主義有其美好的方面，所以我們不當放棄了事，而是要知其不足。它們常常給你帶來這樣的感覺：有事當做，有事當做未做，當更加努力，當修行更多，當更為誠實、更開放、更虔誠、更溫和，諸如此類。這些應當都是真的，應當的事往往都是對的。如果諸事完美，那麼我也就是完美的了，每件事都會完美，我與社會是理想化的。所以，你無事可做，因為你已經到達頂峰，但是生活並非如此。

意念是我們創造的，不是嗎？你的意念在最好或最美、最完好、最公平、最正義之上產生。所以佛陀指出生活的本相，那就是無常。它不停駐在美好之中，是吧？你並不能保留住任何東西。譬如，你冥想鮮花，比如玫瑰。有時，你會遇到它最完美的時刻，從形狀、顏色、香味都毫無缺陷，但是你卻無法將之保持在那種狀態。它會短暫地呈現著完美的狀態，接著就會開始走向反面，之後你就會只想扔掉它，換上另外一朵。

具有知念，我們就能覺知無常。坐禪時，我們清楚自己情緒和感覺的變化。當我們想事情「應當」如何時，我們就會回到那些意念之中，開始拿完美的修行與自己比較，應當禪修多少小時，還應當做些什麼。你可以依照這些常常並不壞的意念行事，問題在於，即使你將之完全貫徹，總還有更多的事情，什麼事情可以更好，這就會沒有終止。你永遠不可能達到終點，不可能找到問題的根源。如此下去，你總覺得你當做更多，到頭來，我們可能會放棄：「夠

了。去它的吧。我要享受生活。我要還俗，回到世間，享受一番，大吃大喝，快快樂樂，到死那一天。」這是因為人只能被這樣驅使到一定地步。你不可能長久維持這樣，到了一定的地步就不行了。

想著一件事時，聽聽「應當」的聲音本來無可厚非，但有人以為我們根本就不該去想應當如何。要知道事情如何影響我們，只須注意那種我還有更多的事，或我以為必須做的感覺。以下舉一個例子，是我剛住到龍婆查那裡時反覆出現的一個夢。經過一年瘋狂緊張的學習，我於一九六三年在柏克萊念完了碩士課程。但是我卻悶悶不樂，每次外出尋樂時，總是想，「你的考試就要來了，你必須通過碩士考試。」參加派對，試圖放鬆，卻有一個聲音在耳邊說：「你不當來這裡。你就要考試，卻還沒有準備好。你還不夠充分。」所以整整一年，我不能自娛，我不斷地鞭策自己。拿到碩士後，我有六個月一本書也讀不下去，我的精神無論如何也不能集中。之後，我到夏威夷接受和平護衛隊（Peace Corps）[2]的培訓，他們讓我閱讀一些資料，我卻做不到。即便是基本的指南，我也讀不下去，我滿載了。但這段經歷給我留下了高度的緊張，有事當前，我不是說「我做不來」而完全放棄，不然就是瘋狂地投入其中。

我剛住到龍婆查那裡時，由於修行過度而不斷地做同樣的夢。

2　和平護衛隊（Peace Corps）是根據一九六一年美國總統甘迺迪簽署的一個行政命令而建立的志願者組織。其宗旨在於促進美國與世界其他國家、民族、文化的相互交流和相互理解。

夢中我會去到一家咖啡店，坐下來，要上一份可口的茶點，之後就會聽到一個聲音說，「你不當在此。你應當學習以備考試。」這是那個反覆出現的夢境主題。我會自問，「這是要告訴我什麼？」我那強迫性的心就會不斷地作想，「有什麼我當做而未做之事。我該更為精進，我該更具覺知，我不該這樣昏睡。」而實際上，我睡覺本來不多。我總以為這個信息是在提醒我有什麼當做未做之事，我不斷努力去想「那會是什麼呢？」，與已然所做相比，我已經不能迫使自己做得更多，我想不出答案。之後有一天，在做了同樣的夢之後，我找到了答案，這個答案就是那場考試根本不存在！

我意識到我一直如此度日，好像我就要面臨一個考試，或被帶到什麼權威機構接受考試，一場我永遠準備不好或沒有充分資格的考試。總還有更多，我可以學習更多，我可以讀得更多，我可以做更多；我不當如此懶惰，我不當享樂生活，因為浪費時間，因為考試將至而我尚未準備好。這是我在美國所身歷的學校競爭制度在情緒上給我留下的印記，從五歲時就開始了，從未停息。

所以，我有了這個洞見，考試本不存在，它只在我的想像之中，我一直抱著即將面臨一場還沒有準備好的大考的感覺度日。或許我的宗教背景也在其中作祟：你將在死後接受審判，看你是否有資格進天堂，如果沒有，你將下地獄。總有一個你需要做些什麼的感覺，你不夠好。我有諸多不足之處，我當去除它們，我要成為我尚未成為的什麼，我這個樣子尚不完美。

出家之後，我把這種傾向帶到我的修行中來了，我堅持了一段

時間，然後才意識到如果我要當一個僧侶，那麼這些就不能是我僧侶生活的目標，它不當如是，那只是我基於強迫性的觀點對出家生活所做的一個解讀。在這個謎團解開之後，我就不再為其夢所擾了。

我們後天形成的三結之一即是 sakkāya-diṭṭhi，或者說「身見」。我們生下來並無個性，那是後天形成的。你若在競爭體系之下長大，不免總與他人及理想狀態相比較，你的價值在很大程度上決定於你與理想人物和理想狀態之間的差距。如果你不屬於最好的，你會以為自己不夠好，甚至那些我以為屬於最好一列的人也對自己不滿意。有時我們以為某些人很快樂，僅僅因為我們把自己的看法套在別人身上，我們以為他們比我們優越。

佛陀強調覺知乃是出路之時，他指向事情的實際所是，而不是最好狀態。在巴蓬寺時，他們會念誦出家人行止應當如何的經文，這都是從理想標準出發。想著如何解讀並期望依照那些高標準而行，會觸發「我真的行嗎？」的疑念，人會由此灰心和絕望，因為他是在按照理想化的標準檢視生活。可是佛陀的教導並非建立在理想化上，而是在法，事如所是之上。

修習 Vipassanā，也就是內觀時，你把自己真正地領入無常，領入悲劇。這非關事情應當如何，而關它們本來如何。一切有為法皆是無常。這不是什麼人在說一切有為法皆當無常，而是因為它們本來如是，這是對無常的接受。這不是試圖把意念投射到生活中去，而是以直覺之心來開啟、觀察和注意。如是，你覺知到事物的變化。

你甚至能夠覺知自己強迫症的態度，「我一定要做這件事。」你覺知強迫的感覺、態度，乃至一個誠實和現實的人容易產生的自己有諸多錯誤和弱點的自卑感。然後我們想，為了能夠開悟，我們必須改正這些錯誤，想辦法去除它們，是以成為阿羅漢，我們的心如是運作，在讀經卷時常常發生。但是帶著反思的覺知，你會發現如此之念乃由你心所造：「我有諸多缺點和弱點，我須精進以克服它們。」這是由我心造，我造出了這種態度，此非真實。對所有這些的知者乃是覺醒的狀態，你開始注意到知念和你執著的習性所營造的那些東西之間的區別。

我們使用 Buddho 這一詞，佛陀之名，知者。這是一個意義深遠的詞，因它指向的狀態是注意，直接而知，直覺的知念，還有智慧。這裡沒有使用人稱，如果我說「我是佛」，那麼這又是出於個性，出於身分，想著「我是這個佛」有同樣的問題。我們皈依佛（Buddhaṃ saraṇaṃ gacchāmi），這是一種儀軌，但是它指向我們可以信任的真相，亦即覺知——因為佛陀是 Buddho，知者、其知、覺醒、覺知。這是覺悟，它不是判斷性或批評性的。佛陀不是說，「你當如此，不當如此。」而是了知一切有為法乃如是。另一方面，你若是像在基督教的家庭中長大，上帝告訴你當如何。至少我是這樣被教導的：如何做一個好孩子，每回你淘氣都會傷害上帝的感情。我若撒謊，上帝會大為失望。這是一個孩子所接受的道德教育，這是你父母的思想，不是嗎？這是父母的觀點以及上帝混合而出的父母形象。

所以，覺醒是學著傾聽和信任事物一種最簡單的狀態。它既不是禪那亦不是入定，它是純然的注意。對這種純淨具有信心並無過失。純淨並無過失，不是嗎？它完美，全無雜質。我們把信念置於對當下的專注，當你試圖尋找它時可能會生疑，信任它，而不是去思惟它。相信這發自內部的覺醒，留意於當下，我如此做之時，便會放鬆。我會聽到寂靜之聲，這裡無我，留下的是純淨。我若開始覺得自己當做什麼事，我會有覺知。我知道經歷了美國的教育制度，度過令人難以置信的緊張生活所會生出的業果。所以，kamma-vipāka 浮現了。在純淨中沒有自我，這不是說「阿姜蘇美多純淨了」，比這更遠。你不是從個人出發講話，這是一種認知，一種知解。它是那個真實的你，不是營造。我沒有製造出純淨，我並非在製造一個理想化的情況來愚弄自己。

　　這是信心發揮作用之處，因為你的身見不會信任知念。你的身見會說，「你一點不純，你只有一些骯髒的念頭。你對某人所說的話感到不安和憤怒。已經這麼多年了，你還是不純」，這是你內心的暴君，這是身見，它既是被害者又是傷害者。做為被害者，它說「可憐的我，我不純」；做為傷害者，它說「你不夠好，你不純」。你不可信任這些，你不要從一個被害者或傷害者的地位中尋求庇護。但是，你應當信任覺醒的知念，這種信任令人謙卑。並非去相信什麼，而是學著放鬆和自在，信任這種自在、開放，接受眼下發生任何事情的能力。即使發生，或你正在經歷惡劣情況，只要你能保持對這種純淨的信任，就不會有任何問題。

說到純淨，以戒律為例，身見的執著甚至可能包括，「我的Vinaya與他們相比如何？」之後，你會從此觸發來增添你的優越和卑下感。你若以為自己比他人更純，那是自大，是一種吾勝於汝的態度。你若以為自己不純，又會感到絕望。你做不到，不如外出，大醉一場，把此事暫且忘掉，放鬆、尋樂，要比面臨自己不純的自責來得愜意。

　　傳統自身是有限的，因其既不完美又變化無常。也許你在期望一種完美的傳統，但一段時間之後，你開始看到其中不足而開始不滿。它不如你期望那樣好，其中還有不合理的地方。但是應當認識到傳統如同所有事物，即無常、苦、無我。上座部佛教是一種建立在戒律，從言行上斷惡行善的傳統。它是一種生活方式，我們都同意對我們在這星球和社會如何生活擔當責任。上部座佛教，不管你贊同多少，是古老而仍然強大的傳統。它具有活力，並仍然運行良好。它並不需對我們是完美的才能為我們所用，而是要我們學習用它來獲取覺悟的知念。

　　此外，我們還有佛教的大乘、金剛乘和小乘的宗派之分。我們被稱為「小乘」，所以我們會想這可能不那麼好。如此想來，大乘應更為殊勝。是以，小乘與大乘。至於金剛乘，那就是絕對的殊勝。據藏人的說法，沒有比金剛乘更為殊勝的可能，那是最上乘。如此，我們開始從好、更好、最好來想。但是所有這些都是傳統，無論稱之為大乘、小乘，還是金剛乘，它們仍然還是一種傳統，它們是有限的，不完美的。但它們都在發揮作用，讓人們覺知，而不

是當作一種執著或個人所採取的立場。

這些劃定門派的詞語能夠引起很大的分裂效果，我們若執著於上座部佛教，開始瞧不起其他佛教的門派，那麼我們會認為他們不純、不正統。他們可以自以為更為殊勝，實際上卻不正統，我們於是出於對自己傳統的肯定而自大。但這些其實不過是文字的遊戲，如果我們檢視一下這些術語，就會發現，大乘、小乘和金剛乘都是我們在心中的營造。我們皈依的是佛，不是這個或那個乘。佛陀知道每一個念頭都無常性、無我，所以讓我們來相信這一點，相信這一點的至簡性。因為如若不然，它就會激發你那衝動性的思想舊習：「我要做更多。讓我如此修行。我要做一個菩薩。我要做更高超的修行。」如此這般。

當你陷於傳統世界而別無所知，你會很容易被人們所持的各種讓人眼花撩亂的立場、態度和見解所迷惑。如是，對知念的信心不在於追求最好，或者感覺你應當獲取比你已有的更好的東西。這些是你的心之所造，不是嗎？判斷適宜的標準不是所謂最好，而是存活與健康的要素。

佛教僧人的四資具[3]即是貫徹這一原則的範例。你要的不是最好的食物和最好的袈裟，你只要適宜存活的即可。有地方住，有藥給病僧嗎？不必是最好的。事實上，標準往往是最低的，如糞掃衣，而不是綢緞衣。也正因如此，法與律受到尊敬，得以相

3　四資具，指衣，食，住，藥。

傳。這些給我們一種能夠生存的保障感，標準不是最高的，但如果 Dhamma 能相傳，Viyana 能持守，四資具是具備的，那麼就足夠了。如此可行！去修行就好，而不要對其他什麼吹毛求疵。發展自己的知念遠勝於被你所遇之人和所處之境的評判或懷疑之情所控。

我對這種發生在自己身上的衝動予以冥想，直到將之看透。它是漸進的，而非一個頓悟的洞見。它讓我想起我對待生活的一般態度，充滿了應當，總是覺得有什麼我當做或不當做。注意它，傾聽它，之後學著放鬆和帶著信念安住在這一庇護之中。這很平凡，因為聽起來不算什麼，這種對當下的專注看來似乎沒什麼價值。「那麼如何呢？告訴我當如何做。告訴我下一步當做什麼。我當打坐多少小時？經行多少小時？我當修行什麼？修習更多的慈善嗎？」我們總要有事可做，一旦無事可做、無處可去，就會感到恐慌。所以有些寺廟提供儀軌和課程，我們設有早晚的靜坐和禮佛、半月法會等等，將可做之事定為儀軌。如是，唱誦和遊行乞食已形成我們的傳統。如同戒法，這些安排的本意是規約我們的行為，為僧團生活提供一個規程。

當人們自己閉關時，他們放棄既定的規程，而自行支配時間。當你自行安排，無人監視時會發生什麼？你無須四處張望來確定是否有哪位長老在看著你。你可隨心所欲，所以你可以整天大睡，讀小說，到遠處散步，當然你也可以精進修行。各種可能都有，現在完全是由你自己來注意沒有規程時的感覺。這不是要你去判斷，從而引回諸多的當做，諸如「我當每日修行若干小時，禪坐若干小

時，經行若干小時，如此這般，好好修行，入定，在修行上真正地達到什麼地步。」這不見得有什麼不對，但可能是一時衝動所為。你若沒有做到，你會如何感覺？沒有做下了決心要做的事情，你會充滿內疚嗎？觀察你的心如何運作，於它覺醒。

如果有一個強勢的帶領人，事情就簡單了，他告訴你做這個，做那個；讓每個人來，每個人去；讓大家同步行進，如此這般。這也是一個好的訓練，會在一些不喜歡這樣的人身上引起反感和抗拒。與此相反，也有人不喜歡沒有人告訴他們下一步該做什麼，因為這在他們身上引起不確定感，他們喜歡一切都在帶領人掌控之中的安全感。有些帶領人會從情緒上嚇唬或控制你，「你若真想讓我滿意，你將如此做。你若不照做，我不會給你讚許。」我可以用我的情緒控制和影響形勢，但這並不善巧，這不是我們來這裡的目的。這責任落在我們每個人身上，不是嗎？這事關覺醒。

但是不要因為阿姜蘇美多如此說才覺得你必須覺醒，覺醒只不過是簡單的、內在注意力的集中而已，開放、放鬆傾聽、活在當下。學著認識到這一點，愈來愈多地珍重和信任它。因為你可能在情緒上形成了與之相反的習性——不是該做什麼，就是不該做什麼。我們這裡所做的是為你提供一種氛圍，引導你發生信心，培養它。我們所說的「培養」不是必須要做什麼，更多所指的，是與生活之流同在之時，學著放鬆和信任，因為生活乃所是。

記得我剛到巴蓬寺時，那裡有著很強的團隊精神。我們去那裡本為親近龍婆查。那裡只有二十二個出家人，我們很精幹，像特種

兵，頂級、拔尖。幾年之後，我開始看到我不喜歡的一面，多方批評，覺得它就要垮掉了。然後我看到龍婆查中風之後，那裡果然陷入混亂。記得數年之後我再去巴蓬寺，寺中內院裡有僧人居住的寮房，外面有龍婆查專用的茅蓬，可以提供護理和所有的事情。除此以外，他們還有一個大堂可以接待眾人來訪。

你之前會去大堂，但後來人們不想進入寺內，他們只想探視病臥在床、不能說話也不能做事的龍婆查。他的茅蓬成為寺廟的中心，僧人都不願入住寺中。記得我去的時候，諾大的寺裡只剩下三位僧人，阿姜李阿木（Ajahn Liam）和其他幾位，整個地方看起來也有些敗落。過去那裡總是窗明几淨，有很高的標準，每天掃院、維護。卻突然一下子成了一個鬼城，空了的茅棚破敗不堪，覆蓋著塵土，路徑無人清掃。我記得有從曼谷來的人說，「啊，這裡不好了。我們要你回來當住持。」他們認為我應當回去住持寺廟。這裡發生了他們認為不當發生的事情，但是現在它再次有了五十多位僧眾，一切都運轉正常。

事物總在變化，所以我們要接受變化。我們不能強求事物按我們的意願變化，也不能讓事物停留在它們的高峰狀態，那是不可能的。但是你完全可以對自己感覺最好與最壞，對自己情緒是良好、歡欣、熱衷，還是失望、低落和灰心有所覺知，這種覺知是你的庇護。覺知感覺、態度和情緒的變化性，與它同在，因為它是一個不可摧毀的庇護所。它是不變的，它是你可以依賴的，它不是你營造的，它不是一個理想，它非常實用、非常簡單，卻很容易被忽視或

不被注意。當你繫念於心，便開始注意到：它乃如是。

舉例來說，當我提醒自己知念是純淨的，現在，我真的在對它予以注意。這是道，這是純淨。不是什麼我營造出來的東西，安住於知念之中。這不是一種警覺，而是一種放鬆的注意。傾聽、開放、接收，當你放鬆而進入此態，它是一種自然而不是營造而出的狀態，它並不依賴條件而使之然。只是我們常常遺忘了它，轉而為舊習所控。這是為何有了知念，我們會更多地想起它，更信任它，發展這種把自己領回到覺知的途徑。所以，我們被帶走了，我們還能回來，我們不斷如此而行。不管情緒和思想會有多麼頑固、困難和荒唐，沒有關係，堅持下去，這就是你的庇護所。

我們可將這種知念用到任何情勢上，包括個人情感受到傷害之時。當有人說了什麼傷害性的話，問問自己，「是什麼受到了傷害？」如果什麼人以什麼方式侮辱我或欺負我，我感到傷心、冤屈、冒犯、煩惱，甚至憤怒，那麼是什麼在憤怒和煩惱，什麼被冒犯了？是我的那個庇護所——身見之我被傷害而不安了嗎？我若以知念為庇護，就不會為任何事情感到不安。你隨便說什麼，它不會不安。但做為一個人，我卻很容易生氣。因為一個人物，身見本來如此——建立在「我」的價值的多少之上、被人欣賞與否之上、被別人理解還是誤解之上、受到尊敬與否之上，如此這般。

我的這個人物，在傷害、冒犯和不安的面前毫無設防，但這個人物並不是我的庇護所。如果你的那個人物同我的有幾分相仿，我不會勸告你以之為庇護所，我更不會勸告任何人拿我的人物做為庇

護所。但要是知念，我就會，因為知念是純淨的。你若能對之增長信心，即使在你感到不安，受到非禮，遭到冷漠，無人賞識之時，知念懂得那是無常。這不是判斷，這不是製造問題，這是對「無人愛我，人人恨我」這一種感覺徹底接受，它會自行消逝，因其本性乃是變化。

皈止知念

對我甚有幫助的一個反思就是從你之所在，從此時此地出發。能夠認知自己當下的感覺、心態或者體態，而不是由此行事：「阿姜蘇美多說要聽寂靜之聲，我卻根本聽不到，他說的寂靜之聲到底是什麼意思？」那是另外一個思惟。重要的並不是寂靜之聲，亦非其他任何東西，而是認知當下事如所是。所以，不管你現在心態為何，比如在琢磨阿姜蘇美多所講的話，如果你覺知那是你之所思，那就是知念。

傾聽自己，注意知念與你的思惟過程或情緒反應之間的關係，然後觀察而不是評判對自己說「它們是它們這樣」，或「它是它這樣」。如是，它如其所是，真如。記得我在閱讀禪宗之時，他們講到真

如[1]。我曾想，「何為真如？」因為曾對這個詞捉摸不透。在巴利語中，有 thatā 一詞，佛陀自稱 tathāgatha[2]，其意在真如，指的是當下的對象，而不是「我是喬達摩，佛，摩耶夫人與淨飯王之子，生於藍毗尼，生下後在蓮花上行走七步。」所以，在他覺悟後，沒有佛，沒有有喬達摩，沒有任何人，僅有當下的所是，此時的如來。如是，tathatā 一詞有如其所是，真如之意。

在泰語裡，「真如」是 pen Yang nun eng。解脫自在園的阿姜佛使（Ajahn Buddhadāsa）[3] 是一位殊勝的比丘。我曾問他如果被棄於一個荒島，他將如何，他說 pen yang num eng：事如所是，thatā。因為這是反思之思，不是念念相生的紛亂之想，對嗎？這不是分析、批評、推理、定義或任何其他什麼，而是用語言幫助我們觀察事情，提醒我們，因為你現在所經歷的，不管是什麼，皆如其所是，這是再真實不過的陳述。有些人說，「知道嗎，我體驗了前生的記憶」，或其他什麼不尋常的心靈體驗，於是想知道其中的意思，所有這些的意義是什麼，它們如其所是而已。不管那是靈性

1　真如，書中原文為「suchness」，「其是」之意。從文境推來，當是對漢文「真如」一詞的英譯，對應的巴利詞為 thatā。是佛教，尤其禪宗的核心概念。真如者，事如其是也。亦指事物不可言傳之本性。

2　如來，佛十號之首。其意為「入真如者」。《金剛經》中的「如來者，即諸法如義。」《大智度論》中的「如實道來，故名為如來。」都是對其意的精闢詮釋。

3　1906-1993，亦稱佛使比丘，泰國高僧。

的，還是從其他星際而來，或者是對昨天的記憶，一種情緒，一種感覺，我們要做的就是認識它，接受它，看到它如其所是：thatā。

這不是推開事物，而是接受。當我們有不平凡的經歷，將之想成「發生在我身上神奇的事情」，我們便忘其所以，陷入對奇象的沉迷、臆想，乃至恐懼之中。如果它是陳舊無聊、反覆出現的思想、記憶或負面狀態，它如其所是。所以我們有了這樣一個反思方法，用到「它如其所是」這一陳述。tathā 是一個用以指引的詞，提醒我們不要於此無中生有、推開、否認、誇大或胡思亂想。不管你對之感覺如何，喜歡與否，令人鼓舞還是壓抑，對還是錯，理性的還是瘋狂的，它只是它當下的樣子而已。所以，這是一個誠實的陳述，你不可能比這說得更誠實了。

你若說，「那麼，這是什麼意思，在宇宙系統裡的意義何在？」然後你說，「啊，我以為……」；然後你問一位尼師，她說，「不對，不對，我以為是這樣的」；你又問一個僧人，他說，「不對，不對，不對，你全搞錯了，其實……」。你聽到我們對這些事情的各種觀點和意見，我們認為它是什麼，意義重大或毫無意義、真的或假的、虛妄的或實在的、對的或錯的。然後，我們開始營造，在其上添加許多個人的觀點。「它如其所是」則既不無視它，亦不添加它。但毫無疑問是接受，承認事情有其來其去，其生其滅，其生其死──諸行無常。此為佛陀知法。

經文中有一段給我很大的鼓舞，對我來說意義重大：

有未生、未造、未成、未始，故有已生、已造、已成、已始之出路。若無未生、未造、未成、未始，則無已生、已造、已成、已始，則無已生、已造、已成、已始之出路，然本有未生、未造、未成、未始，故知有已生、已造、已成、已始解脫之道。《自說經》（*Udāna* VIII.3）

這裡用到未生、已生、未造、已造、未始、已始的概念。這些是詞語，但是生、造、成、始乃是 saṅkhārā[4]，是心行，不是嗎？

我們所見、聞、嗅、嘗、觸、想、覺、四大——地、火、水、風——思想、記憶，和情緒——樂、苦、非苦非樂——這一肉體。事實上，所有體驗，整個宇宙皆是已造、已生、已成、已始。這意味著你能想到的、幻想的、感覺的、經驗的一切……但是這裡有出路，這裡有從已生、已造、已始之中的解脫。這裡有未生，所以讓我們來想想什麼是未生、未成、未造、未始。它是一種形而上的存在，有一天我才可能懂，而現在可以試著想像的東西嗎？試想一下無為。你可以想像各種有為法的各種形態：紅、藍、紫、綠、白、黑、黃，任何形、任何東西，抽象的、具體的、大的、小的，微型的、奈米技術、微觀的、宏觀的。

有為界就是如此，一物成一物，而我們則試圖知其所以。我們今天用高科技做些什麼？用以分類和整理各種現象，將之存入電

---

4 行，十二因緣之第二支，無明緣行。形成（業）之意。

腦，放到網站，如此沒有終止，愈做愈細。但是在這些的背後，自問一下，何為未生、無為、未成、未始？試想什麼未生或未造。我的頭腦於此一片茫然，因為它們只是已成、有為的否定式。未成、無為，從英語語法上說是否定式。想像是被造的，是「行」[5]，不是嗎？

你可以想像「行」，你甚至可以想像「未造」或「未生」這樣的抽象概念，但那莫非不是智力的一個抽象嗎？若如是，那麼佛陀又為何須用及如此的陳述呢？他是在指向此時此地，對此時此地的覺知。經文中有「覺知是通向不死之路」的說法。不死又是什麼呢？一個不朽之界，一種我們可想像，存在於宇宙之中的一種不朽的涅槃？我們可以想像一種世界，但是「不死之界」是什麼意思呢？所以，你可以看到想像力的局限，它可以領你到已生、有為、已造、已始，而這些也恰是科學的對象，不是嗎？控制不同的原子，如此這般。

科學在進步，引人入勝、有趣、奇妙。但它也令人恐懼，因為在改變我們生活所在的有為世界時，並沒有足夠的智慧判斷——何處為止，何處為界？這些乃是當今道德上兩難的困境。道德的邊界如何劃定？墮胎時，何時胚胎、精子和卵子成為有意識的生物，何時僅僅是一個醫療手術，何時又變成了一件謀殺？在這種情勢下，我們把界線劃在何處？另一個左右為難的問題：是否要關

5　行，在這裡所指是十二因緣中第二支。

掉腦死患者的維生機器？僅在數月前，美國還對此有過一場大爭論，對這一問題有各種不同的意見和看法。但是未生，這對我來說是佛陀已經清楚指明的了，覺知── sati-sampajañña。Appamādo amatapadaṃ ── 無逸、專注，乃是通向不死之路。

所以，這就是為何我們要認識知念為何，它的真境如何，而不是試著定義它，再試著做點可能叫作知念的事情。這是你必須直接地信任你之所做的地方，因為它既非我可道亦非我可示的。我坐在此，但你也許想我坐在這裡，心裡卻在胡思亂想。我可以……但是只要我不動聲色，你又從何而知我是處在覺知還是瘋狂狀態呢？所以佛陀用到無我、空和涅槃、無執這樣的詞彙。它們都是否定式的。何為涅槃？它是我們認清和證悟無執之時。你必須認識到執著的本質，才可能達到無執。

欲望（taṇhā）[6] 乃是其源。欲望所指是我們內在的一種能量、企望、渴望，一種人性中獲取和希求什麼的經驗，對象可以是和平、幸福、美食、和諧的音樂、美麗的景色、成為更好的人、覺悟成佛等等。或者希求去除什麼，痛、悲、不公平、所歷之苦。所以想要什麼是一種渴愛，是 taṇhā；想要去除什麼亦是一種渴愛。四念住就是讓我們調查這些事情，當我們修習內觀時，我們用到此身、受、心、法四住，它們是善巧的教導，但它們總是指向事如所是。

6　願望，渴愛。渴愛可分三種，有愛，即希求尚所未有；無有愛，希求去除已有。欲愛，希求感官之樂。下文中就提到有愛和無有愛。

身念處（Kāyānupassanā sapaṭṭhāna）——身體，觀照四大、物質所成的身體，分為三十二部。觀照和調查這個身體的方法，觀察身體不以其為己有，而以其為之所是。它如其所是：髮、毛、甲、齒和皮。當你接受十戒或受具足戒時，我念的經如下，戒師說，「隨我複述：kesā……」眾人複述，「kesā lomā、nakhā、dantā、taco。」[7]在你聽來，會覺得我在提供什麼祕密信息、高度機密，然後我會告訴你我說的是：髮、毛、甲、齒和皮。「啊」，你可能更想聽到一個祕密的經咒、覺悟的鑰匙，但得到的卻是這樣的俗話。然而它卻指向了表層，如何從髮、毛、甲、齒、皮之外觀營造出我們自己，還有我們如何受其吸引。如果我們從不同的角度看它們，不是髮、毛、甲、齒、皮是否美麗，那麼我們將會看到它們自身本來的樣子。我們並不是要說服自己它們醜陋不堪，而僅僅是以不同的目光來觀察。

這是觀察事物如其「本然」，而不帶著視其吸引人與否的傾向。所以修行的目的是實現涅槃，不再為無明所罩。比丘或比丘尼受具足戒就是為了去證得涅槃，這是全部的目的，證得不死。「證」是一個有趣的詞，因為它依賴實相，對之予以承認。它不是要求在沒有的東西中去尋找，僅僅是去認出和證實。所以，當你見證，當你把自己放在佛陀的位置、知的位置，見證當下的位置，當你耐心地忍受你所經歷的條件之時，覺知乃是證悟的一條途徑。

---

7 kesā lomā、nakhā、dantā、taco，意為：諸髮、諸毛、諸爪、諸齒、皮。

你可能有過這樣的經驗，就是「我想頓時達到涅槃。我不想坐在這裡，因為我膝蓋已經痛苦不堪，而且我也沒有時間如此耐心等待。」你感受不安和貪欲，所以你抓住涅槃說，「我要涅槃，頓時的涅槃。」吃一個藥丸，就進入境界，該有多好。但你若耐心、警覺，以注意力涵括當下，那麼你的心就會變得空淨，這是一種泰然的注意力。心安住於泰然、耐心開放的靜候，不是在尋找什麼或要做什麼事或要去除什麼，只是以泰然的覺知和開放的態度，傾聽、高度警覺、清醒。

　　當然總會有什麼情況發生，因為我們並不習慣於如此而行，所以你會覺得騷動不安。壓抑的情緒會在意識中浮現：畏懼、怨氣等情緒會來打擾。不要因為這些心境的呈現而灰心，因為它如其所是。我們要把自己置於佛陀知法的立場，而不是「我為何會有如此的感覺？我有何問題而會有如此的怒氣？我已修行多年，尚未認識這些。」即便這樣的念頭產生，這是如其所是。等待這泰然的注意力甚至會給你一種期盼著發生什麼的感覺，「它何時候會發生呢？」你預計、期待，然後它真的發生了，你想，「啊，我不喜歡這個，它不該是這樣。」

　　當你對覺知有信心時，甚至連這種期待，也就是等待什麼事情發生的狀態，也是可以被辨識的。你認知到你如此做以圖獲得什麼：「我坐禪以去除染著，證悟涅槃，我在無明之中，染著甚多，我修行來去除這些，以便我得以覺悟。」

　　如此反思會加強你對覺知與思緒之間關係的調查。若有什麼人

惹我生氣、侮辱我、冒犯我，我會想「你膽敢如此！」但是當我觀查這怒氣的感覺，那種情緒，那怒氣的能量，此時的覺知並非怒氣。覺知永遠不會發怒，但它的對象卻可以是我們叫做怒氣的東西。所以，真正想來，覺知猶如水之於魚[8]。它是水，到處都是。它不是被造出的，不是抽象的概念，不是你可造出的；它是你可認知的。覺知的真相就是如此。所以，你要有意地調查它，並真正地傾聽自己。對自己的訴說產生興趣，你可以隨便訴說什麼，把興趣只放在覺知之上。如此，你的思緒會生出來，又會自行消失。

曾有那麼一個關於「我是一個人」的建議，是要調查此話字間的空隙，以注意到事如所是。「我」生出又止息，我不可能無休止地說「我……我……我……」那會很無聊，因為它是營造的。那個覺知到「我」的並本非「我」，它無名，它無言，它是 anattā：無我、無為、未生。晚課前，我唱誦 namo tassa（我禮敬世尊），隨後「apārutā tesam amatassa dvārā ye sotavantā pamuñcantu saddhaṃ」[9]，其意為「通向不死的大門是敞開的。」[10] 這是何等之

---

8 原文為「is like the fish in the water」，如照譯為「猶如水中之魚」。但從前後文看疑有誤，在此作了修正。

9 *Mahāpadāna Suttra*, Digha Nikaya 14，《八大人覺經》，《長部》十四。

10 通向不死的大門是敞開的，為「apārutā tesam amatassa dvārā, ye sotavanta pamuñcantu saddhaṃ」句中的一部分。整句的意思為「不死之門已開，讓具耳者展其信心」。

殊勝。這對我而言意義重大，所以我複誦它，這是佛陀做為一個歷史上存在的人物在經中所做之說。

我非常願意相信佛陀在過去所說過的話，所以通向不死的大門是敞開的。那麼，這通向不死的大門又是什麼呢？它在什麼地方嗎？這麼長的時間了，有二千五百年了，現在關上了嗎？也許已經不開門了吧？「Ye sotavanta pamuñcantu saddhaṃ」汝等悉聽，sota 總是有關聽、聞。當知如此：pamuñcantu saddhaṃ 一般譯為信心、相信、注意、傾聽。所以，這不是經中鼓舞你的話而已，你當認識這通向不死之門，亦即當下的覺知。

你們當中不少人相當精進，多次參加禪修，多年堅持打坐，為的是什麼？總是為達到某種境地嗎？是要淨化自己，進入三摩地，得安寧之態，去除煩惱？你坐禪的目的何在？你的用意和目標是什麼？你認為這是一件可做的善事，坐禪十會積攢很多功德，或你有其他動機？我們在不同的時候可能會有不同的動機。我剛出家時的動機是涅槃，雖然那時我是一個困惑不已，煩惱不堪的人。當你受具足戒，全部的目的就在於解脫，這像一個藥方。當我說「我的用意在於實現涅槃」時，我的目標明確，因為四十年來我親歷許多，既有極度的絕望，也有令人狂喜的鼓舞。但是隨後我就碰到了無聊，你難以想像寺廟生活之無聊能達到的程度，厭惡和批評，受批評和做批評，不滿和抱怨。泰國的盛夏之下，你會無精打采。「我在這裡幹什麼呢？我連站都站不住了。」可是也會有興高采烈的時候，令人欣然鼓舞，然後情勢又變了。極端情況更為有趣，但沉悶

常常會導致失敗。正如作家托馬斯・艾略特（T. S. Eliot）所說，人類不能承受現實。這個證悟涅槃的動機……它是我的動機，它是我從理性出發深思熟慮之後所生，不是一時興起的結果──「我要證悟涅槃。」這是一個當你出家時，當你受戒時所做出的一個冷靜、理性的誓言。

用巴利語說出證悟涅槃的誓言是一種令人生畏的經驗，但是反思一下，這正是禪坐和佛法的目標，所以那是既定的方向。那麼，這是什麼樣的經歷呢？我能對它有多少控制呢？我的健康，世界的變化，寺廟的興衰，法師往生。這裡有醜聞和流言，幻滅感，責備與誇獎。你會得到榮譽的稱號，升到更高的位置，但是你在愈高的地位，就會有愈多的人想瞄準你，所以做為棟樑並不等於解脫。但是所有這些皆是有為、已生、已造、已始的。所有的個人經驗，物質上的、精神上的都是已生的、已造的、已始的。所以，隨著你對它的認知，你的覺知會愈來愈穩定，然後，你當珍重它。這如同對佛的皈依，巴利文是「Buddhaṃ saraṇaṃ gacchāmi。」當我如此說，不是在背誦一個巴利語的程式，它真正地意在所言。當我說「我皈依佛」，覺知是我的庇護，當下 Buddho、覺知之感同在。這樣，這些年來，我漸漸看透我所生出的各種虛幻，所做的各種假設，習氣導致的諸相，對生活中各種經驗的反應，讚賞與責備，成功與失敗，順利和挫折。

龍婆查非常善於讓我們看到事如所是，他在這方面十分善巧。人們總好奇我如何能在第一年從他那裡學到東西，因為我們的語言

不通，如何教導呢？其實，更多地來自直覺，不知如何，他對我有足夠的理解，總能把我領向當下。如此，我開始注意到自己如何使自己的出家生活複雜化，我的苦自何來。我的苦是高溫、蚊子、食物，還是對高溫、蚊子、食物的反感？所以，我開始冥想：「苦為何物？蚊子是苦嗎，高溫是苦嗎？」這是世俗之見：「我受苦因天氣太熱，食物不好。所以，我若到氣候宜人，食物可口之地，我即不苦。」

我現在在英國，有好的食物，沒有蚊子，很好的天氣。順便一提，我喜歡英國的天氣，但是我還是如同在泰國一樣容易生出苦感。「我不喜歡這食物，我不要蚊子，我不喜歡高溫」，這些實為我自造的苦，這些是我出自無明和自見而自造的心境。我仍然不喜歡蚊子，但是我不再以其造出苦境。並不是因為禪修多年讓我現在喜歡蚊子了，現在我對覺知遠比我對蚊子的自見更為信任。所以，我可以忍受蚊子、淡飯、高溫和寒冷，我可以忍受疾病，我可以忍受失望、損失、親友的死亡、受責備或批評。所有這一切皆可承受，只要我不在其上營造出苦境。

在對真正的庇護有了些覺知之後，我有意考驗自己面對批評的表現，那是我過去不可忍受的，因為我不能接受批評。當有人挑我毛病或者責備我時，我會非常憤怒、暴躁、受傷、在意，而不知如何才能對付它。我感覺受到排斥和誤解，他們的批評是準確的抑或是他們主觀的想像並沒有關係，我只是不能接受任何形式的批評，即便那本是對的。我對此十分害怕，所以我開始看到這種對責備、

排斥、批評的畏懼。當你在一個社團與人共住，不可避免會有人挑你的錯，這是社會生活的現實，我不能指望人們都來崇拜我，況且我也不希望如此。

我不喜歡順從、諂媚之風盛行的社團。他們開始喜歡你，然後又會對你吹毛求疵。「你是了不起的禪師，阿姜蘇美多。」這聽來挺好。然後，他們說，「我對你失去了信心。」這很難讓人接受，不是嗎？但是因為我對知念發生了信心，現在我可以承受批評、拒絕和責備，即便那是完全不公平的。我的庇護在於知念，不在於我心中的自我形象或我的周圍環境。我可以承受它，因為我的庇護所是佛、法、僧，而不是為人所好、所愛、所解、所賞識。那些固然不錯，但它不是庇護所。所以，這是我們可以從世間之苦中解脫的地方，而且在同時尚可做為社會的一部分依然生活其中。

這不是逃避，像一個隱士，宣稱自己受夠了這個世界，我不想與它有任何關係，還有這靠不住、不領情的人性我受夠了，再見，殘酷的世界。我曾多次有這樣的感覺，但是知念是我的庇護。你可能想像僧眾們都善良，總是沐浴在慈悲和諧之中，分享著意識的經驗。這是好的想法，因為我們的庇護在僧團，不在某位僧人或僧尼，亦不在自己的好友，或與我相合的某些僧眾。僧團乃由修行之人組成，它不是一個人，亦非一個個體。

開示 17

Cittāpassanā

捨過現未來，

而渡於彼岸，

心解脫一切，

不再受生老[1]。

（《法句經》，v. 348）

在 cittānupassannā sapaṭṭhāna[2]，亦即心
念住中，觀察者並不是被觀察的對象。如我
在這次禪修中一再試圖闡明的那樣，知念不
過是當下對你感覺的任何情緒，你所處的任
何心境的了知——對它的了知，是謂知念。
只要你開始分析你的心境，你就失去了知
念。你批評它，責備他人，你就捲入其中。

---

1 以上譯文取自了參法師所譯《南傳法句經》。
2 心念住，或作心念處。

你可能開始產生強烈的認同：「今晨我如此感覺。」我們在思索和講話時所用的語言可以加強我們的感覺：「這心境是我的……我是這個，這是我，我如同這般。」而知念之中沒有「我」和「我所」的概念。

所以，覺醒並觀察一下你在怎樣的心境之中，詢問、探究。「今晨我心（citta）如何？」如此做時，我的心境平靜。僅僅查看和觀察我這一時刻的直接體驗，我聽到寂靜之聲，其中沒有負面的狀態，它乃如是。龍婆查有一個說法，那就是「知道自己。」這是他勸導人時常說的話。心中的客物，在巴利語中叫 ārammaṇa[3]，用泰語來說是「Roo ahrom yah pen chao ahrom。」這可以譯為「知心中的 ārammaṇa、心情、心態，但不要變成它的擁有者。」所以，在觀察這種平靜狀態時，「我很平靜。我今晨感覺很平靜，此時我無任何負面情緒，我感覺相當良好，因為我從床上好的那一側醒來。這個平靜是我，我為平靜，休想來打擾！」

情緒有時可以是相當模糊不清，有些情緒是十分明顯的，例如憤怒、不安和低落。但是更多的情緒卻是矇矓的，你不能真正去形容它們，但它們是如其所是。這些仍然還是客物，情緒很容易隨其存在的條件而變化，健康還是患病的感覺，精力充沛還是筋疲力盡，陽光明媚還是陰冷潮溼。倫敦在晴朗的早晨與在溼冷雨之中十分不同。

---

3 心中的對象、客物，在泰語中亦指情緒、心境。

佛陀鼓勵我們注意有為界的實相。狀況是不斷變化的，因為我們是敏感之形，這肉身與感官。我們對變化有知覺，這些變化會影響我們的意識。變化並非總是走向好的方面，那樣的話，所有的事物都會變得愈來愈好了，不是嗎？變化也可能是變得更壞，可以是好、愉快、樂、非苦非樂。在巴利文中這叫做 idappaccayatā[4]，緣因變化，果隨其後。這反映在這個事物相依的世界，身體疲乏、溼冷、尚未支付電費、貓不見了、剛丟掉工作，這些條件不會生出快樂。但是，不管它們生出什麼，失敗或成功，損失或快樂，都是如其所是而已。

對 ārammaṇa，知念是常在的，它是一個庇護所。知念猶如鏡子，它反映任何你放在它前面的東西──如果那是一朵美麗的玫瑰，鏡像就是美麗的；如果是一隻死去的老鼠，那麼你看到的就是死去的老鼠。它不挑選，鏡子並不拒絕，說「我只要美麗的玫瑰，不要拿死老鼠來，因為我不喜歡難聞、腐爛的屍體。」在這個感官的世界，我們的經驗包括從最好到最壞，從極度歡樂到極度的痛苦。所以，我們沒有知念，我們就會成為這些客物的主人，這些鏡像的主人。我們喜歡美麗的玫瑰之鏡像，由此就試圖維持它。你若試圖控制一切，不讓令人不快的事情發生，那麼你將會大失所望。世界本來如其所是。它不是天堂，如同我想像 deva[5] 之界，那裡才

4　緣起之相依性。

5　天使。

會只有美麗的玫瑰。

天神不會變老。他們不會生出皺紋，也不會生病，他們有飄逸的身形。在我想來，他們在生命的盡頭，身上只有些微磨難的痕跡，然後死去。他們無須像我們這樣經歷衰老的過程，當然這些也不過是我的想像。但是我們不是天神，我們的肉身並不飄逸，由地、水、火、風四大而成。

於我而言，最大的突破、可貴的洞見，是去探究是什麼在覺知客體，它是知念──知念自身。我會追問事情發生的條件──這是知念嗎？這是那不可逾越之島嗎？靜止點、中心點，這才是知念。探究如此，類同寂靜之聲，把我帶到那靜止點。當我不能注意它，並走到那混亂的世界，我就成為一個人，而受控於自己的習性，愛與恨，喜與厭。而我若能夠以此點為中心，它就猶如那不可逾越之島，旋風之眼。如此，世界圍它而轉。

如此，對輪迴，有為之界，你會有全面的視野，你觀察心境。你的情緒並非靜止點，亦非中心。情緒來而復去，它變化、循環，它是快樂、悲傷、振奮、壓抑、鼓舞、無聊、愛、恨，如此這般。它們依現前的因緣聚合而不同，你可以很容易地說，「啊，我的心情不好」或者「啊，我的心情很好」。我們用這樣的語言，自己也變成了情緒本身，「我今天高興，一切都好。」或者「今天是糟糕的日子。」這就是為什麼我主張對所思所想予以覺查，以免營造出一個自己，不停地通過紛亂的妄想強化自我意識。

「我必須制定計畫，我下個月要去美國，我必須訂票，還

有⋯⋯」這些都是營造，「我必須訂票，我必須做這個，我必須寄電郵，聯繫我妹妹，通知大家我的行程，有人要見我，我須預約⋯⋯天啊⋯⋯這麼多事要做！」這種意念，「我下個月要去美國」無可厚非，但它是出現在特定的語境之中。知念是我可信任的，制定去美國的計畫應當出自知念，而不是這種「啊，我必須要走，我必須定好計畫」的感覺，不然就會令我感到有太多的事情要做。

我自己還是可能感到要做的事情太多，但是我卻有知念，知道這只是個想法，它不再有那種在我不留心時所生出的說服力，對事情的考慮本身就可以讓我筋疲力盡。記得有一次我著意觀察自己，去想我的各種責任。那是一天的清晨，我夜裡睡得很好，但是想完自己承擔的所有責任之後，我已經變得筋疲力盡，儘管我尚未動一動我的小指頭。

對於由諸種條件造就的那個自我[6]而言，你能看到的是一個點，一個微小的圓點，我會如此冥想，「一個點僅僅是一個小圓點，還是可以包涵所有的東西？」世俗之見會說它只是一個點，一個微點，但是你可以把它想做一個包涵，而不是排斥一切的點。我若注視一點，則須將其周遭剔除。如是，你若將靜止點視為一個微小的東西，看似遙遠。試著生活於其中，這個靜止點，就會導致這樣的想法，「這聽來全無可能。」然而，你若開始懂得知念，這個靜止點，乃是涵括之點，包括 —— 包涵一境性（ekaggatā）[7]、向一、歸

6　此實指我見之我。在文化、宗教、教育等背景下，後天而成的我。

238

一。所以一境性，或說這個圓點，或說這個點是包涵性的。現在你即可認識這一知念，它不排除任何東西，它不分別，它不判斷。

思惟的功用是區別、細分和比較。如是思惟，思惟的功用在於區別——不同東西的比較、判斷、評價：「這好，那不好。」如若我想，「我是阿姜蘇美多」，這將我置於一個與你有別的形體，在個人層次上對我予以定義，而將你排除其外。你們當中無一人是「阿姜蘇美多」，所以我若是阿姜蘇美多，那麼你我將是永遠相互隔離的人，這是其思惟過程。能夠聯結我們的是知念，如是，「阿姜蘇美多」就僅僅是一個心中的對象而已。

我們有像整體、聯合、宇宙、歸一或一境這樣的詞彙，我們有歸一的體驗，一種神祕的體驗，直覺的，而不是理性的思惟過程。只要你開始思索它，你就知道歸一性不再自覺，因為你在分別，你陷入「我在此，你在彼」那種世俗當下現實之中。我們營造出的各種俗見皆是如此，他們是營造的、人工的。

所以要探查，巴利文為 yoniso manasikāra。在泰語中對此有多種不錯的表達，如「細察」和「反思」。泰語是一種心理性強的語言，十分便於對多種內心狀態，各種激烈程度情緒的描述；而英語在我看來更像是一種商用語言。但這並沒有關係，因為語言不是重要的問題，我們可以用任何語言，因為覺知並不依賴於某種特定的語言。該如何運用語言呢？思惟是習慣性的。一個人很容易為各種

7　一境性、定，亦指七覺支中的定覺支。

潛意識所擾（papañca）[8]。你想到義大利，很快你就到了羅馬，之後又是拿坡里，然後又會想到尤利烏斯・凱撒還有墨索里尼，心就是這樣四處亂跑。你又會由此想到希特勒，之後邱吉爾，然後羅斯福，之後越南，不停地奔走。不出幾分鐘，你就可以把整個世界跑遍。

習性，不斷重複的念頭……我就曾經有過無聊到令人難以置信、不斷重複的念頭。記得曾經背誦莎士比亞的十四行詩，還有十分誇張的維多利亞時代的詩句。我以為如果我非要想什麼，至少要想些聰明的內容，我在三〇和四〇年代聽著收音機長大，所以總是想起三〇、四〇年代的流行歌曲，其中不少是十分無聊的，甚至還有我童年時代聽過的廣告，其中有些是百事可樂的，有這樣的心是如何病態啊！我自認頗有智力，卻有這些乏味無聊的東西不斷地出現在心頭。這是我自大的真相，我在心底上多少是一個文化自大狂，看不上那些沒有意義的垃圾。當它們出現時，問題不在於你去壓制，或者清除。這是你長大過程中所受到影響的一部分，不是嗎？

特別是那些你童年從收音機和電視上聽到看到的東西，那個時代的音樂、流行文化、廣告、風氣，這些形成你在童年所吸收的基礎，那時的我們尚未在影響之下定型。做為一個孩子，我們將之撿起後，很可能就會跟隨你一輩子。

知念並非是要改變你而讓你更有智能的念頭，教育自己和提高

8　意念的相生，複雜化。古譯「戲論」。

品味本是好事，但這樣的追求也有其限制、分裂的一面。你開始發展自己的偏好，變得更愛挑剔，評頭品足，如同我同輩中的有些老者。我聽的有些音樂讓我意識到我已經有多麼老了，「天啊，這真不怎麼樣！」我發現有時候自己會迸出這樣的念頭。這是一個受到條件影響的過程，而不受條件所限的是知念本身。我過去曾努力從理性和思惟的層次上來理解這一點，於是陷入「它知的是什麼？知它的又是什麼？」的困境。然後你想從形而上學或概念上予以處理，「這是上帝嗎？我們不信上帝。我們是佛教徒，所以不用這一概念──它是那個大『我』嗎？」

　　不二吠檀多（Advaita）[9]的信徒寫「我」這一字時是要大寫的，或者用 Atman[10] 這個字。「它肯定是那個大我，因為那個小我是自我，sakkāya-diṭṭhi。」所以是那個大我在看著小我，你於是想，「啊，這就對了。」但是這個大我仍然還只是一個概念，不是嗎？上帝、真如、永生之法又是如何？這些是詞彙，而詞彙是有為的。只要我們依賴於詞彙，我們就還停留在輪迴世界的二元結構中。所以直指，超越思想，這不是要消滅思想，我們不是對任何思想進行攻擊或者擯棄，而是把對思想過程的思想放到客物的位置。

　　這些是為刻意思考而用的善巧方法。我們刻意地去想「我是一

9　為古印度哲學，不二吠檀多（Advaita Vedanta）為其一支派，主張人、梵不二。

10　婆羅門教中的常住的大我之稱。

個人」，目的是查看知念與思惟之間的關係。你不斷地追隨它，冥想它，猶如拿著一件物品把玩，你不必分析它。所以，思考的內容是什麼並不重要，我們對自己是人，還是半人其實並不感興趣。

譬如，看著手，我能看到手指間的縫隙、拇指、食指、手周圍的空間，如果我再用心一點，還可以一眼就同時看到手掌、手指和手邊的空間。這是反思，那個知念的持有者具有這種視野。這不是分析、判斷，說我的手美還是醜，好還是壞。看者是誰？「當然是我的眼睛啊。」這又是另外一個思惟，不是嗎？看乃如是。這是利用思惟把注意力引到事如所是的方法：「看乃如是。」而不是：「我的眼睛在看我的手。」那麼看我手者是真的我嗎？如此，你又回到試圖從思惟的層次上理解事物。思惟不能解決這一問題，因為它是局限的。它是一種結構、一個功能、一種俗見，俗念之外才是知念。

我對寂靜之聲做過一些提示，有人很快就找到它了，有人卻徹底地為之困惑了！注意這個，在剛聽到「寂靜之聲」這一短語的效應。在我如此說，這些是詞語。寂靜之聲真的是一種聲音嗎？有人說那是血管，或是你的神經，你身體的內部生出這種震動。我們想定義它，從科學角度處理它。它是耳鳴嗎？耳朵的疾病嗎？天籟之聲嗎？我們陷於語言之界，不是嗎？我們試圖通過分析和定義來明白它。你其實不必如此，它遠遠比那要簡單。你不需驗證和對它定性，由科學家以科學手段證明它。你只需相信自己對當下的體驗，而不是神經科專家會怎樣說。一個神經科專家怎麼想並不重要，我

在直指當下的經驗。

　　所以，在這平靜之中，我若不注意，甚至想到這一詞語也會使我開始尋找，而不是信任安住當下、放鬆、開放。這種開放傾聽的感覺，不是要聽什麼既定的聲音，亦不是要找什麼來聽，而只是相信自己如此地傾聽。這需要耐心，因為心總是蠢蠢欲動，而且我們總是充滿了懷疑和自我懷疑：懷疑修行、懷疑師父、懷疑這次閉關，思想總是導致懷疑。知念在這種情勢下就十分重要，如果你陷入負面狀態，感到懷疑、絕望，是什麼使你自知如此呢？當你說「我感到絕望」，是什麼在知覺這絕望呢？是什麼將它做為客物而知之呢？

　　對「知者為誰？」這類的問題，你尋找的答案既不是一個巴利詞、英語詞，也不是一個科學證明，這是關於信任自己。你知道這是你的生活，你從此點體驗生活。你可能會說，「阿姜蘇美多，我現在體驗得對嗎？」你想我也許知道得比你清楚。你可以把我想成無所不知而說，「他可以看到我們靈魂的深處，知道那裡藏了些什麼，他也可能知道我想什麼，或需要什麼。」這還是一個思惟，不是嗎？其實現在唯一能夠知道什麼的只有你自己。我可以根據你的肢體語言或面部表情做些推斷，你內心活動的線索我可以得到一些指示，但只有你知道你的心情、記憶、感覺的實況 —— 正面的、負面的、中性的，或是其他任何狀況。你非你所想你之所是，你或許有些無能為力需我相告，但這些還是一個思惟過程，不是嗎？造出這樣不知之你，還有一個有知之我，此為另外一個營造。

所以要信任、認識知念，信任它因為它實為我們的全部所有，這就是那個點，這就是解脫，這就是通向不死之門。這也是為什麼我們說智者自證（paccattaṃ viditabbo viññūhi）[11]：以你自證──沒有人能夠為你或讓你做到。我們最多能做的是為你指向，如果你不斷地看著我，那麼你看到的最多也只是我的手指，這就是那個指月的公案[12]。我指著月說「看月」，你順著我的手指所指看去，然後看到了月亮。之後，般若，亦即智慧，即隨之而來，你無須在指頭上大作文章。人們為自我懷疑、自貶、沒有自信付出很大的代價，現代的流行說法是「缺乏自信」，這是我們在現今文化中生活而留下的習慣。所以你不該買單，不要用眾多的形容詞和標籤無止盡地給自己定義，而要覺醒於這種自然狀態，那是你的皈止。

---

[11] paccattaṃ viditabbo viññūhi，佛法的六特徵之一，「智者自證」。

[12] 「以指指月」，出於《楞嚴經》卷二。其文為，「佛告阿難。汝等尚以緣心聽法，此法亦緣，非得法性。如人以手，指月示人。彼人因指，當應看月。若復觀指以為月體，此人豈唯亡失月輪，亦亡其指。何以故。以所標指為明月故。豈唯亡指。亦復不識明之與暗。何以故。即以指體，為月明性。明暗二性，無所了故。」《指月錄》也是一部有名的禪宗語錄和高僧傳記。

244

關於轉世與知念的問題

這裡有一張紙條問到轉世，有人想知道做為歷史人物的佛陀對轉世講過什麼，阿姜查講過什麼，還有那些相信轉世的佛教徒是否認為我缺少信念。

「轉世」或「投生」是一個術語，指的是經歷一系列的生命過程，由此又有在獲得人身之後，可以轉生何處的各種看法，成為一隻青蛙，諸如此類。我在澳大利亞帶領一個神智學會[1]（Theosophcal Society）主辦的禪修時，人們的觀點各自不同。有人堅信你既已獲人身，就不可能跌落為更低級的動物，又有人堅持相反的看法。但是這件事的真相是，沒有人真的知道。

1　一八七五年於紐約成立的組織，推行神智學。神智學試圖為智能的進化和演變提供一個哲學理論體系。

歷史上的佛陀在經中確實提到過前生，但對我而言，這些不過是猜想而已。也許你可以記得前生，但我沒有這樣的記憶，我知道的全部不過是當下。我們現在談到的是直接的親證，而不是佛教的理論，或者佛教的教義。阿姜查講到轉世時，他將它放在緣起法或者緣起法的背景下。他講到是你每天都在實際經歷的轉世；生為其始，死為其終。在心裡你今天轉世了多少次？何生，何亡；何起，何滅。轉世在這個意義上是可以被證明的。

　　根據緣取法，愛、緣取，之後是取緣有，有緣生，生緣苦。生（Jāti）是對欲望不放的結果。在理論、層次上，我曾經很喜歡投生和轉世的概念。我對之並沒有偏見要反對它，但它是猜想，是理念。即使我可以追憶前生，它仍然不過是當下的記憶。所以我們再次指向事情的當下所是，而不是「我前生曾經是……喬治華盛頓。」我曾遇到一位通靈女士，在感測我的氣場之後，她宣稱我在前世是阿姜查的祖母，這是一件好事！只是我無從得知這些通靈師有多麼可靠。

　　我從小受基督教的教育，相信你生下來只有這一生的機會，或者搞定，或者搞砸，我總覺得這很可怕。轉世的概念至少讓你覺得你若今生搞砸了，還會另有一次機會，最終你是可以成功的。但是我們要丟掉對重生那種「我前生是某甲」的定見，「我前生為誰？」或「我將轉世為何？」這樣的問題都是事關「我是。」這是一個對我的根本錯見，亦即我本是他人，我已經活到七十歲了，我還是四十年前存在過的那個人嗎？從世間法看，我有出生證明，我

出生的法律證明，上面還印有我的足紋。當然，我出生的時候腳還很小，現在我的腳要比出生時大上一些。

我對投生與轉世並無強烈的感覺。從理論和可能性來講，我蠻喜歡這一理念。那麼，我如何解讀它，它的真相又是如何？它僅是你從他人那裡可獲得的訊息嗎？我所感興趣的轉世是當下即可發生的轉世。十二緣起從無明開始，它意味著對四聖諦、三轉、十二行相[2]全然不知。你若不懂得事如所是，那麼你的所行、所思、所言皆出於無明。你若探究渴愛和執著，它們領向有、生、老死、愁、悲、苦、憂、惱（bhava jāti jarā-maraṇa sokāparideva-dukkha-domanassa-upāyāsā）。

一個人若出於對四聖諦無知而行事，其結果會影響其身其心乃至其所經歷的一切。我若從自見出發，不質疑、不調查四聖諦，沒有事如所是或法的洞見，那麼我行事的出發點就總是「我是阿姜蘇美多」，「我的生活」，「我誕生了」，「七十年前」，我之所思所覺，我之所為，我的失意，發生的事情，如此這般，我會構出一部「我」和「我所」的歷史和傳記。在任何情勢下，一不注意，便會為自見所控，而它總是給我帶來朝不保夕、惘然若失、不完整和缺乏的感覺。

2　四聖諦有三轉，一轉四行為何為苦，何為集，何為滅，何為道；二轉四行為苦當知，集當斷，滅當證，道當修；三轉四行為苦已知，集已斷，滅已證，道已修。計十二行相。

在緣起法中，巴利語 avijjā-paccaya saṅkhārā, saṅkhārā-paccaya viññāṇaṁ 可譯為「無明緣行，行緣識。」所以，行由無明而生，它在意的層次，影響到名色（nāmarūpa）[3]、六入、觸和受。所以，我們具有識、名色、六入和觸，由六入引起感受，受緣愛，愛緣取，取緣有，有緣生，生緣老死，或者說苦。如此探索一下從無明或者說從無明而始的十二緣起，便知我若從無明出發，就總是會有焦慮。它總是引向不足、缺失、絕望、擔憂，還有對死亡的畏懼，我從自己身上就能看到這些。也許你不一樣，你應當檢查一下。

你一旦懂得了四聖諦的十二行相——三轉，每轉四行相，那麼無明就不再是一個問題，因為我們有了正見。在緣起法形成過程中，至關重要的一點是知念所生之時，因為它能斷開這個事件鏈。拿怒氣舉例來說，有人說了什麼話讓我生氣，我不在覺知狀態，於是我憤怒了，但忽然之間我意識到我憤怒了。如果我在學習了第一和第二聖諦之後，信任對憤怒的覺知，怒氣就會自然消失，它平息了，這叫作滅。在產生執著時，有一個節節相連的鏈條：觸、受、渴愛和執著。六入引起感受，受緣愛，愛緣取，也就是執著。當我開始探究緣起法時，我只能捉到執著，不是愛。開始捉不到愛，但是我可以忽然意識到我在執著什麼對象。「我感到苦，這說明了我在執著於什麼。」所以如果我在經受苦感，我可以問，「我在執著

3　阿姜這裡譯為「身與心」，此處依傳統漢譯為「名色」，指心法與色法。

什麼？」我可以調查我執著的是何物？這樣調查後，我開始可以看到自己執著於什麼，在這一刻我被轉生成對某人生氣的人。你成為如此，你成為這個：誕生，執著於怒火，於是重生為一個憤怒的人。

我若具有這樣的洞見，我於這一整個過程覺醒──重生為瞋怒之人，我於是看到執著乃是問題所在。於是放下（對第二聖諦的洞見乃是放下貪欲），見欲望為欲望。你若執著於它，你會為其所執，你會對之視而不見，而只是那個樣子，你憤怒而無洞見。如若將之放下，或讓它為其所是，你就有了空間，你把怒氣視為心中的客物。而知念不是怒氣，你開始注意它。我若使用覺知，就懂得怒氣乃是 kamma-vipāka，或者說我生活所得的業果。如是，如果某種情緒浮現，那麼它只是如其所是。你的知念和信任愈深入，你對事情的看法就會愈全面。雖然業果而生的怒氣還可能浮現，但你並沒有抓住它不放。你看到它，你知它為怒氣，你知它如熊熊之火。你只是在認清後不去碰它，你要是握住火，大概不需要很多的智慧就懂得下次不該如此。為什麼要白白地自找苦吃呢？欲望猶如烈火，不是嗎？它是灼熱的。你若能如此作想，對願望的執著就不再會是一個問題了。抓住不放導致痛苦，這是火的世界：日在當空，熱在我身。我們有時會唱誦一部《火燃經》[4]。其中說道，一切都在燃燒，我們現在就在燃燒，身體在燃燒，它有火大，當此火熄滅，你就死了，身體就開始腐敗。

4　源於《火燃經》（*Adittapariyaya Sutta*, SN XXXV.28）。

這是我們如何運用這些教導，比如將轉世放在緣起的背景之中。如此，它不再只是佛教文化的一個解讀，或一個佛教的理論、迷信，諸如此類。並沒有多少人對此有明白的認知，即便在佛教國家也是如此，這常常是一個文化上的問題。這就是龍婆查對這一問題的教導方法，如此而已。

我的生活一直令我自己十分驚訝，從我的環境、父母、背景，以及社會背景上看，我不知道自己怎麼會成為一個佛教出家人。我在基督教家庭長大，其中並沒有佛教的影響。孩提時代，我頗被亞洲人吸引，儘管我們在西雅圖的住區並沒有任何亞洲人。那麼，一個中產階級的白人小孩如何會被他們吸引呢？對此，我可以臆想自己的前生是一位中國和尚之類的有趣人物。如果有人說在阿卡西記錄（Akashic Records）[5] 上我與亞洲的佛教存有夙緣，我是不會感到驚訝的。我這一代的其他孩子卻沒有同樣的興趣，為什麼會是我呢？其實答案是什麼並不重要，不是嗎？這對活在當下或者解脫苦難並無絲毫的影響，只不過想想這樣的問題還是蠻有趣的而已。

當我在加州的萬佛城與宣化上人[6]會面時，他說我們前生曾在一起，在僧侶生活上有某種聯繫。對此說我既不在意，也不予以懷

5　神智學有關超自然的思想、事件和情緒的記錄。

6　宣化上人（1918-1995），名安慈，字度輪，法號宣化。近代高僧，到美國向西方弘揚漢傳佛教的先驅之一，在美國加州設有規模宏大的萬佛城道場。

疑。與阿姜查之間，我也感到某種難以解釋的吸引。在遇到他之前，我碰到過許多泰國道行很高的長老，他們肯定令人印象深刻，但是只有在阿姜查面前我感受到一種特有的吸引。在宣化上人那裡，我也感受了同樣的吸引。但這些只是感覺、直覺而已。

我二十一歲時接觸到佛教，那時我在海軍服役，到日本時開始對佛教產生興趣。有人給我比利澤（R. H. Blythe）[7] 寫的關於俳句的書籍，共四卷，每一季節一卷。書中談到了禪，我那時不知禪為何物，回到舊金山後到書店找到了一本簡裝的鈴木大拙（D. T. Suzuki）[8] 所著的《禪宗》。我馬上有了對路的感覺。讀了鈴木書中的一段，我就知道我找到了自己尋求的東西。我出門到金門公園，坐在草坪上，貪婪地讀著。我會進入亢奮和幸福的狀態 —— 沒有藉助於任何藥物。

我對此並無解釋。那時你若問我在佛教中看到的是什麼，我無法給出一個好的答案。如今我追求這一興趣已經五十餘年了，無論如何也不能否認這其中有一種強大的聯繫。想像一下，你買一本書，讀了一段，心中的什麼出乎意料地被喚醒了。我意識到這是信心的升起，我內部的什麼認識到這一點。它必定是一種直覺，因為在自見或身見之我的層次上，我都無從予以理解。

7　1898-1964，英國作家。

8　本名貞太郎（1870-1966），日本佛教禪宗居士。上世紀三〇年代開始著書向西方介紹禪宗，在美國和西方廣有影響。

問答

問：你講過一些像是「沒有知念就沒有任何東西。」的話，可以對此再做些解釋嗎？你如此說的涵義為何？

答：好，照我看來，要跳出牢籠，出脫輪迴，除此實無他路。輪迴從我們污染的心中看來實實在在，此身與此情乃是我也。我所有的情緒說：「我，我，我呢，我要活下去，我要這，我不要那。」這些心中的吶喊「我和我所」看來如此真實，令人信服。因為我們有肉身，它是有感覺的，外界的事物給我們留下印記。從生到死，我們不斷地為來自感官的信號而煩擾，我們的經歷實為一個一生被煩擾的經歷。

它或冷或暖、或美或醜、或飢或渴、或悅耳之聲或刺耳的噪音，還有氣味等等。這是一個感官世界，一個欲界，從自我出發而置身其中看來毫無希望。你只能控制所有的東西，給自己建立一道籬笆以避免不悅之受，有選擇地接收可受之受。如此，你成為一個控制狂，在這輪迴世界，你生出受害的妄想和嚴重的挫折感。所以你開始自問，「出路究在何處？」佛陀提到「通向不死之門」以及「覺知乃是通向不死之路。」這是指向一種超脫的輪迴經驗，一種神妙的意識狀態，並可如己所願長久地住於其中的狀態嗎？

具有肉身，肉身的俗態，它的功能 —— 這是我們所在的世界，我們必須應付自己的肉身，它的痛與不快。這時，你意識到唯一可能的就是知念，此乃緊急出口。有無為之法，故有從有為之中的超脫。所以，將之用在此時此地，用在當下。時間本是虛妄，過去

的是記憶，將來的是可能，現在的是可知。在此知位，佛之位，Buddho 之位，超脫有為是可能的。我們並不是去除有為，只是不再出於恐懼和欲望而被肉身所受的狀態所轉。

故說我們當信任覺知。它為我們形之所受，心之所生，情之所動，感官之覺提供了全面的視角 —— 樂受、苦受、抑或不苦不樂。苦之超脫並非意味著你沒有苦受或不適，它意味著你不執著其中、無怨、無他想，而是對當下如其所是的現實保持知念。所以，我們不對之心生厭惡；不欲念、不企求、不羨慕他人。你若信任覺知，你便有全面的視角來處理眼下成熟的 kamma-vipāka。巴利語中的 vipāka 意為「結果」，在覺醒之後，歷史上的佛陀仍然留有業果，他仍然要經受許多不快的事件，在肉身死亡之前，他並非飄浮在極樂之境。與你我一樣，他必須面對各種困難的問題、威脅、責怪、妒忌，諸如此類。但是他對業果卻不再是無知，他對其已經覺悟，他已然能以法觀之。如是，這裡再沒有輪迴。故說，我若能覺知業果，就不會以此再造出新業，我不跟隨、不執著、不抵抗。你對事物壓制，與盲目跟隨一樣，也會造出新業。

愈來愈多地，一個人的體驗就會平和，喜與悲會由此空境而不是由業緣而生，它是無我。我不能說悲是一種個人的境界，悲由空所生，四梵住 —— 慈、悲、喜與捨，由空境之心而生。

問：你的覺知與我的覺知不同，它們是不同的覺知，對嗎？

答：覺知本身是完全同一的，但是你覺知的對象不同！我們是一，我們不為覺知所隔。如果我們抓住我們覺知的對象，就會感到

彼此的隔絕。

問：我可以感到我的思惟或我的呼吸，但是要進入這種知的狀態並非易事，我發現它既困難而又微妙。我可以覺知自己的怒氣，但是……

答：這是冥想的意義所在。那麼，整個「我」的感覺就會消逝，你意識到原本無「我」。我的意思是，你若看透了的話。從習性出發的想法是「我覺知」，或自問「我在覺知還是非在覺知？」，覺知是圓滿的，你所覺知的是法。你若試圖從理性上理解它，就會陷入你思惟的陷阱，它總要回到「我是」、「我身」和「我所」之中，以思惟為習性故。故說覺知只在沒有思惟之時才會浮現，你注意詞之間的空隙，你覺知當下的感覺或情緒，對之探索，由此相比於你的思惟抑或情緒之所言，你開始會生出對覺知更多的信心。

這不可思議！同時又非常精準。只要信心俱足，其中一無含混之處。此非神異之感，不是虛無縹緲的感覺，亦不是魂不守舍。它清晰湛然，卻確實要求鍥而不捨的知念和探究才能達到。此為paññā或般若之風的教導，四聖諦乃是般若之教，你發展一種辨識智，而全然不涉及自我。我不敢自詡為智慧之人，我還會說出一些蠢話，出於自大的自我意識，我可能會自認為一個智者，但是我能將之看透。我不再相信這些，因為般若是無為的，它不是我可由言詞來宣稱的什麼東西，它是存在的自然狀態。我若誇大自己，看高自己，自我意識——「我很有智慧」，然後四處遊蕩，擺出一副智者的姿態！那麼必有什麼事情發生而暴露自己的愚蠢。

理想化

　　靜下你的身與心集中一個點，這裡有反思，開放和觀察心態、情緒、身姿、呼吸，僅僅做為一個見證人、旁觀者、知者。意識在不同的形體中：這一意識，同人身與生俱來，由此形體，由此點，由此位，由此身而感受。意識知外緣為外緣，知呼吸、情緒、刺激、感官的經驗，這些客物俱為可見，可觀察其無常之性。

　　阿姜查曾經用華藍篷車站做一個比喻。這個火車站是你觀察所有進出列車的中心，你或可搭乘其一，看一番獨有的風景；或可駐留站中，看列車從不同的方向進進出出。

　　出於無明，出於不了解事如所是，我們將自己與有為法等同，為其之動所迷。當此發生時，我們可注意到思惟如何影響自己。那種我實有其人的感覺，我的己見，乃是理

所當然。我總有「我」的自我意識，恐懼、貪婪、憤怒還有困惑時會浮現，條件都在變化，但我卻設定自身不變。我總是那個阿姜蘇美多，不管我在做什麼。這不受懷疑，亦不受調查。如此，我持常見，我永遠是同一個人。

身分亦是如此。阿姜為「師父」之意，這是從梵文 ācārya 引入的泰語。所以，我是阿姜，即便是在草篷中睡覺，不在執教時亦是如此。如果我將自己與「我是阿姜」等同起來，將之做為持續常態的身分，那麼我就總會有必須拿出師範之風的感覺，「我是師父」的概念亦會將所有他人變成我施教的對象。當你為身分所黏著，執著於位置、頭銜、身分，就容易為其所定，這一效應實而不妄。

執著於認知起到這樣的作用，它令事物比其自身更多。在覺知狀態下，你可看到教者與受教者，師父與學生並非一成不變，它們因緣而生。覺知讓我們具有看到事如所是的視角。阿姜僅僅教導他人，從不學於他人的概念是限制性的，總是施教於人是令人生厭的，你已然造出了一個幻相。事實上人們相互學習，不是嗎？這在各種場景中都能看到。

我們相互學習、相互教導，即便你不自視為教師，但我從你，你從我都可以學習。定死的身分加強孤立與獨僻的感覺，你傾向於按照自認所是而行為，你被定在自認的位置上，不知如何可以不同。所以，觀察阿姜的這個位置實際上是緣於條件的，它是一種程式，一種軌範。日常生活中，你看到場景的變化，同一個身分有時適宜，有時則不適宜，又有時則完全無關。在僧眾中有人說，「我

不要當阿姜，我不想當師父。」因為這會將他們放在一個孤立的權威位置上，多數西方來的僧人和尼師都不情願接受。

如今我就在一個有權力的位置上。周圍那些視我為阿姜蘇美多的人所賦予這一位置的權力，以及我做為老師坐在高台上的這一事實——認識這一點，懂得如何使用這種權力而不執著於它，需要一定的智慧。權力和權威本身無可厚非，不是「我不想要任何權威，或者任何權位，或者當師父」，那樣就走到了另一個極端，帶上了相反的觀點。

我們反思這一中心點。盡此生命，我們每個人都處在這個中心位置，這個宇宙的中心，所以生活的條件衝擊著我們的身形，這個身體，此乃事如所是。這裡人的業績——往事的浮現、文化和社會影響的發生、經歷、習性，諸如此類皆一一展現，因為這些條件本來如此。它們生出、它們消逝。我們記得事情，所以對往事有所回憶，我的往事不同於你的往事，文化影響各不相同，我們的教育、社會地位、種族、經歷、年齡、性別全都不同。所有這些對意識都有影響，但是知念卻與上面所有的東西全然不同。

它不是亞洲的、歐洲的、男性、女性、年輕、年老，它也不是一個記憶。故說它是「無我」，因為我，從記憶而生是有為的。我可記得自己的過去、自己的母親、自己的父親；我記得我何處誕生；我記得自己的各種經歷，這些於我都是唯一。我們每個人都有自己的業，做為一個佛教徒，你必須相信業嗎？我曾經聽佛教徒說，做為佛教徒，你必須相信業績和轉世，但是我卻從未感覺到那

是（對佛教徒）的預期。

　　佛教對我的吸引力在於它不要求你相信任何事情，你也無須採取任何立場，但是這些是佛教所用的術語。那麼，當下業績為何，當下轉世為何？永遠把注意力放在此時此地，而不是去決定你相信還是不相信什麼概念。這些概念不過是有為的，是語彙而已。業聽來很神奇，如果你改用「因果關係」，就會更符合西方式的思惟，也更富含科學性。業聽起來更像亞洲的神話，「此是我的業」，聽來又有些宿命主義，或投生的意味，那是一種對前生不可質疑的信仰，你將據你此生的善業和惡業而在六道輪迴。此為業的一般定義，但是看看業在當下的體現，此為 kamma-vipāka，也就是業報。誕生七十年之後的結果，亦即老年之果。我若從未出生，那麼就不會有七十的年紀，這是顯而易見的。

　　死亡也在未來。身體的死亡是業果，所以說生的結果是死。誕生意味著所生將有其盡頭、息止、死亡。從物理上說，衰老過程由誕生而生。病、疾是所有生物都無從避免的，「病和殘疾是我的業報。我前生肯定做了什麼惡業，此生在還債。」這是理論性的說法，而且建立在「我」的前提之上，雖然我並不是生來就是「阿姜蘇美多」。事實上，我誕生後我的父母必須給我取一個名字，我不記得誕生後我說過「我是羅伯特‧傑克曼（Robert Jackman）。」我的母親告訴我我是羅伯特‧傑克曼，她從未告訴我我是阿姜蘇美多，那是我後來的轉世。所以衰老是誕生的結果。

　　疾病是我們這個世界的一部分，不是嗎？在感官世界，地、

火、水、風四大，物體的運動和變化，無窮的事物對我們發生作用，微生物、細菌，諸如此類。你看不到、認不出的東西也會影響我們，天上的星星、太陽的位置、早晨的光線、室內的溫度、同室的人物，這些都會對我們起到作用，因為這些是當下影響我們正在經歷的意識的條件，這就是業果，我發現這是一種相當有用的反思。我聽到有人講二〇〇四年十二月二十六日的海嘯是斯里蘭卡、泰國、印尼和印度的業，這必是它們的惡業所致。這些只能說是一種猜想，不是嗎？這樣說並不符合常理。

業的定律，即使按照泰國的教條派宗義的解釋，也確實可以幫助人們接受現實的生活。它不是說「為什麼讓我碰到這樣的事情？」而是說「這是業報。」這讓人們更容易接受生活中的各種變故，而不是抱怨已經發生的壞事。你說，「我做了什麼？」或者有善良率真的人碰到了災禍，我們說，「這不公平，他做了什麼才會有這樣的遭遇？」而至少在理論上，kamma 是一種接受我們生活中變故的態度，將其視為業報，它乃如是。

美國人很理想化。美國革命建立在民主、自由、人權、公正、和平等等這些美妙的概念之上。這些理想是美好的，我無意批評，但是執著於這些卻使得我們產生抱怨的傾向，「這不該這樣啊。」我們理想化佛教，我看過西方人為佛教而深受鼓舞。他們參加佛教社團，或到這裡來參加活動，之後卻生出了破滅感「佛教不當如此」，他們會說，「這裡的人散布流言，自以為是，爭吵不休。佛教徒不當如此。」你會想，「是啊，我們不當如此。」但是，這是

事如其是。

在理想狀態，我們應當像佛像一樣。不管你們在房間幹什麼，倒立、痛罵、嘶喊、彼此砍殺，佛像安然不動。佛像是完美的，它是偶像，或者說是我們創造出的完美形象。它是美好的，提醒我們對當下覺知所能帶來的安謐。但是與佛像相比，我們卻總是在苦難之中。我剛來時在漢普斯敦有一尊佛像，毫無疑問在我看到之前就座落在漢普斯敦佛寺有多年之久，它從不為周圍所發生的事情所動，一成不變，這是因為它感覺不到任何事情，無須應付神經上的刺激、色、聲、香、味、觸，而且它沒有記憶。理想化沒有知覺，隨著理想化，你不再敏感。你失去那些，因為你執著於不具生命、美麗，而沒有知覺的對象。

所以，理想主義者可以十分殘酷，喜歡評判，批評一切。理想主義者從不知足，因為在他們看來事情總是不夠好 —— 我應當更為耐心、更具愛心、更敏感；我應當永遠智慧、慈悲、善良；我應當力圖如佛陀行事；我不當自私，不當有幼稚的反應，不當如此自我中心、自大；我為自己而感到慚愧；我覺得自咎、不足。所有這些俱從理想化而來，結果是我們不斷地貶低自己，內疚是我們社會在神經上表現的業果。

在西方社會，由於猶太－基督教的理想主義，我們都有為內疚所擾的傾向，我們為自卑和自責所苦。我將這一問題歸源於理想化，這是出生在美國這樣一個具有理想主義文化國家的結果。這些理想是美好的，但是知念把我們帶到並非理想化的當下。當下並不

理想化，它如其所是。你現在的感覺如何？你大約可以想出更理想的境遇——也許是更大的房間，那麼我們能夠擴建佛堂嗎？我們可以花時間來不斷地改善我們這裡的環境，因為我們有一個認定的理想狀態，並由於現實與之不符而受到煩擾，我們可以花上十天的時間來批評。如此，業果非關你之所願，而是如其所是。知念帶領我們脫離執著，不是去除它們，因為理想具有激勵之用，我們需要理想。但是從愚癡而生的執著，只會增強我們的不足感和評判心。

如此，在僧團生活中，傳統的比丘並非一種理想化的形式。這樣的生活基於化緣乞食、依賴他人、置自身於危地、仰仗他人的仁慈。我們必須依賴他人施捨食物、住處、衣裝等等。但是我成長中所受的教育是獨立、自足。這是美國個人主義的理想，不需要他人：「我可以獨立，養活自己。我不乞討，不依賴別人。我可以照看自己。」這是一種理想。如此，成為比丘，你忽然發現自己處在乞食的地位，手中持缽。你若想成為理想的比丘，就會發現進退兩難。但是在出家人的反思中，重點在於滿足於化緣所得。

我們並不要求你施給我們最好的：「最好的，你知道的，我們是階級高尚的乞食者。」滿足源於我們對施主所示的慷慨、關心、興趣之反思。感恩和滿足是修行生活堅實穩定的基礎。我們發展對物質世界和化緣所得的滿足感，而不是抱怨，或企望更好更多。我們可以充滿感恩心，因為這種生活能讓他人慷慨施捨，我們可以依賴他人的善良和施捨過活。

當我對慷慨進行反思，我會生出感恩之情。感恩之情由心底而

生，是心的感受。如果我們滿足於少，便無須用畢生的時間去獲取更多、強調自己的重要、證明自己的價值、實現自己的目標。我在文化上深受那種影響，表現自己的個性、唯一性、照顧自己、不因依賴他人而受辱，如此這般，這些對我個人深有影響。如此，我永不可能從自見出發對自己滿足。我的自見永遠無法支撐滿足，因為它在不滿足上被制約了。如果我們大家都感到滿足，資本主義的美國經濟就會崩潰。你必須讓大家無休止地生活在不滿足之中，只有這樣他們才會花錢。

現代資本主義建立在讓你對去年的產品產生不滿之上，你買下今年最新改善的產品，但是你對它還不滿意，因為有更好的產品令你產生興趣。所以，出家生活的業果從這個立場上看，乃是滿足與感恩。這為我提供了一個穩定的基地，如此，我的生活便可以不再是永不停歇的尋求，或為那挑剔而永不知足的心態所煩擾。我有愈來愈多的空間、時間、穩重與生活之流同在，當其發生在此身之際。

意識

〔開示20〕

何處四大不落腳？

何處長短與粗細，精糙名形具終結？

意識無形而無限，亦不化為法與塵：

此處四大不落腳，長短粗細與精糙，
其名其形到此終。

意識涅槃之時至，諸法於此永逝去。

（《堅固經》，《長部》十一）

　　意識是一個近來變得十分重要的題目。
我們都具有意識，我們想理解和定義它，有
人說他們將意識與思惟或記憶等同。我聽到
有的科學家和心理學家說動物沒有意識，因
為牠們不會思索和記憶，這好像頗為荒唐。
但是從當下出發，這一時刻，此乃意識，我
們只是在傾聽——純然的，思惟啟動之前的
意識。你當注意：意識乃如是。我在聽，我

與當下同在，我在這裡，在此時此地。拿起「意識」一詞，在心中記下：「意識乃如是。」它是思惟、感覺、情感所生之地。當我們失去意識，我們不能感覺，不能思惟。如是，意識如同一片田野，你的思惟、記憶、情緒、感覺在這裡生生滅滅。

意識並非是個人化的。要使之個人化，你必須聲明：「我是一個有意識的人。」但是，這裡只有知念，通向注意現前的門戶，於此當下之時，意識乃如是。如是，你可留意到寂靜之聲，一種綿延持續的感覺，使你能夠安住於非個人和不執著的自然意識之中。留意於此，如同告知或教育你自己事如所是。我們誕生之時，意識開始在獨立的形體運作。新生的嬰兒具有意識，卻不知自己是男是女，或者其他類似的觀念，那些是後天形成的外在條件。

這是一個意識的世界。我們可能會想到一個普遍的意識，和在五蘊中的意識：色、受、想、行、感官意識。但是這裡還有一個意識，它不是附著的，不受限制。在大藏經中，有兩處提到 viññāṇaṃ anidassanaṃ anantaṃ sabbato pabhaṃ[1] ── 這許多的詞語指向的乃是這種意識的自然狀態，這個現實。我發現清楚地注意「意識乃如是。」非常有益。我若開始對之思索，就會試圖定義它：「不朽的意識存在嗎？」或者試圖將之變為形而上學，或者否認它，「意識

---

[1] viññāṇaṃ anidassanaṃ anantaṃsabbato pabhaṃ，巴利語，意為「意識，無特性，無終止，照耀遍處。」文中講到在經中有兩處出現。其中一處為《中部》四十九。

264

是無常、苦、無我。」我們試圖捉住它，或定義它為無常、無我，或將之提升為形而上學的一種說法。但是我們對聲明一個形而上學的行條並無興趣，亦不想被從某一宗門所學到的某種說法所局限。我們想從經驗出發來探索，如龍婆查所說 pen paccattaṃ[2]：這是每個人自己去證的。所以，我現在所說只是一種探索。我並不是要說服你，或讓你接受我的觀點。

意識乃如是。意識肯定就在現下，這裡有機警和知念。再者，各種條件生息不已。你若安住於意識之中，無著、無作、無想、無有，而僅僅是放鬆、保持信心，那麼事情便隨之而生。忽然之間，你可能會接受到身體的感覺，或一段往事，或一種情緒。如此，回憶和知覺進入你的意識，又隨後消逝。意識如同一個運輸工具，它是事如所是。

意識與大腦有關嗎？我們傾向於認為它是依賴於大腦的心態，西方的科學家持著意識存在於大腦裡的立場。但是，你漸漸地用 sati-sampajañña 和 sati-paññā 來體會時，就會漸漸地看出大腦、神經系統、整體心理過程的形成是在意識中浮現，並為意識所浸透。這也是我們如何能夠覺知我們的身體，並反省坐、立、行、臥四威儀。覺知你現在所取的坐姿，你並沒有受限於大腦之中的何物。你的身體在意識之中，在坐姿的體驗中，你知覺整個身體。

意識不是個人化的。並非意識是在你或我的腦袋裡，我們每個

2　此處提到的是佛法六徵之一，為「智者自證的」。

人有自己的意識經驗。如此，意識是否為聯合我們的載體？它是否是我們共同所歸的那個「一」？於此我僅僅是提問，關於這部分有多種不同的看法。當我們放下不同之處 ——「我是阿姜蘇美多，你是另一個人」當我們放下身分、執著，意識依然存在。它是純淨的，它不含有個人特性、不分男女。你不能把任何特性加入其中，它乃如是。當你開始認識到意識是我們的聯合體，是我們共同的基地，我們就看到它是普遍的。當我們發願普施慈愛於眾生時，或許那不僅僅是一個善願，而會是一種力量。我不確定，我僅僅是在提問而已。我並不想受限於從自己的文化背景所生的任何觀點，因為它們大多不經推敲，我發現對我受到的文化影響不可過於信賴。

有時上座部佛教給人虛無主義的印象。你碰到：「沒有靈魂，沒有上帝，沒有自我」這樣的頑見，一種固化的觀點。佛的教導難道不是供我們調查和探究的嗎？這裡我們並不是要確認什麼人對巴利藏經的看法，而是運用巴利藏經來探究我們自己的生活體驗，這是對待這一問題一個不同的角度。你若對此深入探究下去，就會看出純然的意識與己念浮現之間的區別。這並不含混或模糊，「這其中有己嗎？」這一類的事，它清楚可知。

己念浮現。我開始想我自己，我的感覺、我的記憶、我的過去、我的恐懼和欲望，並且一個圍繞著「阿姜蘇美多」的整個世界出現了。它起飛進入軌道 —— 我的觀點、我的感覺、我的意見。我可能陷入這個世界，這個浮現到我意識之中我的己見。但是，如果我了知此情，我的庇護便不再是取一個身分，亦不在我的觀點和意

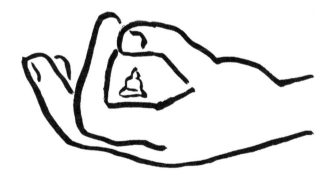

見之中。由是我可以放下，這個阿姜蘇美多的世界由此終結。這個世界終結之後，留下的是 anidassana viññāṇa，這種原始不具區別心的意識，它仍在運作之中。這並不意味著阿姜蘇美多死去了、世界終結了，或我失去意識了。

記得有一個人在談到世界末日時十分恐懼，「佛教徒修習禪坐以便看世界末日。他們真實的目的是摧毀世界。他們憤世，想視其終結。」有這種慌恐的反應。對我們大家而言，這個世界是從物理上被觀察的——這個星球、七洲五洋組成的世界、南北二極。但是從佛法上說，這個世界乃由我們意識所營造，這也是為何我們可能生活在不同的世界之中，阿姜蘇美多的世界與你所營造的世界不可能相同。但是這個世界生息不已，而對此世界之生息不已的知念超越這個世界，這是出世的，而不是世間的。

當我們的肉身誕生時，意識即已存在於形體之中。這個意識之點開始運行，之後我們開始從父母以及文化背景獲得自我意識。我們由此獲得不同的價值觀、自我意識，不是基於佛法，而是無明——基於觀點、意見和文化傾向，這也是為何我們會在文化傾向上碰到無數的問題。在一個多元文化的社區生活，人們很容易彼此誤解，因為我們具有不同文化影響下，對自己和周圍世界不同的看法。所以當記住，文化影響乃由對佛法的無明而來。我們現在所作乃是向意識灌注般若，亦即普適的智慧，而不是源於某種文化的哲學。

你可以看到佛教不是任何一個文化的教條，它非關印度文化或文明，它是關於我們生活其中的自然法則，現象的生息，事情的如

其所是。佛法的教義指向事如所是，而這並不限於任何文化。我們講到無常、苦、無我，這些並不是印度哲學或者文化，這些是可以求證的，你並非是在依循一個文化性的信仰體系而行。佛陀強調的是覺醒、注意，而不是抓住什麼先入的教條立場。這也是為何我們中的諸多人容易接受它，因為我們無須努力成為印度人，或者皈依來自印度的什麼教條。佛陀覺醒於事如所是，看到自然法則。所以當我們探究意識，關於五蘊的教義乃是方便之門，是探究和檢查我們經驗的便捷之路。這些教導並非在說「你必須相信五蘊，相信無我，你不可再信上帝。要成為佛教徒，你須知上帝並不存在。」有的佛教徒會有這樣的心態，他們想建立關於佛教的某種教條立場。但對我而言，佛教並不是基於教條的，而是鼓勵你覺醒。你們從此時此刻出發，從覺醒的注意力出發，而不是從試圖證明佛陀在歷史上的存在出發。有人會說，「也許佛陀從不存在，也許那是傳說而已。」但是，這本無關係，因為我們無須證明喬達摩佛陀的歷史存在，那不是問題的所在，不是嗎？我們並不是在試圖求證歷史事實，而只是要認識到我們當下的實際經歷乃如是。

當我們讓自己安住於有意識的知念之中，這是自然狀態，不是一種營造。它不是一個我們追尋的某種精緻的意境，亦非純然的極樂和安謐，因為我們所屬的世界，這個意識界，包含著粗糙和精緻。我們所感受的世界不是天界，更不是梵世天，它是一個世界，其中從最粗到最細無所不有。我們必須忍受肉身的現實，而那是相當粗糙的。在天界，諸天並無肉身，他們所具有的是以太之身，我

們都希望自己也有以太之身，不是嗎？它們由以太形成，而不是由那些黏糊的器官裝入體腔而成——骨、膿、血，這些令人生惡而我們必須接受的東西。我們每天要洗滌自己，而天人則無須如此。有時，我們願意創造自己是天人的幻境，我們不喜歡這種條件，我們喜歡保持隱私；我們不喜歡人們注意，因為我們所生活的物理世界是粗糙的。但是，意識卻包括由粗到最細之間的所有程度。

應當予以注意的還有那種必須要做什麼、必須得到或達到什麼，和必須去除自己染污的衝動之感。你若對自己的「歸所」具有信心，那麼你可能對這種情緒的成因有更全面的看法。我們來自於競爭激烈，為目標驅動的社會；我們被灌輸以總該幹什麼、得到什麼的觀念；我們永遠缺失什麼，我們必須搞清缺失的是什麼；或者，我們必須去除什麼，我們的弱點、缺失、惡習。注意這只是一種態度，它生息不已。這是一個競爭激烈的世界，一個自我的世界。

我們總是能夠看到自己做人的短處，人免不了有缺陷和不足，我還從未見到過一個完美的人。個性是無處不現的，有些是不難接受的，而有些就很可笑。沒有一種個性是你可仰仗的，你不可能讓自己具有一套完美的個性。所以在你審視自己的時候，總會發現一些問題、不當、缺陷和弱點。也許你是在拿自己與什麼理想人物比較，無私、無上的個性。對個性的覺知不是個人化的，你可覺知個人為心之客物。個性產生的條件生生滅滅，你可能在忽然之間就感覺脆弱、幼稚，只是因為個性中那一部分所依賴的條件出現了。

我父母在世之時，因為他們病況嚴重，我去他們那裡住了三個星期，我那時是阿馬拉哇奇的住持，五十五歲的阿姜蘇美多。我回到家，與父母同住在那個小房子裡，這引發了我孩提時代的種種情緒，因為那種條件就在眼前。你由父母而生，父母引起你的記憶，你從嬰兒時代建立的紐帶。家裡出現的許多場景是要讓你感覺還是孩子一般，雖然你已經是一位五十五歲的佛教僧侶，一個道場的住持。我的父母可以輕易地回溯，而視我為小孩。從理性出發，他們可以看到我是一個中年男子，但是他們仍然在舉止上時時將我當作孩子。所以，你不免因為被當作孩子而產生青少年時的叛逆感和怨氣。所以，不要對某些情緒的發生感到驚訝。一生之中，年歲日長，業果成熟，有些情緒的條件就會浮現。即使在五十五歲的時候發覺自己很幼稚，也不必感到絕望，你只要覺知到這一點如其所是。它如其所是，那特定情緒顯現的條件出現，所以它浮現在你的意識之中。你的皈止在這覺知之中，而不是力使自己成為完美之人——成熟、負責、能幹、成功、「正常」，如此這般——這些理想化的品質。

在這裡我並未被視為一個孩子，我是此間年歲最長的人！你可能將我視為父輩，因為一個像我這樣的老者具有某種權威。我是一位權威人物，一位長老、父輩、男性，對你們其中的某些人是祖父輩分的人。當那些條件具備時觀察這種狀態很是有趣。從理性出發，你可以說：「他不是我的父親！」但從情感上，你可能卻那樣感覺，舉止上待我如同自己的父親，因為這是習性。當這種權威男

性出現的條件具備，你就會如此感覺，它乃如是。這沒有什麼錯，只要注意到它如其所是。要有信心將覺知做為你的皈止，而不是抱著待之如父有所不當的感覺，抑或不該在一個男性的權威人物面前感到軟弱無能。你若在我面前感到失去力量，那麼認識到它的條件已經出現，而不是責怪我或你自己，不然，你就回到你自己營造的世界——你的個人世界，並將之當作真相來相信。

我曾對女人的指手畫腳異常憤怒，任何女人表現出控制欲時，我就會生出這種怒氣。我納悶自己為何會對人的腔調和指手畫腳的態度感到如此憤怒。我看到這好像在我孩童時期試圖做什麼與母親意願相反的事情，如果那情緒尚未徹底化解，當那種怒氣的條件出現時，它就又會浮現。而化解的途徑乃是覺知，當你懂得它，看到它如其所是，你便可化解它或放下它。如此，你就不會讓同樣一個舊有的反應一再出現。

我們的庇護在於知念，而不在試圖延續完美精緻的意識經驗，因為那非你所能。或許你可學習，發展方法，來增強自己細緻的經驗。但最終，你還是無可避免地允許粗糙的一面展現出來，做為你意識界的一種經歷。安住於這種有意識的知念之中亦被稱作「回家」，或「我們真正的家」。這是你休息之所，像家一樣，在自己的家裡，你不再是一個外國人或僑民，你能在終於回到家中的輕鬆感之中認出它，既不是一個外客，也不是一個荒野中的流浪者。阿姜蘇美多的世界可能浮現，那麼家的感覺便隨之消逝，因為阿姜蘇美多是一個移民、陌生人！不管到哪裡，他從不能有在家之感。現

在我是美國人嗎？英國人或泰國人？做為阿姜蘇美多，在哪裡我會感到是家呢？我甚至不再知道我的國籍，或者在哪裡我更有在家之感。我在這裡比在美國更有家的感覺，因為我在這裡生活的時間很長了。我對泰國有家的感覺，因為那裡是佛教僧侶的天堂，他們十分善待你；但是你還是要申請簽證，而且你永遠是一個外國和尚。在英國，不管我在這裡有多少年，對於大多數人而言，我還是一個美國人。當我回到美國，我不知道我自己是誰：「你看來不像一個美國人了。你說話有奇怪的口音。我們不知你從何而來！」此實為營造而出的世界，只有在它倒下，留下的才是我們真正的家。

思惟與習慣

〔開示 21〕

有這樣一個問題：反思之心和我們認同的思惟之心有何不同？我們被培養來思考，運用邏輯及推理，使思惟成為習性。知念不由習性而來，而是從覺知而來，不然則為無明。Avijjā、viññāṇa 還有 papañca 是巴利語彙，Avijjā 指無明，viññāṇa 指意識，papañca 指戲論[1]。如是，這是習性的慣力。當我們為 papañca 所執，我們毫無懷疑地在記憶和印象所引發之思惟慣性的推動下而漂泊。在

1　此處我們且沿用古譯「戲論」，指在思惟過程中概念上層層疊加、繁生。玄奘譯《瑜伽師地論》卷九十五有：「邪戲論者，復有六種。謂顛倒戲論，唐捐戲論，諍競戲論，於他分別勝劣戲論，分別工巧養命戲論，耽染世間財食戲論。如是一切，總名放逸。」又據《大日經疏》：「戲論者，如世間人以散亂心動作種種身口，但悅前人而無實義。今妄見者所作者亦同於此，故名戲論也。」亦有「愛著障」之意，是涅槃的反義詞。

274

法國作家馬賽爾·普魯斯特（Marcel Proust）的《追憶逝水年華》（*Rememberance of Things Past*）中，我們讀到一片蛋糕和茶的氣味如何引起對一系列事件的追憶，那就是 papañca。之後，我們用思惟邏輯來推理。思惟很有用，我發現思惟是一個很好的工具。

我們被教導去思惟，從書本和教學中獲取知識。這是一個資訊時代，一個電腦、網頁和諸如此類的時代，無盡的訊息就在你的指掌之中。我剛剛問我的祕書一個問題，「你知道如果……？」，他查了一下，告訴我這個問題的始末，你甚至不必到圖書館。我們的教育告訴我們要如此思惟，所以推理和邏輯在世間生活中有其價值，但是 papañca 也時常將我們帶入憂鬱、焦灼、擔憂之中。某些心的習性，例如擔心未來：我將來如何？修改一下披頭四樂團的歌：「你還會餵養我嗎，到我七十歲時，你還會需要我嗎？」或者，你會為自己過去所說過的話，做過的事感到後悔、內疚、悔恨。所以，你可以看到自我意識如何在「我和我所」之上，圍繞著時間、過去和將來而建立起來。這實為一個陷阱，一旦陷入，就會被領入苦中，無明為苦。

苦並非你膝蓋之痛，而是對痛而生的反感，因為這個世界本來如此。痛是經驗的一部分，身體疼痛和疾病、衰老、疾病、死亡、失去親人、悲傷、憂鬱、絕望和擔心，但這些並不令人沮喪。我的意思是，這些都是形形色色的體驗。做為一個人，在人的一生裡，我們知道大家都會有喪失親人的經歷、離別。用佛家的話來說，「我所喜及所愛，終將呈非相，亦將遠我去。」在寺廟裡，對這樣

的事件我們有既定的反思方法。而從個人層次上去想就令人十分沮喪：「這些為我所有、所愛、所悅，將面目全非，將遠我而去。」我若如此想下去，環環相扣，不如現在自盡為好，以便結束這一切。但是，依佛法看，我們在觀、知這一世界如其所是，此乃生於世間的意義所在。

生在地球這個星球上，具有一個會死、敏感，由地、火、水、風和合而成的肉身，有意識，天性敏感，這些都是可承可受的，不可承受的乃是我們自己的愚癡。我觀察自己很多遍了，當我剛開始與阿姜查一同生活，我語言不通，有的晚上他用泰國北部的伊森方言來作開示，長達五個小時，我就會說，「我看不出我到這裡的任何理由。我是有道理的，因為我語言不通，會感到許多痛苦，而且腿會很疼，這純粹是一種折磨。」他卻說，「你還是要到場。」這讓我覺得他蠻不講理。

如此我就恭敬地坐在那裡，一隻腿盤在前……當你聽一個開示，根據泰國的儀軌，你必須如此端坐。對一個從未如此坐過的人而言，保持這一坐姿三分鐘就會苦不堪言，更何況五個小時！我的心在說：「我受不了，我受夠了，這不公平，我要離開，我不能忍受。」然而，我發現實際上我卻是可以經受這一切的。心在吶喊，但是通過查看、觀察，我發現自己頗有忍受疼痛、身體不適、疾病、損失、心碎、失望、破滅、批評和責怪的能力。而從個人層次來看，我會覺得我不能忍受，我會被擊破和毀滅。但是還會有許多的恐懼和擔憂，唯恐失去我所欲望的東西，或事情的發展不如所

276

期，我擔心和焦慮所有的事情。在概念上由此生彼，papañca 如此反覆，我的心在說，「我忍受不了，我受夠了，我煩透了。」

當你說「我煩透了」，有時會帶著極大的力量。我知道有這麼一位僧人，每當他說煩透了的時候，他那說法都會刺到我的心。我有時會對自己說「我煩透了」，但是當我看出自己尚可忍受，我便發現我不能信任這種 papañca。這個理性的心、分別心，如我多次說過那樣，心裡的那個批評者、超自我、暴君，或者像「非暴力溝通」[2] 訓練中所說的那個「豺狼」，總是在批評我。所以不管我的表現如何、如何努力，那個豺狼總要說「你知道……」，別人可以誇獎我「你是一位好師父，你的開示很好」等等，但是那個內在的豺狼卻會說「你知道並非如此」。所以我明白即使我拿到所有的名號和榮譽，也不會有多麼不同，因為那個內在的豺狼會一如既往。如此，讓我如何對之予以信任？這個內在的豺狼是可以信任的嗎？它是我應當予以注意和予以信任的，抑或它只是一個 papañca 的習性？

對這些力量的反思——這個內在的自我批判者、這個道貌岸然而無所不知的權威、這個大法官、內在的暴君，我不再去進一步加強它們。這好比你注意到了什麼，就對之予以反思。現在，你若對這理性的批判力量予以反思，它乍看起來好像十分聰明。如果你從

---

2 是美國心理學家馬賽爾·羅森伯格博士（Marshall Rosenberg）在一九六〇年代發展的溝通體系。

一個管教嚴厲的家庭出來，在那裡你從來不能表達對他人之行的讚許或肯定，唯恐那會讓人自大，誠實的意義僅僅表現在對自己錯誤的承認。如此，你若被誇獎，或自認不錯，你便是自大，而具有膨脹的自我意識，大頭症是危險的。英國的文化大抵如是，不是嗎？炫耀、自詡、告訴他人自己的長處讓人不屑，可是任何一個英國人卻情願告訴你他自己的缺點，這是一個文化問題。

在泰國，大家經常想到自己所有的善舉。阿姜查讓我想自己的好的一面，和所有的善舉，而我對此感到頗為困難。我可以輕易地寫出連篇累牘的缺點，但卻想不出自己有多少優點。但是，反思之後，我可以說自己是一個好人，因為我是向善的。我沒有強烈的犯罪傾向、傷害、偷盜、撒謊或侮辱他人的偏好，我不是變態，我從無犯罪傾向，我從不以傷害他人為樂，殘忍之舉、有意的傷害對我來說從來沒有任何吸引力。如此，我開始看到自己基本上是相當好的。不然，我又如何會當這麼多年的僧侶？佛教的寺廟並不是一個行壞的地方，這不是一種你可以做各種惡行的生活方式。

如是反思，把思惟拿來予以反思，比如拿第一聖諦，苦。如是，你思惟苦，第一聖諦，此為一想。但是你拿這一想來反思苦，這不是通過智力，比如找到完美的英語定義，猶如許多僧人不斷做的那樣。我已經對為 dukkha 這一巴利詞找到完美的英語對應十分厭煩了，我對此不再有任何興趣，因為這無關緊要。以「苦」來解釋足夠好了，它能傳達大意。如此，你看看它，從當下所發生在我身的事情上看，它實際意味著什麼呢？我開始注意到其中有焦慮、

拘謹，擔心別人對自己如何作想，擔心犯錯，做錯什麼事，心裡會說，「我受不了了，我受夠了，我要離開。」這是開始檢視許多概念的衍生，心中的那個暴君會說，「你不當如此想。這些想法不好，你不該有負面思惟。」

我可以看出被這樣的習慣所制會將我領入焦慮、擔心和拘謹的苦境。我一直有個不錯的生活，我並沒有多少可以抱怨的地方。我並未生於貧困、父母殘暴的家庭，亦未處於一個沒有人權的社會，我沒有受過迫害，或者虐待。儘管如此，那苦感卻是無可忍受的。到三十歲，我已經疲憊不堪，我感到消耗殆盡，我在世間的生活沒有出路。如果我願意，我可以找到一份不錯的工作，然後按照父母的意願操持正業，但是我沒有興趣，我心裡毫無實現那種抱負的動力。

隨我身世而來的生活讓我感到無聊，我不能忍受像父母那樣的生活，因為我覺得掙錢養家而度過一生很無聊，那肯定對我不具吸引力。這種厭世之情在巴利語裡叫作 nibbidā[3]，這不是憂鬱症，亦不是自我憐憫，這是倦怠。剛到三十的年紀，我卻看夠了這個世界，受夠了各種經歷，我唯一的出路只有出家。如此，機會之門在那時打開了，我入了佛門，成為一個佛僧。

在泰國與阿姜查一起的寺廟生活中，佛教禪坐的目標是發展這種反思能力，但不是僅僅「我想關於我自己。」它給予我這些我與

3　厭離、倦怠。

開示21──思惟與習慣

279

你們分享的視角和工具，如何運用四聖諦。所以，我的反思之心可以辨識怒氣。過去我生氣時，有人說「你生氣了」，我會說「沒有，我沒有」。我可以怒氣沖天卻不自知，或不承認，我的自盲竟是如此之深。或許，我不知道如何承認……我不知道自己對事物是如何感覺的吧。所以當人們問我，「你對此感覺如何？」，而我卻沒有答案。我不知道自己對事物的感覺，因為我心的運作方式不同。不是去敏銳地感受，承認自己的感覺，而總是試圖成為什麼東西，達到什麼標準，或從習性出發行事。所以，當我出家與阿姜查在一起時，我必須真正地觀察感覺。

坐上五個小時聽龍婆查連珠炮似地講話，他人都很享受時，我卻必須檢視自己產生的躁動、怒氣和怨氣。他很有魅力、逗趣，人們都被迷住了，笑聲不斷。他有很強的幽默感，可是我卻坐在那裡怒氣沖天。對這一怒氣予以反思，我注意到這個小男孩，這個稚氣十足的男孩說，「我要逃走，我要傷害你，龍婆查，因為我就要離開。」之後，我開始對此反思，我記得對自己的母親曾經如此。當她不答應我的要求，我會說「我要走」，心裡希望她會說，「啊，不要走，我答應你的任何要求。」我聽著這些聲音，因為別無他事可做。寺廟生活並不讓人激動，亦不富於驚險的經歷，它是簡單化，故你只是過著一個佛教僧人常規的生活。你念誦，不許唱誦，但是念誦很無趣。我曾經喜歡義大利歌劇，所以我的心會飛走，想到詠歎調、加強音，諸如此類。

雖然如此，我還是對這種發展反思的生活方式饒有興致，而且

那裡的生活使我免於為生計操勞，無須在我深為失望的社會中周旋。至少，我得以與志趣相同的人在一起，有一位很好，很智慧的師父，我實在很幸運。那時與其他僧眾、居士相處，而他們都遵守佛教的戒律，以及泰國的文化傳統。如此，我開始讓自己適應，我還是可以對事情多方挑剔，但是我決定了傳統層面並非我的興趣所在，取而代之的是我學到了苦之根源，還有如何將自己從中解脫，那才是主要的推動力。目標是證悟涅槃，而不是把周圍的世界看得那麼重要。

寺廟的環境是守戒的，這裡讓你強力地感覺到道德、非暴力、親近善知識和一位智慧的師父。這裡有經藏和戒律，所以，我決定不要把時間花在抱怨上。戒律包含許多細則，而我的個性不喜歡任何規則。我不喜歡那些雞毛小事，在他們念誦戒律時，我心生反感：「我要睡著了。」然而在我學會泰語之前，他們每天早晨都有約半小時在念誦戒律。有時一位喜歡讀戒律注釋的和尚會非常投入，連續講上一個小時，直到所有人都睡著，他卻完全注意不到。我坐在那裡，抗議：「這是浪費時間，僧眾完全沒有注意，真是愚蠢之舉。」

之後，我反思自己的心態，我那評判心，還有我的反感。這是我的興趣所在，不是讓這寺廟更為有序，而是從自己的經驗中學習。我開始看出實際上我可以忍受這裡的一切，我不能忍受的其實是牢騷、抱怨、自己那不斷的嘀咕，「這是浪費時間，這是愚蠢，你本不必如此而行。」這就是第一聖諦，苦。我去到那裡並非要把

生活安排得如我之意，我是執意將自己放到這一處於人下的地位，我知道我需要在師父之下；我需要知道如何服從，如何循守規矩。我習慣於無拘無束地掌控自己的生活，讓自己如意，而且做得頗為成功。在有些寺廟，我還可以如此行事，像我這樣一個大漢，看起來很強勢，他們提議過讓我住到各種舒適的寺廟。但我卻選擇了烏汶（Ubon），泰國的一個偏遠地區，它被比作佛教寺廟中的巴黎島（Parris Island）。巴黎島是美國海軍陸戰隊的一個訓練營。

　　我從對自己的觀察中學習到許多。我開始掌握一些泰語，聽到龍婆查經常用到 Poo roo（知者）一詞。我有西方人慣有的想法，認為涅槃和解脫意味著拋棄一切。那是我文化背景的殘遺，亦是對巴利藏經最簡單的解讀。在緣起法中，用 nirodha 緣起[4]，甚至講到你的意識息止，一切就會息止，這聽來像是要消滅一切，這是我用西方的邏輯思惟來理解巴利教義的結果。龍婆查會用到巴利詞彙諸如 kāmasukhallikānuyoga[5] 和 attakilamathānuyoga[6]。我查看這些巴利詞，

4　nirodha 為滅。nirodha 緣起指「還滅緣起」，是對十二緣起的一種解讀如下：無明滅則行滅，行滅則識滅，識滅則名色滅，名色滅則六入滅，六入滅則觸滅，觸滅則受滅，受滅則愛滅，愛滅則取滅，取滅則有滅，有滅則生滅，生滅則老死憂悲苦惱滅。與此相形，對十二緣起「無明緣行，……，生緣老死憂悲苦惱。」的解讀則被稱為「流轉緣起」。

5　沉迷欲樂、樂行。

6　自我折磨、苦行。

還有 majjhima paṭipadā，亦即中道。它們出自佛陀初轉法輪時所講的《轉法輪經》（*Dhammacakka Sutta*）[7]，這是關於四聖諦的，我們要念誦，還必須要背誦。

　　kāmasukhallikānuyoga 是一種樂行主義，或者說是對天堂的信仰，或是與之類似的東西；而 attakilamathānuyogo 是消滅主義，所有的東西都息止而歸於空無一物，或者湮滅。這些是思索之心所得到的邏輯性結論，像天堂、極樂世界的生活。我在基督教背景下長大，以為我有一個獨立的靈魂，如果我聽上帝的話，死後我的靈魂會與基督一起在天堂獲得永生。這是我曾有的基督教信仰，在這種信仰裡，你若努力而未成功，沒有取悅於上帝，就會被送到另外一頭，亦即地獄，在那裡永遠地經受無可撫慰的折磨。這是嚴重、嚇人的結局，不是嗎？但是直覺上，我並未買帳，我內心的什麼東西使得我並不相信這些。所以我更傾向於虛無主義，我喜歡湮滅這一概念，不見、消逝，我想變得不可見並且消失，這比其他來得更為誘人。之後聽到 majjhima paṭipadā，中道論：此為何物？這是兩者之間的妥協。之後，我開始禪坐，通過反思，認識到了覺知乃是超越之想。用詞之間的空隙，我自問，諸如我是誰？誰在放下？佛陀為何人？知者為何物？問自己那些心行處滅的問題。當你問自己一個問題，有個瞬間你會是一片空白。例如，「我是誰？」這個問題

7　為佛陀證悟後在鹿野苑為五比丘講的第一部經，內容含中道和四聖諦，不落苦行和樂行兩端。

或可答對「蘇美多」，這我本來知道，並不是發問的本意，那麼我是誰？這是一個疑念。思考之心於此處滅。所以，如此反思這種語間的空隙，使我得以洞察我心中事物周圍的空隙。

我開始反思空間，僅從我的視界開始。比如，在寺廟裡我會與其他和尚坐在一起，我會說這是阿姜某甲，這邊是阿姜某乙，我會從他們的名字和我的記憶中看到他們每一位：他是如此，他是如彼。之後，我便會反思他們之間的空間，僅僅做為一種探查，而不是投入其中。我會注意到做晚課時僧人之間的空間，這是看待事物的另一條路，反思空間，而不是從常規出發看他的名字和樣狀等等。這是一條試驗，調查真相，注意到事如所是的道路，以空間為參考點，而不為外形、名字和個人的反應。

我之後注意到在反思空間之後，我開始感覺廣袤。空間沒有邊界，所以不同於「我喜歡這個僧人，不喜歡那個；這是一位好僧人，那個不是；我比他更資深，那個比我更資深；這一位進食無聲，那一位發聲。」當你與大家一起生活，彼此之間難免會有許多看不慣，所以這是一種調查的方法。當下，在我們跟隨阿姜查平凡的寺廟生活中。我反思自己的經驗，而不是對這些經驗抱怨、無視或評判。我把佛的教導拿來，用在當下。我從不把佛的教義視為理論性的，或是事物的理想化。我認為它指向尋常的對象，諸如苦、集、滅，和通向不苦之路。所以說，它講的俱為當下，而非關我努力在未來獲得覺悟。

至於我那當精進以便覺悟的概念，我將之化為一個問題「何為

覺悟？」原因在於這是一個理論，不是嗎？當憍陳如[8]懂得了《轉法輪經》，世界搖動了，或許地震本來就要發生了。或許覺悟是我們的本性？它是那簡單的知念嗎？「開悟」有時被比作令人炫目的閃電，如此光明，之後你看不到東西了。那樣的光對雙目來說太強了，但是你若得到適當的亮度，你可以清楚地看到所有東西。我所感興趣的不是被強光盲目，而是能夠清楚地看到，清晰地知道，不再陷入無盡的懷疑，或自己出於習慣思惟和概念繁生[9]所營造的疑念之中。所以說，它是關於當下。

佛陀總是指向當下；自現見（sandiṭṭhiko）[10]、無時的（akāliko）、來見（ehipassiko）、導向的（opannayiko）、智者可自證的（paccattaṃ veditabbo viññūhi）[11]，此為法之所教，為法之所是。在寺廟生活中，你執著於許多事物，並由此生苦。我執著的習性很強，放棄俗世的許多東西對我實為不難，但是我發現自己會被許多寺廟生活的各種小事而糾纏。我的苦出自於對事物的祈望或理

8　佛陀覺悟成佛後在鹿野苑對五比丘傳授佛法，講《轉法輪經》，憍陳如（Kondañña）為五比丘之一，首先領悟，證得阿羅漢果。

9　此處「概念繁生」，實指前文提到的 papañca 亦即「戲論」。

10　sandiṭṭhiko，自現見，在當下就是明顯的。

11　以上為正法的六徵之五，正法六徵為：1. 法乃世尊所善說（svākkhāto）；2. 自現見（sandiṭṭhiko）；3. 無時（akāliko）；4. 來見（ehipassiko）；5. 導向涅槃（opanayiko）；6. 智者們可各自證（paccattaṃ veditabbo viññūhi）。

想化，想要寺廟做些改變，不想要一些僧人如他們的樣子，或者認為這全是浪費時間。這就引起傲慢、自大、意見、觀點，還有揮之不去的念頭。在巴蓬寺你能有的感官快樂是相當有限的，當然我們是嚴守獨身的，每日一食。但在這裡我們每天都有巧克力，所以相比之下這是一個奢華的酒店。

佛陀在戒律裡允許的事情之一是晚上吃糖。我對甜品本無嗜好，卻忽然對糖變得念念不忘，所以我開始戒食。阿姜查批准我戒食一週，之後在戒食的當中，給了我一袋糖。我將之帶回茅蓬，完全失去了對自己的控制。我嘗上一口，味道是如此之好，我把整個袋子吃空了。我停不下來，完全放任，然後冥想如何可以獲取更多。之後，我意識到這太荒唐，因為我那評判心開始瞧不起自己這愚蠢可鄙的行為。之後，你不想讓人知道你用了整整一個小時來設計如何得到更多的糖。但是我開始看到我在家時日的感官快樂，是一種聚焦於使感官快樂之物的能量，於是糖就成了快樂。如此，我僅僅觀察這種瘋狂、著迷的欲望，而不是因為自己不喜歡，而予以壓制，這是所發生的事情。被什麼欲望所占據是荒唐的，你也知道吃糖並不健康，但這全都無濟於事。所以，你繼續觀察它，而不是去控制它。你不去去除這種強烈的欲望，而是從第一聖諦出發看待它。

思惟過程一旦啟動，可能性、期望等等就會隨之而來。懂得你的內心如何運作，思緒之間的空隙、寂靜、寂靜之聲，會使你的思惟過程停止，所以這是對無想的反思。我不從無想引發他想，但是我在靜定中思惟與觀察，我看到靜定乃如是。如此，這些是思惟，

但它是反思的思惟。它不是一個理性的系列，不是一種出於習慣的思惟。這時，我在這靜定之中向自己提問：這裡有我嗎？我在此中能找到我嗎？如是，僅僅通過這些自問，我來傾聽，而在這寂靜之聲的靜定中，肯定存在著知念、智能、意識，但是我卻不在其中。這就是直覺的知念，我真的找不到自己。如此，我注意到我如何通過思惟自己和自己的喜惡而造出自己，如何從自己的觀點和意見出發生出評判心。我可以變得個性很強，輕易地失掉耐心，瞬間變得自大、或者自卑，如此這般。

　　所有這些習慣皆由概念繁生，papañca 而生。如是，要能夠識別知念和意識，還有無明和意識之間的不同。我的意識被各種與「我和我所」相關的繁生思惟所纏擾：我不歡喜、不認可這個；我不想如此而行、不知這有何意義；你不當如是說；我喜歡這個僧人，而不是那個。這些都是無明緣行的體現。此等意識體驗為苦，因為自我本不安寧、不真實、隨境而變化無常。依所受為褒獎、欣賞、喜愛，或者貶低、蔑視、排斥，戲論會有各種不同的表現，但是知念卻是一成不變的。所以只要反思事如所是，你就看到了什麼是庇護所。你不能信任其他的東西，我不能信任戲論的習性，它謊言不斷；內在的暴君，那個豺狼，永遠重複老調，你永遠不可能令這頭豺狼安靜，不管我做得有多麼好，它永不會說「你真不錯，蘇美多。」而會說「你自以為不錯，是吧，但並非如此。」所以，你贏不了它，沒有出路，習性使然，它自身沒有靈性，它只知道唱這一種老調。它不知道如何誇獎和欣賞任何東西，也不會反思，它唯

一所知是如何把生活變得悲慘不堪。如此，你會信任它嗎？我不會。

　　故說，皈依於佛，於知念。通過調查，我信任它。我在多年裡反覆測試和探究以保無誤。我的生活經歷是這條學習之路的一部分，因為經歷是會變化的，事情時時不期而至，並不總是你所情願的。外界條件彼此相依，非你可控，而皈依之所卻從來未變。由是，我在此將你交於你的 Buddho。

形式與儀軌

我們借此禪十的規程來修習知念：持守八戒、早晚 pūjā[1]、過堂用齋[2]。每天的生活、儀軌、日程、常規、安排，你若沉湎其中或為之所縛，可以對其癡迷和成癖。所以，我們需要懂得如何運用它們以修習知念。在寺廟的日常生活中，你有一定的規程和參照點可用以反思：晨誦、拜佛，以及禮敬佛、法、僧三寶，法事、用巴利語或英語來唱誦。其本意並非讓你對之執著，它們僅是為你提供參照點。它猶如作安般念時你的

---

1 禮拜、禮佛，也作「課」，如此處所說的晨課、晚課。
2 原文僅為「用齋之時」，但從前後文看應亦指其間所作的功課。例如漢傳佛教的傳統中，僧眾在食時作「五觀」：計功多少，量彼來處；忖己德行，全缺應供；正事良藥，為療形枯；為成道業，因受此食。寺廟中的齋堂由是亦稱「五觀堂」。

鼻尖、姿勢、寂靜之聲、四念處、四聖諦。這些是儀軌和形式，在覺悟和修行之路上我們如何使用它們呢？你可從此開始：「你唯需持念，知念為通向不死之路。」此為真，就是如此。然而，你一旦停下，你就又掉回到放逸之中。

規程和儀軌可以成為障結。執著於彼，我們會感到內疚，我們感到束縛、敬畏，或者履行之責。事情必須如此，不然我們就感覺有什麼不對勁，這些是我們看出自己是如何對待儀軌的方法，問題並不在儀軌本身，而在對它的執著。儀軌是中性的，或者它們是道德或棄戒的儀軌。八戒之中的前五，亦即不殺生、不偷盜等等是道德的儀軌；其他三條是午後不食、不歌舞、不著華衣（這些被稱為「棄戒」，因為歌舞、華衣、視聽、體育運動並非不道德）、不睡高華之床。佛教並不是一種純粹主義，一種吃不到的葡萄是酸的教義，它有關自制和放棄。而放棄並非通過對美與享受的詆毀而實現，它必須從你自己要簡化生活的意願而來。

緊張這一問題的出現，緣於當今社會的複雜而且提供了太多的可能和選項，你必須做出諸多的決定。到大超市購物實在是令人緊張，你要決定選什麼樣的洗衣粉、什麼樣的沙拉醬。如此多的食品可選，今天的晚餐又該如何？還有如此多的演出和令人分神的東西。所以，放棄不是一種對什麼的指責，亦非出自純粹主義對享樂的決絕，它是簡化選擇的一個方法。界定自己於一個不大的範圍，我們的注意力便可集中到修行，發展知念，支持和觀察這猿猴一般的心。在泰國我們說猿心，因為猿猴是多動的生靈，從一棵樹跳到

另一棵；抓住一根香蕉，然後又看見另一根；丟掉抓著的這根，又去抓那一根。這聽來很像我的心。所以，我所指向的是非常簡單，簡單到其終極。

你不可能找到比知念更簡單的了，因為它不是你可營造之物。它只要你專注並安住當下，它不是什麼複雜的技術，沒有複雜性。它是如此簡單，但我們卻習慣於複雜，所以總是傾向於將任何事情複雜化。對 saṅkhārā[3] 一詞的其中一個翻譯是「複合物」，我喜歡這個，因為在心受的熏陶中，沒有一事如其所是，你總把他物注入其中。你坐著觀察，負面的念頭就在心裡浮現，你想，「這很糟糕。」這就是複合。對之評判，加上「糟糕」的標籤，把它變成了非其所是，我們因此回到了輪迴世界，我們自己創造的複雜世界。然而，知念不過是清楚事情之在與不在，它對其好壞不予評判，它不拿評判心來看待事物。

「壞」是一種評判，「此好」、「此對」、「此錯」也是如此。此外還有「我好」、「我壞」、「我不當如此感覺」、「我不當如此作想，或生此欲念」、「我應當更加慈悲為懷，更有耐心」，你可看到，將評判、批評和自我感覺與這些條件等同起來，事情就會變得愈來愈複雜。它還可以弄得比這還複雜，你若生一惡念，「我惡，我是惡人，我不好……」、「這些念頭浮現因為人們不周到，於我不敬。由於他們缺乏敏感性和理解力，我才有這些惡

3　行、諸行，十二緣起一支，無明緣行。

念浮現」，如此，它可以不斷地變得更為複雜。

講到簡單，你並不能營造簡單，然而你可以將簡單、簡單的生活、純淨的生活、自然的生活理想化。順乎潮流、同一、整體、博愛，這些是我們具有的理念和理想。正如那些和平主義者，那些和平組織所提倡的「我們要和平」，或主張動物權利者，或者企圖謀殺墮胎者的人，或謀殺那些拿動物做試驗的人……這是理想化；尊重動物的權利，不故意傷害任何生物的生命。之後譴責、指責，然而譴責並付諸以行是會造出惡業的。你開始將你對動物科學試驗的惡感化為行動，實際上正好犯下並宣揚了你所譴責的那種罪惡。所以，知念既不譴責，亦不贊許。它的功用在於識、知。

如是，當知「呼吸如是，入息如是。」「這是好的入息，還是壞的入息？」「入息，出息何為更好？」如此一來，我們就又掉入輪迴的複雜和緊張之中，而如果我們僅僅保持對入息如其所是的知念，原本是十分簡單的。你的身體不管你覺知與否都會入息，你不必刻意以完美之式來入息，而只要信任自己的知念，發展注意力，使心對身體所覺和呼吸活動保持在知覺狀態，體察坐、立、行、臥。心念是修心念住，對心的了知，不是對其評判，只是認識其狀態為何。如是，這如同反思事如所是，如佛見法，這就一語道盡了。諸行無常，這是反觀之想，它並不是被投射到生活之中，你不會執著這一說法，而到處去說「諸行無常」。

反思有助於我們注意、觀察，與變化相處，而不是抓住諸行無常這一觀點。所以，注意這一次禪修，你不必決定你將吃什麼，你

不必購物，如此這般。注意你來到這裡生活的簡單性，僅僅照規範而行即可。你不必為選擇和決策而擾，故可全力觀察你對八戒的持守、肅穆的止語和時間安排的反應。我們並不要求你喜歡這裡的一切，亦不求諸事如你之意或與你的性情相合，我們不求諸事使你感到舒適。我們應當承認我們對世間規範的抵制和反應：「我們如此行事，事當如此行。故你等閉嘴，觀心。不要搗亂、不要壞大家的事。」那是暴君之道。

那麼，還有與之相反的反應：「我要自由，從心所欲。這些限制讓我喘不過氣，我覺得不自在。我感到假而不真。我在生活中要感到自由才能度日，從心所欲。」如此這般。這是一種反射反應，因為此處並非監獄之類的地方，我們自願來到這裡。你同意在這種安排之下生活，其意圖非在順從，亦非在管制，而在鼓勵繫念。記得我在泰國的頭幾年，寺廟的生活和嚴格的戒律讓我感到喘不過氣，我有被人掐住脖子的感覺，由此而生強烈的抵制感。然而，我同時也做出了驚人的努力來跟隨，由此獲取認可，繃緊上唇，遵守規矩，進而得到諸多表揚。人們會說，「那個美國和尚，他真不錯，他很嚴格」，諸如此類。我喜歡被誇獎，遵守規矩，循規蹈矩，進而得到大家的認可。

而內心還有另外一面，叛逆與抵抗。跟著阿姜查，我們必須用缽吃飯，而且我也不怎麼喜歡那些食物，因為與美國的大不相同。在東北部，他們吃的是糯米，阿姜查會把所有的食物攪在一起。人們特意準備出各種湯羹和咖哩，僧人們卻會把這些在大鍋裡攪在一

起，所以你可以分到用勺子舀到你缽中的一個軟糰子。在東北部的膳食中，他們用一種綠色的小尖辣椒。我很快就發現紅色的大辣椒並不危險，可是這些小綠辣椒只要吃一口，你就會覺得自己全身起火了。有些僧人會把一切都倒在一起，他們上咖啡或可樂時也會把它們和咖哩一起倒在你的缽中。我心裡會想，「啊，無法忍受。」於是會變得十分挑剔，會如此作想，「真愚蠢，吃自己的就好，你不該把它弄得這麼討厭。」對此，我變得十分氣憤和自以為是。

之後，我又會開始想，「我也可以那樣進食」，之後，就會開始批評自己。所以，有一次我為此事很生氣，站起來，拿起我的缽，離開了佛堂，把食物在門外倒掉了。有時我算不上一個耐心的典範，幸運的是，阿姜查的方法是培養知念，如此我開始學習如何利用這些習慣來修習知覺和自制，而不是視之為壓得我喘不過氣的習慣。我能看到自己的抗拒和窒息的感覺，實為自己營造到當下之中而來。最終，一切都好了。我覺得在這個星球上，找不到比這裡更好的地方。到哪裡我可以和如此智慧的師父，和慷慨到能夠支持一個外國人獲得覺悟的信眾在一起？一切都於我甚好，我在一個信仰心強的社會裡與可信任的好僧人生活在一起。當我開始欣賞生活中的美好，一種滿足感就浮現了，對此機會和遭遇心懷滿足和感恩之情。

如是，對形式和規範予以反思……有時我們停下早課和晚課，或者回到自己的茅蓬獨自修習。此非判斷「它必當如此，不然你不是一個好的僧人」，而是另外一個規程。沒有規程時會如何？當你

在茅蓬中獨處，沒有長老監督，除了自己沒有任何人在旁，你會如何行事？這很有趣，因為人可以習慣於規程，一貫遵守規程到這樣的地步，一旦規程消失，便不知如何是好。認清對規程、軌範的依賴，以及沒有軌範時的迷惑是重要的。當引導者是你自己，你盡可隨心所欲之時，又會如何呢？

我曾在自己獨處時為自己訂出一套規程，我稱之為「自律」。我構建這樣的規程來督促自己，使自己不放任和浪費時間。但是內心的傾聽，住於知念，才是真正的目的。我開始覺察自己對一些理想、規程、規範的執著，甚至對從心所欲、自由自在這樣的理念的執著，其實那也是一種規範，不是嗎？「住於覺知，如此而已，這是全部。」阿姜查如是說，「此為真而不對，彼為對而不真」，這是意味深長的反思。其意為何？如真則對，對則為真。真為對，對為真，我那思考之心會如此說。「真而不對，對而不真」？我必須開始審視我對「實」與「真」的理解。於我而言，真實為正確，正確為真實。你應當正確，不當錯誤，此為真。然後審視它，在心裡傾聽它，這個思考之心，習慣中的思惟模式，對、錯、真、假的二元論，對此的知念為何？

我可以是一個自以為是而又不吝評判的人，評判於我而言毫不困難。然而，當我傾聽評判，傾聽自己發表評判，用自己那種專橫的思路決定何為對錯之時，我看到它不平和，且不導向平和。它導向對自己或周圍世界更多的批評，它是分裂性的，因為如果我是對的，你不同意，那麼你是錯的。之後，你又會想，「可是，我們都

以自己特有的方式而正確。」所以，在這個層次上，除了進而出現令人難以置信的偏執，或掉入極端狹隘的絕對主義，你是沒有出路的。所以，傾聽、觀察這思考之心如何營造出「對」和「錯」的概念。而後，隨著知覺而來的靜定就是平和本身。

覺知，當你認知它且能培養靜定，與評判毫無關聯。它不涉及肯定與否定、真與假、對與錯。它是事如所是、靜止點、旋轉的世界之中心。所以說它是認知、實行，亦是第三聖諦的苦之息止的真意。看看上座部佛教，特別是西方流行的內觀，我有時懷疑人們是否注意到了靜定與息止。這些人經常到禪宗或藏傳的大圓滿裡去尋求答案。美國現在流行到大圓滿的道場修習內觀。我對大圓滿所知不多，但知道它有關無量空間和不死之境，或者認知到無為。當你問人們在內觀時做些什麼，他們會說，「我們注意到了所有，注意到此，注意到彼。」他們是如此之忙，以致他們沒有自覺他們並沒有注意到，那些沒有被貼上標籤的地方，並試著注意微細的動作，對心的影響條件之每個變化和閃耀，看到在變化的條件後面那無限的空間或安定。出於某種原因，四聖諦幾乎從未修習到。

還有不少分析性風格的禪坐，其中用到許多階段——七個階段的清淨和覺悟的層次，諸如此類的公式。龍婆查用四聖諦做為反思我們寺廟每日生活的方法。第三和第四聖諦實際與大圓滿類同，因為領悟在此發生。這不再是理性的，或者認知微妙和細節，或心態的變化。它是培養任何變化後面的知念，不管那是粗糙抑或精細，而此是終極的簡單。你若捲入心態之微妙，就找不到終止。它會不

停地變化，因為這是有為界的本性，相生、變化、移動、粗糙或精細。身體是相當粗糙的，所以相對明顯。呼吸則來得微妙一些，所以你若專注於呼吸，呼吸可以愈來愈細緻。有時甚至消失，猶如你不在呼吸，十分安謐。

我曾經以這個程度的定力做為目標，讓自己的呼吸消失，我認為那是一種境界。但是我發現我禪坐的修習變成了對這種細緻和安寧狀態的追求。我感到挫折，對粗糙的生活厭煩，因為在寺廟中你必須做許多的粗活，不是坐在電腦前面的那種，沒有那麼細緻，掃地、清潔、到井邊打水、各種低下的雜務。我企望細緻的狀態，因為我喜歡那樣。我喜歡把感官封鎖，不再感受粗糙或操持事物，只是學著漸深地細緻化，進入細緻的心態，你變得平和、安謐。

然而，狗叫了、鐘響了，我會被這樣的事驚嚇。在泰國的寺廟，人們喜歡在佛堂放會鳴響的鐘，如此信眾就捐獻昂貴的鐘，有些會帶著珠貝的錶盤，而且它們之間並不同步，所以你會聽到不斷的鐘鳴。「我不能在此修習。我必須回到自己的茅蓬。這太擾人了，他們為何要允許這樣的鐘錶呢？」我會感到不平：「我不喜歡這樣，他們不該這樣。」之後，我會對此做出觀察。這可不那麼好，不那麼平靜，總是生氣、不平、不安，試圖安排生活，其中沒有吵人的鐘，一切都在控制之中，以便我好好修行。然後，我就又會被什麼別的念頭所據。有一次，我在一個理想的地方住了三個月，那裡一切都好，除了我自己的心。我會想，「現在我可以真正地……」但是就又會有什麼念頭鑽入我的意識，我會努力集中精神，試圖壓制

它。我想把那些占據頭腦的念頭、懷疑擠掉，可是，當你自己日日夜夜地獨自相處，別無他事，你會倦於擠出和控制一切。

所以龍婆查對知念的強調是智慧的，因為在巴蓬寺的出家生活包括——著上袈裟、化緣乞食、刷洗飯缽、操持雜務、掃地、縫衣、早晚課、聽僧人那催人入眠對戒律的喃喃評語、蚊蟲和炎熱，諸如此類。你開始理解他並非在努力創造理想的境界，真正要緊的是知念，運用知念，發展知念。不管發生什麼，你皆可從中學習，細緻的、粗糙的、身體、習性，還有這作想之心。

　　歡悅的態度是鼓勵你對僧侶生活開
放，視為美好和愉快的，而不僅是封閉。
但是有時我們卻把禪坐看作對外界關閉，
而不是開放的一個途徑。記住，語言的力
量是有限的，所以，當我們說「封閉」，
它僅僅對你意味著你所抓住的意義，不管
其實那是什麼。

　　每一種宗教傳統都有讓人迷惑之處，
因為講法有時看來有些相互矛盾，有時你
被告知靜語、閉目、專注於呼吸；有時你
又被告知以慈悲為懷對眾生開放。這些都
點出了語言和傳統的局限性，當我們執著
一個傳統，我們便被一些特別觀點所縛。
在對經文的解釋中，師父甚至會鼓勵這樣
做，但要記住把每個人獨到的覺知找回
來，而它是宇宙的中心。

當你從個人角度看待自己，做為一個需要什麼東西，或需要去除什麼東西的人，你把自己局限成這樣的一個人，必須得到什麼還沒有的東西，或必須扔掉什麼不當有的東西。所以，我們對此予以反思，學著做一個證人，Buddho——覺醒、了知、傾聽、知解身見和情緒的狀態，而不陷入其中。

　　不要從這樣的立場出發，「我禪坐」或「我必須得到我尚未有，我必須入定到一定的境界以便修習更高的禪行」。並非如此之想有什麼過錯，而是它把你局限了，要得到或達到你並不具備的東西或狀態。你還可以進入一種純粹主義的狀態：「我是罪人，我需要淨化自己。我必須去除自己的惡念和惡習，幼稚的情緒和欲望，貪、瞋、癡。」這種情況下，你假定自己是一個具有負面品質的人。這就是如何知念，覺醒乃是佛教之本的原因。很簡單地說，Buddo 非他，覺醒的知念而已。

　　我要鼓勵大家趨向簡單，而不是複雜。我們已經具有複雜的性情，我們的文化和社會影響通常是十分複雜的。我們受教育，知書達禮，這意味著我們所知甚多、閱歷頗深；這也意味著我們不再簡單，我們已然失去了孩提時代的單純，而成為複雜的人物。出家是朝向簡單的一個舉作，雖然有時它看起來複雜，但是佛法和戒律的推動在大體上還是朝向事物的簡單化而不是複雜化。

　　最簡單的事莫過於覺醒——「佛」的涵義是「覺醒」，如此之簡單。而教義中意義最深刻的也是「覺醒」這一詞語。聽到這裡，有人會問，「那麼我下一步要做什麼呢？」那麼，我們又把事情複

雜化了，因為我們並不習慣真正地覺醒而活在當下。我們習慣於思考事情，分析它們，試圖得到、拋棄什麼，也就是達到和進入。在經文裡有這樣的記載，有人聽到一句簡單的話，或經歷一件簡單的事情而開悟。

人傾向於認為古人具有更多的波羅蜜（pāramī）[1]，具有更高的覺醒和解放自己的能力。我們從複雜的記憶和認知出發來看自己，我的性情十分複雜，它有所愛、有所不愛，它會感到幸福和悲傷，而且在彈指之間就會產生變化。我若聽到人講不悅耳的話，會在瞬間引發我的憤怒。條件具備時，相應的結果就會發生瞋、喜、極樂。但是用 sati-sampajañña，我們學會保持在知念狀態，從而超脫這些情緒。

我們若是不能如此，那就沒什麼希望，甚至試圖當一個佛僧或尼師，或任何什麼也都全無意義。我們成為自己習性無助的犧牲品，永遠困在反覆的模式之中，出路則在覺醒和注意之中。歡悅是善意、快樂、光明、歡迎、開放，當我處在歡悅狀態，我是開放的；當我情緒不好，我就不是，我心中會說「離開我，不要打擾我。」

1　漢譯波羅蜜、波羅蜜多、度。本意為到達彼岸的途由，又引申為修行者應具的美好品質。書中此處對 pāramī 的英譯為 perfection，用其美德之意。上座部佛教的十度為：布施、持戒、出離、智能、精進、忍辱、誠實、決意、慈與捨。大乘佛教的六度為：布施、持戒、忍辱、精進、禪定、智慧；其音譯分別為：檀那、尸羅、羼提、毗離耶、禪那、般若。

人們容易對禪坐產生很強的觀點，無論其傳承是上座部還是其他宗門。人們容易形成強烈的看法，尤其當他們追隨某一宗門。在上座部，你會聽到這種強烈的看法，「我們是原始的佛教，純正的教義；你必須如此而行才能成道；輪迴和涅槃是相反的兩極」，諸如此類。這些只是我們執著一個傳統而後產生的一些觀點和概念，然而，在覺醒的意識之中並沒有擺放傳統的位置。取而代之的是，意識依據法，即自然的道路感知各種現象。它不是營造而出的，不依靠支撐的條件。你若堅持一個看法，即會為你所執著的事物所束縛和限制。

　　覺醒的知念中並沒有執著，它是簡單發自內部的行為，活在當下，持有耐心。這需要信心，特別是對自己的信心。沒有他人能強迫你這樣做，或神奇地代你而行，信任當下於是非常重要。我從本性上來講就是一個好發問的懷疑者，我傾向於不信任和懷疑。這並非是一個讓人愉快的特質，因為我非常情願休憩在一個我完全接受的信仰之中。

　　相形之下，多疑者的路是崎嶇的。你必須用它來學著信任，不是觀點或教義，而是我們與生俱來的這種簡單的覺知能力。覺知包含定，當你修定或專注於一物，你將其他排除在外。在修定時，你選擇一個對象，然後持續地專注於它。但是知念是寬廣的，猶如泛光燈，它面向各方而涵括一切，不管其為何物。

　　學習信任知念是一個信心之行，但是它也與智慧緊密相通。它要求你反覆試驗並找到感覺。不管我描述得多好，給出什麼樣的詳

解，它還是只能由你自己來體知。懷疑是這裡的主要問題之一，因為我們不信任自己。我們很多人以為自己在經歷、記憶和個性的限度之內定型，對此深信不疑。然而，我們不可信之。我不能信任自己的個性，它可以隨意亂說！亦不可信任我的情緒，它跳蕩不已、變化多端，它會隨著晴朗或陰雨、事情順利或失敗而變。我能夠信任的是知念，這是一件你必須自己去發現的事情。不要聽信我，我現在所說的一切只是用以鼓勵你產生信心。

這種包涵性的知念非常簡單而又完全自然。心停下來，你只要敞開和接受。即便你處於緊張和不安狀態，接受它，允許它如其所是，從而向它敞開。緊張、絕望、痛苦——只要允許你的體驗完全如其所是，而不是試圖去除之。你若把這樣的開放理解為一種愉快的狀態，你就可能營造出一個印象，把它當作一個你尚未體會而企望體會的東西。愉快的狀態並不是包涵性知覺的前提，一個人可以感到悲慘至極卻仍然對這覺知的感受敞開，即便在最令人不安的狀態。

我發現這是一個真正的挑戰，因為我對許多的心情狀態毫不喜愛，我一生都試圖逃避它們。從兒童時代開始，人們就不斷在發展著去除不快心態的習慣，用分神、忙於他事來逃避。人的一生中會發展出許多回避絕望、不幸、憂鬱和畏懼等等感覺的方法，往往在下意識中就使用了，將自己從痛苦的體驗中引開已成了習慣。現在要鼓勵你注意它，乃至注意自己逃避它的努力。這是要你開放於事如所是，而不是你所想的事當如是，亦不是你所想的事之所是，此

乃一種沒有特定所知對象的狀態。

在這種知念中，你並無先入之見。你僅是允許事如所是。你無須通過思索、言語、分析來感知它們，你僅是允許這種體驗如其所是。這更多地是發展一種直覺感，我稱之為直覺的知念。當你開始信任這種知念之時，你可以放鬆一些。如若試圖控制心念，就又回到了你執著此和去除彼的習慣，而不是允許事如其是。

有了這種直覺的知念，我們皈止於覺醒，而它廣闊、無量。思惟和心念營造邊界：身體是邊界、情感的習性是邊界、語言是邊界、表達感情的詞語是邊界。樂、苦、不樂不苦都是有為的，依賴於其他條件，覺醒讓我們認識到超越所有這一切的東西。如果我所說的在你聽來是一片亂語，那麼覺知這一點，對你不喜我言這一事實敞開，它乃如是。不是說你必須喜歡它，你當從事之所是出發，而不是非要明白我所說的。

別離之想對意識有其影響。不管發生什麼，對你而言它如是，它如其所是，別離與別離之念乃如是。這是認知它之所是，而不對你之所見予以評判。一旦你拿它做文章，它就變成非其所是，成為針對你的、情緒化的、複雜的。這個我們所在的感官世界，這個地球，乃如是。人的一生是一個相會與別離組成的無盡系列，我們對此是如此的習慣，乃至不予注意，亦不思量。悲傷是人與自己所喜所愛別離時的自然反應，但是對悲傷的知念本身並不悲傷。我們感覺到的情緒可以是悲傷，但當它進入知念，知念本身並不悲傷。同樣道理可以用在激動和快樂湧現之時，知念並不激動，它容納激

動。知覺接納激動或悲傷之情，但卻並不變得激動或者悲傷。所以，關鍵是對知念予以信任，而不是與可能浮現的各種情緒做無盡的爭鬥。

你可曾注意即便你在徹底的困惑之中，有一個東西卻從未丟失？那就是對迷惑的知念。你若對此不清楚，就容易執著於困惑本身，陷入更深，令其更為複雜。你若信任自己能對困惑敞開，你就會開始找到從這有為世界解脫的道路，不再為恐懼和欲望所生的情緒習性所驅使。

欲望存在於這個世界實乃自然，為什麼我們不應當有欲望呢？欲望有何過錯嗎？我們努力去除我們所有的欲望，試圖淨化自己，征服欲望成為一個自我挑戰，不是嗎？然而，你做得到嗎？我做不到。我有時可以壓制一些自己的欲望，而且說服自己本來就沒有，但是我不能持續如此。當你靜思事如所是，你認識到這個世界乃如是，吸引人的、美麗的事物讓人渴望貼近和執著；而醜陋、討厭的事物讓人生出避開的衝動。這只是事如所是，並非人格上的缺陷。在這種吸引和厭惡之間還有知念，它對兩者具以接受，你可以覺知你被事物吸引，亦可覺知你的厭惡。

這種知念微妙而簡單，然而若無人指點，我們不會學習著對之信任，由是，我們就會以進入或達到什麼的心態來禪坐。回到二元之爭非常容易，便是試圖獲得或去除。是非、好壞使我們很容易為聖潔的感覺所懾，在我們處理宗教問題時容易拿出聖潔之態，這本來無可厚非，我們應當放下欲望、對生活負起責任、持守戒律、精

進。這是對的，這是好的！

也許有人會指責我宣揚一種信仰，不管你如何行事，只要審視它就萬事大吉。你可以搶劫一個銀行，仍然對自己的行為持有知念。你可以試用各種酒精和毒品，來看你在幻覺和迷境之中的知念和覺知如何。我若果真如此教導，此門就會大開，不是嗎？但是我並不是在宣揚那種觀點，我並非要你無視戒律。但是你可以看到，如果你執著於聖潔的觀點，你可能會假定我在宣揚其反 —— 說人們不當依照他們聖潔的觀點所倡導的那樣行事。

戒律是簡化我們的生活，限制我們行為的工具。如果我們沒有邊界，就容易感到茫然。如果我們沒有辦法知道限制，我們可能會在一時衝動下行事。所以，律藏和戒是設置限制的一個形式，它是工具，其用意在於幫助人們反思。但是你若執著於此，便會成為一個遵守所有戒條，卻對所作沒有反思之人。這是與享樂主義者相反的另一個極端。你被正式認證出家的資格，遵循著叢林的路軌，遵守所有的規矩，做一個模範僧人或尼師，覺得此是你所當做，但是，你並未對此敞開，亦不知覺你之所為。那懷疑、思考、道德、猜測之心總要予以質疑。

你們當中或有人會想：「那麼，我還沒有準備好。你教的是針對資深徒弟，而我只需要學做一個好僧人和好尼師。」這是可以的啊，學做一個好僧人或好尼師，但是你仍要與知念接軌。這不是要你接受另外一個角色而使自己更為複雜，而是學著觀察這種形式的限制如何引發各種抵制、自寵、執著和厭惡，看到所有這些反應乃

如是。這樣，你讓自己站到思想的二元主義架構和有為法之上。你的庇護在於不死之境，在於無為，在於佛法本身，而不是任何他人對佛法的觀點。

多年來我發展了自己的知念，所以我現在體驗中的意識是相當開闊的。那裡有遼闊的空間供我安住其中，我在生理和心理上所體驗的狀況被反射在這個空間。在其間存放，並得到支撐，自由自在。倘若我不曾發展自己這樣的知覺，就會很困難，因為我一向與自己的情緒不能相安。有時，僧眾諸事平順，大家會說他們喜歡阿馬拉哇奇禪寺，願盡生命留在僧團，他們信仰上座部教義。然而，眨眼之間，他們又說他們受夠了這個團體，準備皈依其他宗教。你會感覺受到遺棄，以為應當說服他們皈依其他宗教不是正道，激發他們佛教徒的正義之感，你會想我們這裡提供了諸般所需、諸種美好，人們當懷有感恩心才對。

你可以說，「不要這麼自私，不要這麼愚蠢。」在情緒上，我們就是如此。我們如若執著於自己做事的方法，一旦受到他人的質疑，就會感覺受到威脅。我發現每當人們批評上座部佛教、我們的僧眾、我們的所行，我感到不安的原因源於我的身見，以及對這些事情的執著和與之認同的傾向。你不可對這予以任何信任。然而，你可信任知念。當你開始認識和知道它，你可更好地安住於覺知之中，傾聽寂靜之聲。當你如此保持知念，意識就會擴展，直至無盡。在這個境界中，你只是出現於一個意識的瞬間，你失去自我的感覺，即做為一個人，這個身體。它從意識中消逝，無法再繼續

保持。

情緒的習性不可能維繫自己，以其無常之故，它的本性乃是生息不已。你於是開始看到有人稱之為「空」的那種開闊的價值所在。對它如何稱謂，實在不是重要之事，重要的是你能認識它。它是一個自然狀態，並非營造──我不營造空。我無須走過如此一個過程，專注於心中對象，以便這樣、那樣，完成之後，把心停在那裡以便將其他一切排除於外。當我修習專注，我總是受挫，剛剛進入狀態，就會有人砰然摔門。這種修習要求將他物屏蔽在外，控制和限制事物。這樣的修習不失為一種善巧，但是你若堅持不放，就會為其所限；你不能接受生活如其所現，而會開始試圖控制事物。如此修習的結果是你相信生活必須是某種樣子：「我應該在這地方，與這些人生活，而不是與那些人，我需要這些規程和條件，以便進入定。」如此，你把自己束縛於你生活其中的規程之內。

你看到僧人雲遊四方，尋找完美的寺院，為定的修習提供良好條件。殊不知這擴展的知念本是無所不包，它並不需要特定條件才能修習。直覺的知念讓你接受生活如其所現，而不會無休止地在生活看來困難或不快之時生出挫折之感。

今晚來到廟堂實在讓人愉悅，此間的靜謐如此美好，實為世間最殊勝之地！你知道這僅是一個看法，而非一個宣言。我發現此間的安謐和寂靜是一進來就可以立刻感覺到，但是，我能用盡餘生坐在這裡嗎？平靜不在他處，而在心中。平靜非他，活在當下而已，它不依道場和地點而生。信任你的知念，你就開始注意到即使在倫

敦或曼谷，在困惑或不平之中你還是可以認出這種平靜，只要你寶貴和珍惜它，這確實需要些決心才能做到。經常看來不像任何東西而設有目標的修習，似乎更有吸引力：「我要做點什麼，什麼我摸得到的東西！」我們被訓練成總要有所操持，而不是信任和敞開於當下。我們甚至可以對這本身小題大做，聲稱：「我要無時不刻對當下敞開！」如此，你執著其念，而那並非我的本意。

歡悅乃對生活持著開放和安然的態度，安然地生活和呼吸，安然於當下以及意識中諸種浮現。你若抓住一個念頭「我當歡悅」，那你是未得其旨。我所說的只是鼓勵你信任、放鬆和放下。享受你當下的人生，對它敞開，而不是永遠地去追求完善，那就會引發你對此間的不滿。對厭煩也保持開放，允許它如其所是。我不是讓你對它不生厭煩之情，而是對你所生的厭煩、煩躁，乃至所有正面或反面的情感，抱著開放之態。

靜觀執著

意識在我們每個人現在的體驗之中，它是我們當下共有的聯結性體驗。意識涉及名色之界[1]，我們通過名色而體驗意識。當我們默想四大——地、水、火、風，再加上空間和意識，此為整體的個人體驗。

身體的物理狀態與我們生活其中的物理世界是四大的聚合，又與空間和意識相合。我們可以默想四大，以此做為懂得我們身體的途徑，而不與其認同，不視其為我所。空間及意識沒有邊界，它們都是無盡的。意識則是我們在禪坐時之所用，以它來默想事之所是。

我們感到困惑，因為意識不是什麼你可

1　名色之界，書中原文為 realm of form，只有名，而無色。但從語境上看，用「名色」或更恰當。名色為十二緣起一支，識緣而有名色。

把握的東西，猶如地、水、火、風，還有情緒之類的心態。因為我們有意識，我們實際上可以覺知思惟、情緒、身體在其存在並展現的此刻。有時我們把意識想得十分狹隘，將其限於經由眼、耳、鼻等與外界接觸所浮現之狀，亦即感官意識。在這個情況下，意識基本上只限於經由感官的認知。但實際上，還可能開始認識一種不與感官相聯的意識，而這就是當我談到寂靜之聲的時候所指向的。當你開始注意到此種聲音的時候，其中就有一種無著的意識。當你在寂靜之聲中持守知念，你發現自己可能會開始反思，並對你當下浮現在你意識之中的思維、情緒、感覺、感官動靜和體驗有了新的視角。

你當認識此實為我們力所能及的一個妙行，沙門的生活目標其實就在於這般體證。當然，障結會由我們執著於自我營造的各種幻相而生：強烈的個人意識，與身體的認同而以其為我，我們的情緒習性，思維和感情，並由此營造出我們自己，導致我們生出身分的感覺，我們傾向於與之認同，並為之驅使。這是為何我要鼓勵你們安住於你聽到寂靜之聲時會隨之而來的知念之中，安住於開放和接收狀態之中，不要執著這一意念。你可能執著於寂靜之聲的意念，憑藉它而進入什麼境界，不斷地圍繞著它營造出一些不實的幻相。

事非如此，不是要從中有所得，而是以一種不執著的態度對當下完全開放。對無執著的認知乃是經由你的知念，而非對它的描述。我們能說的只是「不要執著一物」，還有「放下一切」。但是人們還是會執著，而說，「我們不當執著一物」如此，落入執著於

無執著的概念。我們如此地慣於藉概念、理論、技術、宗派之見、上座部的方法……來思惟和推斷，即便所教的正是放下和無執著，這是為何我鼓勵你要對執著仔細觀察。

信任自己的知念，與其堅持不應當執著的觀點，不如認識到執著乃如是。在早期，我曾故意讓自己執著於物，以便體會執著之狀，而不是從不當執著一物的理念出發，然後竭力地試圖放下執著，此乃自我蒙蔽，只要你尚未洞悉導致執著的幻相。想著「我執著，不該這樣」即是執著，不是嗎？「我是一個執著、陋習諸多的僧人，此為障礙，我不當執著於彼。我必須去除它們，讓它們去吧。」你最終是欺騙了自己，讓自己一再失望，因為你做不到，導致此路不通。這是我為何一再強調純然的意識，不要以為這是理所當然，也不要對其琢磨與思考不已，學著就去做。與那引發共鳴的聲音或震動相接，學著計數到五來維持它，或練習習慣於它並賞識它。你若一心培養它，它會領你進入不執著的意識狀態，在這種意識中出現的諸般行狀，皆可從有其生滅的視角來觀看。

當我們放下，安住於純然、無著的意識之中，它同時也是對無條件之愛的感受。純然的意識接受一切，它不具分裂性的作用，它沒有任何偏好，它接受一切和任何境遇如其所是——壞的、好的、魔鬼，或任何其他。所以，當你對之信任，慈心觀隨之而生。與其四處散布善念和無私利他的概念，它變得實際和真實。說到底，「愛」的本意是什麼呢？

對許多人來說，愛是終極的執著，當你愛一個人，你就會想占

有其人。在現代意識中，我們經常將對人、物或動物的強烈執著誤認作愛。但你若真的將此概念用於接受無執著之愛，沒有偏好、接受一切、視一切各得其所，那麼你有的就是慈愛。

在你開始信任知念，這無限的意識瞬間，那麼一切盡歸其中。從意識的本體看來，浮現在意識之中的一切都是被接受而且受歡迎的，不管那感受來自於外部或內部，當下浮現到意識之中的情緒或肉體的狀況。這種愛、接受和不分別的態度，接受你所思惟、感覺、體受的一切，允許每件事都如其所是。我們若不允許事情如其所是，就會或欲得我之非有，或欲去除我不欲有。所以，從心之清淨上說，意識本自清淨。你無須淨化它，你不必做任何事情。

你開始不再認同，堅持你為其人、其狀、其態、其身的傳統之見。這些觀點會漸漸消逝，它們本非事如所是。在靜坐時，你若能信任知念，那麼擔憂、不平、尷尬、記憶、靈感等等會浮現在意識之中。我們對它們的態度是接收、歡迎、任之。在行動和言語上我們善惡俱受，行其善，戒其惡，且不加評判。對我而言，此為愛，它不評判。這對我意識中所浮現的業績、情緒、感覺、記憶尤為適用，所有這些的背景是那寂靜之聲，它猶如廣袤、磅礴、無際的空間，而允許事物如其所是，因為萬物各有歸屬。各種有為法的本性乃是生息不已，這是事如所是。我們不強求事物當是別樣，或是因為我們願意存其好、除其劣而心生抱怨，我們本性清淨。如果你開始懂得、信任和賞識這一點，就會看到這真實不妄。它不是理論、不是抽象、亦非理念，它乃是現實。

意識是萬分真實的，並非你所營造，意識即在當下。你具有意識乃是事實，這是事如所是。我們體受的意境或各自不同，有人喜，又有人愁、惑、倦、鬱、擔心未來、追悔往事，諸如此類。誰能夠知道我們所有人當下的感受呢？只有你自己知道你當下的特有感受。不管它是好是壞，你之所欲或你之不欲，它如其所是。所以，你以清淨的本性對待它，而不是與之認同。你永遠不可能淨化有為法，你不能淨化自己而成為「清淨之人」，此非清淨所在之地。做為一個身見之我來淨化自己是一個不可達到的目標，猶如磨磚作鏡[2]，它強求本所不能，這意味著你必定失敗而一無所得。這覺醒的狀態乃是原本清淨之地，換而言之，你本自清淨。你從未有片刻不淨之時，即使你是連環殺手，宇宙中最惡的魔鬼，你仍然本自清淨，因為此種清淨不可摧毀。問題不在於被染污，而在於對自心營造的幻相之執著，魔鬼是如此地執著於自己的魔鬼之身，乃至他忘記了他本具的清淨，這個此時此地的存在。

---

2 「磨磚作鏡」為一著名的禪宗公案。講的是唐朝僧人馬祖道一每日一心打坐，懷讓禪師見到，問他為何？他以成佛為對。懷讓遂即拾起一塊磚到大石上磨。問到為何？懷讓以作鏡為對。馬祖由此醒悟到成佛非關坐臥，後來成為一代宗師。

圓滿夜話

　　在這次禪修的最後一晚，我們可注意到一些終結的跡象。明日此時，你們會回到家中與家人在一起，所以現在我們可以來反思一下，開始時與現在即將結束之際有哪些不同。反思一下如其所是，從開始到結束，不是要從中理解到什麼，只是來認識我們的感知──早晚課聚到一起和分手告別。這是佛法與生活結合的途徑，如其所是。所以到了結尾，你開始想回到家後又該如何。開始的時候，你想，「我能如此堅持十天嗎？」那個覺知於此的乃是知念。它反思我們的生活流程，聚在一起，分手，開始，結束，以這種再平常不過的方式發生，朝起暮眠。

　　這樣做的作用是不斷地提醒你做為知覺，做為知念，而不做為在情緒、思惟和所遇諸境所限之下看到的那個自己。如此，你

開始對皈依佛有更多的信心和確信，而不是無休止地被習性之念和情緒所纏，對生活本身反而視而不見，只是對之反應，埋沒在你不由自主的反應之中。

　　我對滅止產生的第一次深刻洞見，發生在廊開當我還是沙彌之時，那是我對第三聖諦有所洞見。我在情緒上的反應是在地上打滾，喊叫「我做不到」，然而也就在那時，我在觀察此景，猶如靈魂出竅，雖然沒有聽來那麼誇張。那個喊叫「我做不到」的生靈被置於觀察之下，但是這裡有知覺，對這僅是習性的認知。那並非真實的人物，並非我之自身，亦非我所。你若當時在場會如何作想？「阿姜蘇美多狀況不佳，他崩潰了。」可是，實際並非如此。那是洞見，一種深刻的體驗。這是我們加以評判的地方，是事情的樣子、反應。這是我們可能的誤區，甚至對我們自己的認識。想「我做不到，真的是我在想我做不到」是非常容易的，有了洞見，它非是來自情緒，亦非來自身見。

　　不管你在這次禪修中得到了什麼洞見，你當認識本次禪修的特有條件。這是一個特殊的環境，明確這一點是重要的。唯有如此，你才可不將這一環境與洞見相聯：「要想洞見，我須對條件和環境有其掌控。」你不須如此。對禪修或特種環境有所依賴，否則就不能在日常生活中保持知念，這是一種危險。不要相信這種說法，要隨遇而安。你若回到家中就感到困惑，想：「我不能修行」，那麼，信任你可以對此想有知「我不能修行，太多的雜事了，太多了……」那麼，停下來。是誰在作此想？它是什麼？那僅是一個想

法，不是嗎？我營造了一個無法修行的人。帶著這種知念，你開始捕捉這樣的瞬間，開始覺醒，不再說服自己你不可能在日常生活中如此而行，因為那本無不同。相信你可以對自己的營造有所覺知，譬如躺倒在地，喊叫「我做不到」，在當時只是被見證，但並沒有被相信。如佛聽法，當內心的暴君嘮叨和施虐之時，你靜聽它，認出它。

那靜聽你自我批評和自我評判的，是你的皈依之所，是那個知念，而不是那無所不知的評論員、那條豺狼、那個暴君。這是非常重要的，否則你會不斷地迫害自己。這是非常自我貶低的批判性傾向，一切當如此，不當如此……在情緒上，清楚自己真實的感覺。那個暴君會對你評頭品足，會說「我為何要感到妒忌，你不當妒忌，你是壞人，妒忌令人厭惡」，你會遭遇嚴厲的批評，告訴你妒忌如何不堪。如若妒忌是你當時的情緒，那麼它從生理上，不是做為一種批評，又會感受如何？你的理性之心會加以評判，告訴你不當生出這種情緒，但是不要相信這些。

當你體驗到某種情緒，它乃如其所是，對它善巧的處理乃是對之予以反思，接受它如其所是，任其生、滅、無我，這是化解業果十分善巧的方法，因為我們多數都有一場內在的理性與情緒的戰爭，並為此而困惑。我們一般以為理性之心更為機智，對於我們當如何感受、如何行事、相信何事、何為對、何為錯無所不知。情緒的現實並非如此，畏懼、焦慮、擔憂、絕望、妒忌、羨慕、無用、自貶、憤怒、怨恨、不平、悲傷、貪婪、色欲、渴愛，所有這些無

一是理性或明智的，但卻是人之共有。我們的感性世界本來如是，它不可理喻，亦不具理性，但是它是敏感的。對敏感，我們不是要予以評判、蔑視、抵抗，而是予以接受。這就是如何直覺的知覺才是我們的皈依之所，這是我們每個人都要學習的。

有時我們會奇怪為什麼自己會是這個樣子。我們在競爭激烈的社會長大，與他人比較，我們會說「他比我好」或「我比你好」，如此這般。此為拿自己與標準、原則、他人比較的結果。我記得特別是在少年時代，他人對自己的看法是如此之重要，你沉溺於自己的外表，在乎別人對自己喜歡與否。你會嫉妒那些什麼都有的人，瞧不起、取笑那些大家鄙視和嘲笑的人，這很可恥。記得自己的少年之時，大家的行為十分殘忍，那於我是一場可怕的經歷，這也正是我們可以從中所學的，關於事如所是。我們可能並非是如我們所願的樣子，這相當明顯，我們由此肉身學習據其所是，或高或矮、或男或女、或白或黑、或美或不美、或大鼻或小鼻、或碧眼或棕眼、或健康或體弱。

「為什麼我不生就強壯、健康、英俊、聰明、一應俱全、條件優越，如此來開始一生呢？」然而，你要從你之所是開始學習。所以我從自己的生活中，從靜坐中發現羨慕他人，希望自己如同他人純粹是在浪費時間，那毫無用處。所以不管你是什麼樣子，這本無標準，亦無理想的楷模，我鼓勵你看清道路，通向解脫的道路，乃是知念。而不是讓自己變得符合什麼理想的樣子，抑或成為他人，抑或感覺我們必須在這競爭性的社會中證明自己，抑或自暴自棄。

然而，你若如是比較和評判自己，那麼如是觀察，覺知「我比他好」或「我不如人」，乃至「我與人同」這樣的感覺。

也要承認這個旋轉世界的中心點。不管你為何所擾，不管你在坐、立、行、臥，疲倦還是安逸，愉快還是悲傷，成功還是失敗，不管這世界怎樣運行和改變，這裡仍然還有這一中心點，仍然還有這一知點。而 Buddho 就是這一中心點，且知法。經由反思和記憶，因為我們太容易掉回舊有的模式和習慣之中，即便是我們明知對自己無益的惡習，我們還是習慣做。所以，我們會發現自己沿循思與行的模式，雖然明知有害但做來容易，因為我們習慣於如此而想，如此而為。這也是為何我們有時會對自己感到絕望和無助的原因。

我們以為我們願意從心的這些陷阱中跳出，我們努力，失敗，然後評判。但是，「不當如此感覺，不當有此習性，我必須去除這個，成為那樣」，這整個過程是可以被見證的。根據第二聖諦，我們可以洞見欲望和執著 —— 第二聖諦中講到的欲愛（kāma-taṇhā）、有愛（bhava-taṇhā）和無有愛（vibhava-taṇhā）[1]，以此洞見，我們便生出放下之心。讓我來重複一下「放下的洞見」，放下並不是抵制或去除，而是接受如其所是。這是四聖諦發揮功效的地

1　為三種渴愛，其中 kāma-taṇhā 為欲愛，指的感官享受的欲愛；bhava-taṇhā 為有愛，指成為或獲得什麼之欲；vibhava-taṇhā 為無有愛，知去除已有之欲。

方。參考四聖諦為你提供一個公式或框架，不是讓你對之執著，而是做為提醒，因為我們常有忘記的毛病而容易按故習行事，或者對靜坐感到絕望，或者感到你只能在理想或特定條件下靜坐。

在過去二十年裡，我常在世界各處旅行。旅行之時，你必須排隊通過海關和移民局的關口、排隊等你的行李等，很多的等待。如此，我開始將之納入我的修行。當我剛開始旅行時，我能看到自己開始排隊，比如等著他們檢查我的護照，我心中有個念頭，只想著通過、結束它，進入候機區。如此我會變得不耐煩，不確信自己是否排對了隊，因為另一個長隊現在變短了，我排的隊伍前面有人在耽擱時間。所以，心中浮現出怨氣和不安，這可以變得令人十分不快，因為你一心想著早點通過以與邀請者會面。

我開始對這種急躁和不耐煩進行反思，開始將排隊當作禪修，觀察自己。如是，我可以看到自己討厭移民局的繁瑣、一心想盡早下飛機與人見面的傾向。我相當喜歡那整個過程，到希思羅機場，看看事情如何。現在，我年歲已高，有些名氣，他們給我升了級。但是，這只是一個當你碰到不可避免的事情，比如旅行中在轉盤邊等行李，你如何可乘機冥想的例子。這麼多年來僅僅有一次我的行李第一個出現，那就是在香農機場。

我會推著小車向行李轉盤走去，隨著行李出現，它開始旋轉。我會開始冥想見到行李那一剎那，其中不無高興，因為你總是有些擔心他們沒有把你的行李放到飛機上，或者被送錯到其他地方，於是不敢肯定能見到自己的行李。所以，留意自己在轉盤上看到自己

行李時，那鬆一口氣而又高興的那瞬間。

　　當你開始對知念，這種連續的知念增長信心後，事情就會如此。這是最簡單的方法，注意知念並用它做為參考點，學著不管到了哪裡都能保持和認識知念。開始時，我只能在安靜的地方做到如此，在吵鬧、堵車、機場排隊、會議中、與人談話、聽音樂或其他的場合就會感到困難。但是最後，你開始會在所有的事情下認出知念。

　　我開始發現這個參照點十分實用，因為它總是唾手可得。它確實需要決心去專注，直到你能隨處都認出它來，不管發生什麼，你的心態或你的身體如何的當下，然後予以發展。我會用念珠，想著佛陀（Buddho），傾聽寂靜之聲，進入寂靜、平靜之中。我可能會做到五、六顆念珠，在其間維持靜定，傾聽那寂靜之聲。但我並沒有試圖做到全部的一百零八顆，因這並非在追求完美，而是以此行來發展安定。比如數到五，我傾聽寂靜之聲，心中數著「一，二，三，四，五。」這是善巧的途徑，或方便之門，用來培養對延續知覺具有更多的信心。

　　你也可將之用在呼吸和經行之中，著意在平靜、知覺的包羅中，從此點行至彼點。寂靜之聲並不抹去或隱藏任何事物，它實際上允許每一件事皆如其所是。所以，即使在唱誦，在禮佛之時，念到 namo tassa bhagavato 之際，我在平靜之中。在我沒有修習到這個地步時，我會心意散亂，我會快速誦念 namo tassa bhagavato arahato，因為誦念也是一個習慣，經過學習你能背下來，之後便可

以不假思索。你唱誦，但心中別有所思，或盼望唱誦早點結束以便坐下。靜止狀態允許詞語浸潤你的意識，namo tassa bhagavato 的唱誦亦不再僅僅停留於下意識。它們是美好的意願，你體會到它之美好，能想到「禮敬世尊，至高，圓滿，覺者，bhagavato arahato sammā-sambuddhassa」[2] 這些是美好的意念、美好的概念，它們在心的靜止之中，而不只是你的心開小差時嘴裡吐出的聲音。

這些是我發展出來的將知念與日常生活結合的方法，不管我在何處都可實行。如此，我能夠看到自己可以對微妙的感覺和心理活動都有所知覺，因為這裡有不可思議的空間，無盡的知念。你可以覺察到微妙的不安，乃至其他什麼的浮現。你找到了一條更好地調入自身能量的通道，你自己身體中那微妙的能量，以及你的假設和態度。這是一條超越文化影響的道路，我們從兒童時代就開始受此影響了，所有的文化傾向和成見是這種影響的一部分。到哪裡才能擺脫自己所受的影響呢？在這種靜止之中，在這寂靜之中，它不是一種文化，不依賴其他任何條件，然而卻具有圓滿的意識和智力。它不是遲鈍，愚癡之態。並非是我進入半昏迷，或者消逝於虛空之中，我是完全清醒的。你清晰地感覺意識和辨識力，如佛於法，智慧不是僅僅能夠思惟「諸行無常」，而是了知它。

任何一種狀態，不管它是粗糙的、精細的、心理的、身體的、感官的、情緒的、理性的、事關本人的或與己無關的、好的或壞

2　世尊、阿羅漢、三藐三佛陀（正遍知）。

的，一個人與之的關係應當是了知，而不是成為、評判、抵制、鬥爭。在日常生活中，我們有一種社會生活的責任感，這個「眾善奉行，諸惡莫作」的勸奉是一個普遍採取的態度。這並不是說諸惡不是法，或者諸惡是你，而是它為其之所是。相信你的直覺，以便你對發生的具體事件和意外的處理自然而然地出於知念和慈悲。如此，一個人可以處理具體事件或日常事物，不再是基於理想化，或個人化地抓住戒律不放。

八正道，包括正語、正業、正命[3]來自於正見。換而言之，具有正見，你即可對事故、日常雜務、家庭生活、工作、出家生活，諸如此類做出適當反應，你開始將之集成到你的生活之中。不要把佛法放在佛龕上頂禮膜拜，佛龕同寺廟中的佛像一樣是讓你憶念、反思，而不是投射[4]之用。我曾參與一座廟中的佛像製作，對這一過程饒有興趣。在泰國，佛像的塑造依然沿用古法，所以我可以參與其中的每一個環節。他們做得十分精美，看著令人驚歎，最後舉行了佛像的開光典禮。人們把模具置於地上，將熔化的青銅倒入其中。泰國的婦女會拿出十分珍貴的項鏈、手鐲等首飾，將其投入容

---

3 八正道為正見、正思惟、正語、正業、正命、正精進、正念、正定。其中正業（right action）又為正行；正命（right livelihood）是指正當的謀生手段，如不販酒，不作屠戶。

4 作者這裡用的投射（projection）從前後文看，指的是心理學上的投射。心理學中的投射為人的一種心理防禦機制，否認自己所生，將其歸於外界，故又稱轉移。

器中將其熔化，讓人十分感動，或者她們把金子交給你，熔化之後，你將之傾入到佛像的頭部。一些英國來的居士也會把自己的婚戒奉獻出來。

這是一個古老的儀式，但讓人看來還是感動不已。為這尊佛像，他們首先做一個小的蠟模，然後徵求眾人的點評，看看袈裟、嘴、鼻、任何地方有無當改之處。你若說鼻子應當大一點，或是嘴應當有些不同，他們十分情願做出改變。後來，它被帶來置在廟裡的佛龕上。坐在它的面前，我會生出一種這個巨大的金像在審視我的感覺。最初，我覺得它是在批評我，因為儘管做了多年的努力，我也不能做到自己理想中的樣子。後來，我在經中讀到佛陀稱一位僧人為「愚僧」後，便想像那也是在說我。

我注意我的反應，為什麼我必須要這樣看這佛像呢？事實上，這尊佛像無時不在祝福我。在佛堂中心坐於其前，一旦我改變我仰望它的心境，就感覺到它總是在祝福我。這是一個反思，它只是一個銅像，但是我們對如何看待事物可以選擇，我們並非注定總要以同樣的態度對待各種情勢。佛陀是祝福，佛陀為我們祝福，而這知念也成為祝福。當你信任知念，你的生活便在福照之中，而非災禍或詛咒。所以，你從一個自愧、妄自菲薄、充滿畏懼、焦灼、憂心忡忡的人，搖身一變成為一個在福照之中生活的人，只要你能夠掌握知念和覺知。之後，一切都會在福照之中。

記住這些十分有益，因為人們很容易掉回到自我意識、妄自菲薄的畏懼和焦慮、有為世界中的習性之中。知念給我得到祝福的感

覺，這甚至延至身體，我之所是。這不再是那個評判之心對自己的為人做出種種價值和道德上的判斷，而是一個祝福。這裡是你的熱誠增長之處，因為身見慣於讓你批評、不自在、不安全，知念超越這些。通過悲、苦、癡的意識經驗不再是我所選之路，而是覺醒或覺醒的可能，我們在這裡的所作、注意、觀察、見證，這是受到祝福的存在狀態，一種自然狀態。在這之中，瑕疵、病痛、殘疾、悲劇或生活中的麻煩，都不再我們的意識中困擾不已。如是，我們不再如未獲這一洞見之前一般，為悔、疚、懼、悲、瞋、癡所吞噬，而毀掉自己的人生。

走向未來

這是最後一天，心可以開始考慮未來了。讓我們來反思一下我們在這裡過去十天的收穫，不是以好壞或其他標準予以評判，而是從事如所是出發。此時此地的當下、正規的閉關禪修、八戒、三寶、靜坐、課程安排、聽到我講的話、對你們發生的影響。現在結果在此，就是這個認知，事如所是。傾聽、觀察，而不是對自己有多麼好、壞、平靜、困惑的一個表述。那樣的話就又是價值的判斷了，一種設想的意見或者價值判斷，而不是僅僅做為一個接收者，事如所是。

對時間、將來和未知反思：你今天回家，明天上班，但是這些事件尚未發生。這不是記憶，而是可能、預期、期望，這些是我們當下營造的心態，預期和期望就是這樣。你可能對明天充滿恐懼，或抱著希望。

在此時此地的當下，明天並不可知。如是，這其中有知，知其不知。或者知是一種心態，例如預期、期望或臆想明天或此或彼。這些對將來的展望，都是我們在當下營造的心相。

過去是記憶，所以對這個禪修的記憶僅是記憶而已。你注意到記憶去而復來，轉瞬即逝。記憶是一種生滅不已的狀態，它既無核心，亦無實質，所以過去是記憶。我們記得過去，人心乃如是。我們有可追溯的記憶，所以可以記得多年前所發生的事情。有些人失去記憶，他們雖還有意識，但是那些來自對記憶的信任和依賴的安全感則不復存在。此時此地安住於當下乃是解脫，這非關記憶、過去或將來，我從對時間的冥想獲得諸多洞見。此時此地，昨日為何？對曰：一個記憶。如是，我指向事如所是。我不否定或評判我對昨日之所記，我在之上不再營造其他。對於記憶，我只是識之如法。

從與人相處的角度對此予以探索，我將回到位於戚赫斯特的道場，但是戚赫斯特現在為何？它是記憶而已，不是嗎？一個認知。我記得「戚赫斯特」，我在那裡有很長的歷史，對搬家的過程，失修的房屋，還有二十五年間發生的種種往事都有許多的記憶。但是當下的實相，戚赫斯特以及我對它的記憶，僅僅是記憶而已。當你探索記憶，你會強烈地停止相信，你也並不活在其中，般若在這個意義上是覺知事如所是，而不是抓住觀點、意見和記憶所激發的情緒不放。或者，我們還可以把這個用在對人的記憶上，比如你的母親現在何處？

「母親」這個詞是一個會浮現的記憶。我記得十三、四年前母親過世之時，想到母親，我對她和她逝世的記憶就會浮現。即使你的母親仍然在世，在這一時刻你會想到她，比如她在倫敦還是在愛丁堡呢？在此刻，那是一個認知、一段記憶。相對於當下，那是一個認知，那不是母親，那是一個記憶。我們探查事如所是，五蘊。我們生活在一個虛幻的世界，記得事情並認為我們瞭解人們因為我們存有對他們的記憶，而實際上此時我們對他們的記憶只是此刻心中生息不已的一個稍縱即逝的狀態。所以，如果你對某人有不愉快或不幸的記憶，一聽到此人的名字，你的記憶會如此啟動——「難以相處，不好對付，固執，不可能搞好關係。」你所面對的是對其人的記憶，而非其人。你記得此人脾氣倔強，難以相處，但這只是當下對此人所生出的記憶。

　你於是會預想與此人的會面：「啊，我們明天會見面。那會是麻煩。」這種預想發生在當下。我必須明天見面，我知道會遇上麻煩，所以讓我對這些麻煩做好準備。這是事如所是——預想、期望、希望、害怕，所有這些不要置之不顧，而要從佛法出發，將心安住於當下，亦即 paccuppanna-dhamma[1]，此時此地。當你真的與他會面，與他一對一在一起，你若信任當下的知覺，便不會從記憶中來看此人。我有這種傾向，一旦形成對你的意見，見面時會從記憶看人和行事。如此，我看到的你會有扭曲，而不是接受你如你當

1　現前法。

下所是。

當我回到自己的茅蓬，回想起什麼人，想到的就不是什麼人，對嗎？它是記憶而已。如此反思，幫助我們打破那種人是一成不變的幻相。如果我們將此看破，那麼我們就可以從知念而不是從反應、成見、偏見、假想出發與人相交。五蘊——色、受、想、行、識是佛陀在觀想中所用的善巧方便，一個方法，有時又被稱為「五堆」[2]。我頗為喜歡這個說法，一堆色，一堆受，一個堆就不一定整齊，不是嗎？不像你的電腦那樣有高效率的安排。你想到堆的時候會想到一堆這個、一堆那個、一堆什麼東西，猶如一個花樣無窮的世界。堆中可以是形形色色的東西……你鑽進堆中會迷失於其中，如此，你若用自己的一生試圖來整理每一個堆，就會迷失於其中，毫無希望。

這猶如數恆河之沙，試圖根據差別、類型、細、粗、微觀、宏觀來理清所有的東西。這是一個人做不到的事情，只有上帝才有可能。佛陀用手中的樹葉來做比喻[3]，他不是遞給我們一堆又一堆的法。那樣，我們就會感到無從著手，在堆中喘不過氣。而五蘊，五片樹葉，是我們可以應付的。你若對其反思，就會知道這五個種類是對我們所見予以劃分，從不同的角度來看同一事情的方法。「諸

2　五蘊（khandhas），亦稱五陰。玄奘首用五蘊，其中蘊一字本有含蘊藏之意。在英文中，五蘊一般譯為 Five Aggregates，大致是五集之意。這裡說到的 Five Heaps，我們且譯作「五堆」，強調的是含蘊之所。

行無常」是一個反思，如此，從當下來看所有五蘊乃是本性無常。

六處是另外一種檢查感覺的途徑：包括見、聞、嗅、嘗、觸、念。所以，我們將佛法、佛的教導，做為探查當下體驗的善巧方便，包括無窮盡種類的感覺、認知、和念想；地、火、水、風四大和行的諸般形態。做為一個常人，我們不能應付所有這些，實在多得不可承受，所以我們專注於一個方面中的一個小方面。佛法，當下的知念，並不是要弄清所有的行，比較它們、判斷它們、整理它們、將它們歸檔，那猶如數恆河之沙。你若曾來到恆河之濱，你就會知道那裡的沙如此之多，即使給你一個立方英尺，也不是你可以勝任的。試著數清所有的沙粒只是枉費心機，浪費你的生命。「此河有多少沙子？」荒唐，我們無須知道，我們無須知道所有事物的

3　這一用樹葉所作的比喻源於《相應部》五十六：十三。「一時，佛在憍閃毗尸舍婆林，他拾起一些葉子，拿在手中，問諸比丘道：『你們意下如何？諸比丘，是我手中的葉子多呢，還是林中樹上的葉子多？』『世尊拾在手中的葉子少，世尊，林中樹上的葉子甚多。』與此類同，諸比丘，我直接識知之事多，我告訴你們之事只是一少許。何以我知而不說？以其無實益，不增益梵行，不領人趨入捨離（煩惱）、祛除、止息、平靜、見道、悟道與涅槃故。以此之故，我不說其事。那麼，我告訴的你們的是什麼呢？『此是苦，此是苦集，此是苦滅，此是滅苦之道。』這便是我對你們所說的。何以說這個呢？以其有實益，增益梵行，領人趨入捨離（煩惱）、祛除、止息、平靜、見道、悟道和涅槃故。是故，諸比丘，將汝之修道設定為：此是苦，此是苦集，此是苦滅，此是滅苦之道。」（《親近釋迦牟尼佛》第十二章。）

一切。

如法知事如所是，這諸行無常將其簡化。連同五蘊、六入，這些不過是通過指向身體[4]，指向由受、想、行、識而來的感覺來反省當下的方法。其中的識最有意思，因為我們須通過無明來體驗它。識於是須通過認知，通過執著，通過記憶，通過對其他四蘊的認同。我們由於色、受、想、行而有識。通常，我們通過執著而有識，所以我們傾向於從記憶、習性、對身體的執著出發看待事情。

我們理所當然地假定我們就是自己的身體：「我是此身，及此身的所有，它的年齡、性別、高度、尺寸、顏色、相貌都是我。」我們對此不予探究。這是無明，這是從不曾受到質疑的習見「此身是我」出發而行事。我們用內觀而不是先形成意見或採納什麼觀點來調查身為何物，「啊，佛陀說，身無自性，所以我相信它無我。」這可以說是強加之見。「佛陀說此為真，我相信之：此身非我之所有。」但是你並未調查，並未真正看到，你是抓住佛陀之見，這不是解放。

追究、反思，乃是觀察事如所是。這也是為什麼在身念處對身體觀照時，我們讓身體進入意識，做為當下的體驗而覺知它：坐、立、行、臥的姿勢；呼吸；冷熱；樂、苦、不苦不樂。記得我開始

4　身體，此處原文為 body。從前後文看，這是在說巴利的 rūpa，亦即「色」。阿姜在本書中多次將 rūpa 譯為英文的「body」，亦即漢語的「身」，我們在此保留書中的原文之意。

這一修習時，到圖書館翻看一本有彩色插圖的人體解剖書，展示肌肉、神經、器官、肝、脾會簡單很多。那是簡單得多，我習慣到書上尋找答案。但是，我們想明白的是肝、脾、骨、血、心、腦於現前，這裡另有奧祕在當下之中。

教育使得我們依賴於圖表、插圖、圖解，向外看來找現實，而不信任對此身乃如是的知覺。那些解剖書中的插圖代表的究為何物呢？是我當下所受的體驗。如是，試著將肝對象化，我假定它在其所。但是，我們並不是在這個層次上運作，通過「肝」、「胰」、「腸」等詞彙來感覺每個器官的存在，而是用覺知做為手段來反思這肉身之有限的現實，就像我們現在正在感覺到的，通過對當下的知覺而體察。所以，運用四威儀的姿態和呼吸與你的身體接通，以完全不同的方法來觀察它，此為我身，你甚至可以拿出一副自詡的姿態來做這一練習。這就是我們所說的正念，這種對當下涵括一切的直覺的知念，當下此身乃如是。用巴利詞 rūpa 來說身體，是對我們的一個提醒，這個巴利詞讓我把注意力放在這個身體如當下我之所受：坐姿的壓力、右拇指的觸摸、微微的捉握、左手的無名指。

那麼，是什麼覺知身體在當下的諸種體驗呢？我的身體能夠看到它自己嗎？我的右手可以看到左手嗎？或者說又是什麼在覺知呢？現在，我能覺知我的右手、左手、雙手一同、全身或身體的一部。知念涵括整個身體，如果我們認識到這一點，那麼我們會開始注意到身體的不同狀態和感覺。如是，這個意識，它是 viññāṇa。當我們出生之時，我們由身形而具意識。嬰兒出生之時，它是獨立

的，當臍帶被切斷時，它成為一個獨立的身形而具有自己的意識。我們並未創造這一意識，這不是一個人造的體驗，它是自然的，意識無我。我們可能會說「我的意識」，但是那僅是記憶而已。意識乃如是，直覺的知念使我們得以認知意識乃是知。它給人無量，不可量的感覺，它無邊無際。當下你若在知念之中，那麼意識就在運作之中，你並不將你的體驗與一個特有的形態相聯。

這也是為何認識純然知念、意識和智慧、辨識事如所是如此之重要。誕生之後，外界的調教過程就開始了，我們從習性和無明出發而行事。內觀禪修是智慧地應用意識，此乃佛陀為我們所指，此乃意識之真相。我們都有意識，而意識不是個人化的，沒有「我的意識」，亦無「我所」，除非你如此作想，抓住此等幻相不放。但這是一個由意識而形成的宇宙，不是嗎？

宇宙是一個統一的整體，宇宙的整體乃是意識，而此乃為意識的真相。萬物含於其中。但是我們由無明而來，我們對意識的體驗受限於記憶和條件影響。所以，我們視己為獨立的形體，並為後天所得的特有習性和認知所限。

這次禪修乃以打破此幻象為旨，它向你的意識輸送智慧。龍婆查用到 obrom 一詞，它的意思是告知，通過知念和智慧來教你事如所是，以便我們不從後天而得，源自無明的思維和認知出發而行事。如果我們不懂得事如所是，如果我們沒有覺醒，我們會製造幻相並相信它。而這意味著有所遺失、有所錯誤、有所缺失、有所過失，而我們會以為那都是針對自己的，我們會看到我們自身或這個

世界的不足之處。「為何我們不能和平相處，不再戰爭？」我們有這樣的理想，「如果……會有多麼好？」如果每件事都是美好的該有多好啊。但是從緣起法上講，既然美好須有其緣起，你又怎麼可能要求諸事如意呢？要感覺美好，你必須具有美好之感所依的緣因。

　　如此，心行、輪迴，有為世界乃如是。對此人身而言，它不外是一種煩擾，我們生具此形，這煩擾是免不掉的，直至死亡。我希望這樣說不會讓你苦悶。你能感覺舒適地坐上多久而不受飢渴之擾，或你一生的多少時間用在了減少煩擾之上？此乃我們有肉身之故。你如何控制一生，使其除了美好別無他受？條件如其所是，但是它們苦樂俱有，從我們當下的體驗上來說，從最好到最壞都可在其中。如是反思，不值得試圖隨時都讓諸事盡如人意，因為你必不能成功。這猶如水中撈月，何苦為之？覺醒和反思乃是解脫之道，視事如所是，令智入識，而不再當條件影響之下那無助的犧牲品。

勿袪惑，莫祈福

　　我曾經對困惑深惡痛絕，我喜歡確定性和心的清晰。每當遇到困惑，我就會試圖尋找某種清晰的答案，以去除情緒的困惑狀態。我會把自己的注意力從中轉移，或找別人來給我答案。我找權威、阿姜和名人來對我說，「此對彼錯，此好彼壞。」我想要明白，需要什麼人，可敬可信的權威人物來給我指點迷津。

　　有時我們以為好的師父、禪修、戒條、皈止，一個善妙的僧團會讓我們感到非常高興，並解決所有問題。我們尋求幫助，指望這個或那個會來相助。這如同期望上帝來到苦難中解救我們，而他沒有如此做時，我們就不再相信他了。「我求助於他，他沒有回應。」這是一個孩子看待生活的作法。我們惹了麻煩，指望媽媽、爸爸來拯救，收拾我

們造成的亂局。

多年前，我變得十分困惑，由於我發現了一個美國來的尼師離開了僧團，皈依了基督教。我剛剛對另一位尼師說道「她真好。她如此智慧，心是如此清淨。她可做為你僧尼生活中的榜樣。」聽到消息，我感到十分尷尬、困惑。我想，「她怎麼會這樣做？」記得我問我的師父阿姜查，「她怎麼會這樣做？」他看著我，現出調皮的微笑，說道，「也許她是對的。」他讓我看到自己當下所為──警備、多疑、想要清楚的答案，想弄明白，指望他告訴我她背叛了佛教。所以，我開始檢視困惑。當我開始對它敞開、完全接受它，它就走開了。迷惑一旦受到承認，它就不再是一個問題，它似乎就會消逝到空氣之中。我意識到我會多麼抵抗困惑。

靜坐時，我們會注意到一些艱難的心態：不知如何是好，對修行、自身，或生活感到困惑。我們修行不是試圖去除這些心態，而是承認這些心態帶來的感覺，此為不定性；此為不安全感；此為悲、惱；此為憂鬱、擔憂、焦慮；此為畏懼、厭惡、內疚、悔恨。我們可能有理由說一個健康正常之人就不會有這些負面情緒，但是「正常人」這個概念本身就是一個心生的想像。你認識一個完全正常的人嗎？我不認識。

但是佛陀講到另一種人，他傾聽、注意、覺醒、留意當下，他的心開放、接收，信任當下並信任自己，這是他給我們的鼓勵。我們靜坐的本意，並非在於努力去除自身的各種染污、過失，以成為什麼更好的東西。應該在拿出開放的態度、留意生活、體驗當下、

信任我們接收生活經驗的能力。我們不必對此有任何作為，我們不必矯正扭曲的部分、解決所有的問題、為每件事找到根據，或者使每件事都更好。說其究竟，在我們生活其中的有為世界裡，總有什麼是不對頭的：我自己、我寺廟的同修、這個閉關中心、這個國家。條件在不斷的變化之中，我們不可能找到永遠滿意的狀態。在事情順利如意之刻，我們可能會有登峰造極的體驗，但我們不可能將之長期維持下去。我們不可能在吸氣之極端上生活，我們必須呼氣。

生活中的好事，那些快樂時光、熱戀、成功、好運也是。這些事情毫無疑問是悅人的，不當輕視，然而我們不可將信心放在正在變化過程中的事情上。事情達到極端，必然會走向反面。我們不當皈止於金錢、他人、國家或政治制度、人際關係、好房或好道場。可以皈止的是我們自己覺醒的能力，注意生活，不管當下它處在何種條件之下。這種簡單的承認事情如其所是，連同其無常之性的意願，能夠把我們在情緒和意念的鬥爭中，從執著的魔掌中解脫出來。

注意試圖抵抗或去除不好的念頭、情緒或痛苦是如何之難。抵抗的結果會怎樣？當我欲除心中我所不欲，我會為之纏擾。你會如何呢？想一個你無法忍受的人，一個曾經嚴重傷害你的感情的人，心中浮現的憤怒和怨恨之情就會占據我們的心。我們會小題大做，觸到一個又一個的痛點。觸到愈多，我們就愈是無法擺脫。

你可在靜坐時嘗試看看，注意一下你不喜歡、不想如此、痛恨，乃至害怕的事情。當你抵抗它們，你實際上賦予了它們力量，

給予它們在你的意識體驗上作用了巨大的影響力和力量。然而,當你歡迎它們,對生命之旅的一切開放,不管是好是壞,會怎樣呢?根據個人經驗,我知道當我接受和歡迎有為的經驗,事情就會離我而去。它們有來,它們有去。我們實際上是把門打開,把所有的恐懼、焦慮、擔憂、不平、怒氣和悲傷都放進來,這並不意味著我們贊許或喜歡所發生的一切。

這不是要做道德評判,而是抱著歡迎的態度來承認我們正在經歷的感受,不管它是什麼。不要試圖去除或抵制,不執著,不與之認同。只有在我們能夠完全接受一個事物如其當下存在的樣貌,我們才會開始看到那種狀態停止。

佛陀所講苦之解脫不是苦之終止的本身,這實際上是為你提供的一個選擇。你或可陷於你所受之苦中,執著於它,為之所執;或可抱著接受、理解的態度面對它,而不是對所受之苦火上加油、心生不平、抱怨自己是如何不幸。即使在證悟之後,佛陀還是經歷著各種可怕的事情。他的堂弟企圖謀害他[1],有人試圖誣害他、責備他、批評他,他患上嚴重的疾病。然而,佛陀沒有在這些經驗之上另外營造出痛苦,他的反應從來不是怒氣、怨恨、瞋怒或指責,而是知受。

知道這些於我萬分寶貴,它教會了我在生活中永不祈求恩惠,

---

1 這裡所指是佛陀的堂弟提婆達多,數次企圖謀害佛陀。《親近釋迦牟尼佛》一書中〈提婆達多〉一章對此有所專述。

或企望通過靜坐而避免不快的經歷。「上帝，我出家三十三年了。我做為你的好子民請你賜福於我。」我曾經如此禱告，但是從不靈驗。接受生活而不祈福的態度會帶來很強的解脫之感，因為我不再覺得需要為自己的利益去控制和操縱各種條件，我無須為自己的將來擔憂或焦慮。這其中有一種信任和信心，和一種無畏，它源於對生活抱著信任、輕鬆和開放的態度，對生活經驗予以反思，而不是抵抗或被驚嚇。你若願意從生活之苦中學習，你將會發現你心如須彌，巍然不動。

附錄一：開示年月時日

附錄一　開示年月時日

附錄二：巴利語彙表

下列語彙多為上座部佛教藏經（Tipiṭaka）所用的巴利詞。為便於讀者的快速查閱，我們這裡僅對這些辭語給出簡短的翻譯，而不是全面和細緻的定義（尾附有「＊」者，為文中出現而未列原表的巴利詞彙）。

Abhidhammā：論藏，三藏之一。

Acariya＊：師父、阿闍黎。

Ajaha：（泰）師父；由巴利語 ācariya 而來，在阿馬拉哇奇，指比丘，或完成了十次結夏的 sīladharā。

Akāliko：永恆、不變。

Amata：永生、不死。

Anāgāmi：不來果、阿那含、三果。

Ānāpanasati：安那般念、安般念、入出息念。

Āyatanas＊：處（六根、六塵合為十二處，分別為眼處、耳處、鼻處、舌處、身處、意處、色處、聲處、香處、味處、觸處、法處）。

Anattā：字意為「非我、不我、無我」，亦即不具個性，無自性；非我亦非我所。「諸法無我」為三法印之一。

Aniccā：短暫、無常、不定、有生有滅，三法印之一。

Appamana＊：無逸的、熱忱的、注意的、仔細的；無際的、無限的。

Arahant：阿羅漢，圓滿覺悟者，巴利藏經中斷盡煩惱，不受後有，脫離生死的果位。

Ārammaṇa：心念對象；在泰語中，亦用以指心境、情緒。

Ariya：神聖、聖者。

Asubha：不美、不淨。Asubha-kammaṭṭhāna 為不淨觀。

Attā：本意「我」，亦即自我、個性。

Attakilamathānuyoga：禁欲、苦行、自虐、苦行為事。

Avijjā：無明、無知、癡。

Avijjā-paccaya saṅkhārā：無明緣行。

Bhava：有（十二緣起一支）。

Bhāvanā：禪修、修行。

Bhikkhu：比丘，受具足戒之男僧。

Bodhisattva：（梵文）字面的意思為「趣向圓滿證悟者。」大乘佛教中又指有意推遲證悟，以發展波羅蜜，普度無量眾生之人。漢傳佛教中的傳統音譯有菩薩、菩提薩埵等。

Brahmā：在最高天界的大梵天王。

Brahma-loka：大梵天界。

Buddha-rūpa：佛像。

Buddho：佛、覺醒之人、知者、知。

Chao Khun：（泰）泰國國王授予的僧侶名號。

Citta：心。

Cittānupssanā：觀心念住。

Dantā：牙。

Desanā：說法、開示。

Deva, devatā：天神、天人，亦簡稱為天。

Devadūta：字面上為「天使」，有四種：老、病、死、沙門。

Deva-loka：天界。

Dhamma：藏經所含佛的教導（佛法）；本質上不是經院的教條，而是度弟
　子到彼岸的舟筏。亦指佛教超越文字、概念和理性的真如實相。

Dhamma-Vinaya：佛法並戒律。

Dhutaṅga：苦行、頭陀行。

Dosa*：瞋、怒。

Dukkha：字面上，「難以忍受」之意。病、不滿足，或苦、焦慮、衝突。
　有為法的三個特徵之一。

Dzogchen：大圓滿法，藏傳佛教的最上乘法門。

Ehipassiko：來見的。

Ekaggatā：一心性、一境性，讓心集中一地。音譯作醫迦阿羯。

Farang：（泰）外國人、老外、西方人。

Hīnayāna：小乘，早期大乘佛教宗派編造 Mahāyāna（大乘）佛教宗派編造
　的辭語。佛教三大流派之一，見 Theravāda。

Idappaccayatā：相依性：「此生故彼生。」

Jāti：生、誕生。

Jhāna：漢譯禪那，禪定達喜、樂及心一境性的狀態。

Kāmarā-carita：貪性。

Kāmasukhalikānuyoga：享樂行（苦行之對），沉迷欲樂。

Kāma-taṇhā：欲愛、感官的欲望。

Kamma：業、業績，由身、口、意而生。常被用指業果，但此種應用其實
應加上 vipāka。

Kamma-vipāka：業果。

Karuṇā：悲。

Kāyānupassanā：身念、觀身、繫念於身。

Kesā：頭髮。

Khanda：蘊、蔭；色、受、想、行、識之一。

Kilesa：心中的染污、煩惱。

Kuṭi：茅蓬，森林派僧侶典型的居所。

Lobha：貪。

Lokavidū：世間解，佛十號之一。佛有十號，分別為如來、應供、正遍知、
明行足、善逝、世間解、無上調御丈夫、天人師、佛、世尊。lokavidū 為
其中「世間解」，知世間和出世間一切理，知世間起因，知世間之滅和滅
道，故稱「世間解」。

Lomā：皮膚上汗毛。

Luang Por：（泰）師父。對年長的和尚和禪師表示敬愛的稱號，漢語中通常音譯為「龍婆」或「隆波」。

Magga：道。

Mahāyāna：大乘，三大佛教傳統之一。以利他、大悲和親證「空性」為成道之本。

Majjhimā paṭipadā：中道。

Māra*：本書中用意為死亡，亦指魔、魔羅、魔王、魔障。漢字中「魔」字，實為此字或與其對應梵文（mara）的音譯。意為「殺者」、「障礙」。係梁武帝所定之字，之前譯為「磨」。

Mettā：慈，四無量心（慈、悲、喜、捨）之一（亦作四梵住）。

Moha：癡。

Muditā：喜，四無量心（慈、悲、喜、捨）之一，同情之樂，隨喜他人之樂。

Nakhā：指或趾甲。

Nibbāna：本意為「火之熄滅。」從執著中的解放、息止、冷卻。對事如所是開悟的基礎。

Nibbidā：厭離，對世間倦怠。

Nirodha：滅。

Opanayiko：導向（涅槃）的（正法六特徵之五）。

Paccattaṃ veditabbo viññūhi：智者須自證的（正法六特徵之六）。

Paccuppanna-dhamma：現前法、當下法，指心中當即現起的現象。

Pāli：上座部佛教藏經所用，印度的一種接近梵語的古老語言。上座部佛教的藏經，延伸為這些經典所用的語言。

Paññā：般若，抉擇和審思的智慧。

Papañca：念念相生，繁化的思想。古譯「戲論」。

Paramattha-dhamma：最終的真相，究竟實相（漢傳佛教中究竟法）。

Paramattha-sacca：最終的真理，究竟義（漢傳佛教中勝義諦，與世俗諦相對）。

Pāramī：圓滿（的途徑）。漢譯「度」，「波羅蜜」。上座部佛教中的十波羅蜜為：施捨、持戒、出離、般若、精進、忍辱、誠實、決意、慈、捨。

Pariyatti：佛學，特別指對藏經從概念上的學習。

Paṭiccasamuppāda：緣起法，十二緣起，解釋諸心法生息之間的依賴關係。

paṭipadā：道、路，如中道為 majjhimapaṭipadā。

Paṭipatti：行、實修，修持佛法相互交叉的四個步驟「信、解、行、證」之一。

Paṭivedha：對佛法的證得。漢譯「通達智」。

Pen Paccattaṃ：（泰）須自證。

Phra：（泰）尊貴的。

Piṇḍapāta：乞食、托缽。

Pūjā：法會、唱誦、禮拜等等。

Rūpa：色，構成身體的「地、水、火、風」四大（分別有堅實、溼潤、熱焚、輕動之用）。

Saddhā*：信、相信、信心。

Sakadāgāmī：斯陀含，一還果（四果之二）。

Sakkāya-diṭṭhi：身見。古譯「薩迦耶見」。

Sālā：娑羅、殿堂，僧侶進食和舉行儀式之所。

Samādhi：定、三昧、三摩地。

Samaṇa：持戒、禪修者，指出家人。漢譯「沙門」。

Samatha：止、定、定境。古譯「奢摩他」，與三摩地近意。

Sammā：正。八正道：正見、正思惟、正語、正業、正命、正精進、正念、
正定中所用之正。

Sammā-ditthi*：正見、諦見，八正道之首，對世俗諦和第一義諦如理如實的
見地。

Saṃsāra-vaṭṭa：生死輪迴。

Samudaya：集（如「集諦」）、來源、起因。

Saṃyojana：字面之意為「枷鎖」。漢譯「結」。障礙解脫有「十結」。

Sandiṭṭhiko：明顯的當下。漢譯「現見的、自見的」，亦為正法六徵之二。

Sangha：僧伽、實踐佛道之眾，特指其中奉守托缽乞食的男女出家眾。

Saṅkhārā：心所形成的，又泛指緣起的諸般現象。漢譯為「行」，五蘊之
一。亦為十二緣起之的一支「無明緣行」。亦用在「諸行無常」。

Saññā：知覺。

Sati：繫念、覺知、專注觀察。漢譯為「念」，常用以代指「正念」，亦有
音譯作「薩提」，八正道之一為正念（sammā-sati）。

Sati-pañña：字意為「覺與慧」。

Satipaṭṭhāna：念的四種基礎。漢譯四念住、四念處（身、受、心、法）。

Sati-sampajañña：字意為「念與知（智）」。漢譯分別作「正念、正知」。

Sīla：戒，亦指戒條。漢古音譯「尸羅」。

Sīlabbata-parāmāsa：對儀軌、儀式的執著，對戒和修行的固執。漢譯「戒禁取結」、「戒禁取見」。

Sīladharā：「持戒德者」，阿姜蘇美多一九八三年起在戚赫斯特寺創見的尼僧團。據前文亦指「十結夏尼」，又有說指「十戒尼」。

Soka-parideva-dukkha-domanassupāyāsā：愁、悲、苦、憂、惱。

Sotāpanna：「入流者」，確定趣向涅槃者。漢音譯「須陀洹」。

Sotāpatti：入流。

Sutta：佛或佛的弟子所作的開示。

Suññatā：空。

Taco：膚。

Taṇhā：渴愛。

Tathā：真如、其是、事如所是、如是、如此。

Tathāgata：佛號，「如來」。

Tathatā：如是、如此（名詞）。

Theravāda：字面之意「上座部教」，原始佛教之名，經文用巴利。

Tipiṭaka：「三藏」Theravāda 的巴利藏經。

Upādāna：執著，為十二緣起中稱「取」，愛緣取。

Upajjhāya：授戒師。

Upasampadā：受具足戒，成為比丘，加入僧團。

Upāya：善巧、方便、用各種不同方法體證佛法。

Upekkhā：平靜、平等心、捨念清淨、捨。

Vajrayāna：金剛乘、密宗，主要與藏傳佛教相關，廣用符、咒。

Vedanā：受，對苦、樂、不苦不樂的感受。

Vibhava-taṇhā：無有愛、去除之欲，與 bhava-taṇha「有愛」相對。

Vicikicchā：疑。

Vinaya：戒律、律藏、毗那耶。僧人的戒法、律藏。

Vijjā*：明、覺知。

Viññāṇa：識、識別、根識、意識。

Vipassanā：內觀，又稱毗婆舍那，一種禪修方法。

Virāga*：由 vi 和 rāga 兩字組成，意為「不有愛欲」或「無欲」。

Viveka：遠離、解縛、獨處。

Wat：（泰）寺、廟、道場。

Yāna：乘、車，特指佛教的某種傳承。

Yoniso Manasikāra：智慧的反思、「尋其究竟」。漢譯「正思惟」，玄奘譯
「如理作意」。

附錄三：漢巴英佛語簡釋

為方便漢語讀者的查閱，譯者在此處（僅）收集了書中出現的，或與其內容相關的一些基本佛教語彙。此處給出每一詞條的漢文、巴利、英文對照。在有些地方，用現代漢語對古譯做出詮釋。詞條中以數字開頭的按數之大小排序，其餘按筆畫多寡排序。

三結：見「十結」中之前三結。

三毒：[巴] akusala-mūla [英] Three Poisons 指 (1) 貪 [巴] lobha [英] Attachment, greed; (2) 瞋 [巴] dosa [英] aversion, hatred; (3) 癡 [巴] moha [英] ignorance（別稱）三不善根。

三界：指 (1) 欲界 [巴] kamadhatū [英] Realm of Desire; (2) 色界 [巴] rūpadhatū [英] Realm of Forms; 和 (3) 無色界 [巴] arūpadhatū [英] Realm of Formlessness在佛教中合為「三界」。

四聖諦：[巴] cattāri ariyasaccān [英] The Four Noble Truth; 其中 (1) 苦諦 [巴] dukkha ariyasacca [英] The Noble Truth of Unsatisfactoriness; (2) 集諦 [巴] Dukkhasamudaya Ariyasacca [英] The Noble Truth of the Origin of Unsatisfactoriness; (3) 滅諦 [巴] Dukkhanirodha Ariyasacca [英] The Noble Truth of the Cessation of Unsatisfactoriness; (4) 道諦 [巴] Dukkhanirodhagāminīpaṭipadā Ariyasacca [英] The Noble Truth of the Way Leading to the Cessation of Unsatisfactoriness.

四果四向：(1) 須陀洹向 [巴] sotāpanna-magga [英] the path of stream-entry;

和須陀洹果 [巴] sotāpanna-phala [英] the fruit of stream-entry, 漢譯入流;
(2) 斯陀含向 [巴] sakadāgāmī-magga, the path of once-return;和道斯陀含果
[巴] sakadāgāmī-phala [英] the fruit of once-return, 漢譯一還; (3) 阿那含向
[巴] anāgāmi-magga [英] the path of non-return; 和阿那含果 [巴] anāgāmi-
phala [英] the fruit of non-return, 漢譯不還; (4) 阿羅漢向 [巴] arahatta-magga,
[英] the path of arahantship;和阿羅漢果 [巴] arahatta-phala [英] the fruit of
arahantship, 俗稱羅漢。[義釋] 這裡的向，亦稱道，指在對應的果位的修行
道上。四果亦分別稱為初果、二果、三果和四果。四向四果合為修行的八
階，又稱四雙八輩。四向四果中，初果道稱為賢人，初果以上為七聖，合
稱八賢聖。三寶中的僧寶指的是八賢聖。

四大：[巴] cattāro mahābhūta [英] Great Elements [義釋] 佛教中的四大元素
為 (1) 地 [巴] pathavi-dhātu [英] earth; (2) 水 [巴] āpa-dhātu [英] water; (3) 火
[巴] teja-dhātu [英] fire; (4) 風 [巴] vāyu-dhātu [英] air or wind [義釋] 四大一
般的順序為地、水、火、風。本書中有時出現的順序不同，這種情況下
一律照譯。如書中提到，巴利經文中出現四大的地方有時還會加上空間
(ākāsa-dhātu) 和意識 (viññāṇa-dhātu)，而構成六大。

四無量心：[巴] Brahma-vihāras [英] abodes of brahm為 (1) 慈 [巴] mettā [英]
loving-kindness; (2) 悲 [巴] karuṇā; the wish for all sentient beings to be free
from suffering; (3) 喜 [巴] muditā [英] joy in the accomplishments of a person–
oneself or another; (4) 捨 [巴] upekkhā [英] accept all with detachment, see all
sentient being as equal [義釋] 受樂苦無別無著，視眾生無親無敵。（別稱）
四梵住。[義釋] 持四無量心者入生梵天。

四念住：[巴] sapaṭṭhāna [英] The four foundations of mindfulness。為 (1)

身念住 [巴] kāyānupassanā [英] mindfulness of the body; (2) 受念住 [巴] vedanānupassanā [英] mindfulness of the feelings; (3) 心念住 [巴] cittāpassanā [英] mindfulness of the mind; (4) 法念住 [巴] dhammānupassanā [英] mindfulness of the mind object.

五蘊：[巴] khandha [英] The (5) Groups, The Aggregate。為 (1) 色 [巴] rūpakhandha [英] Form or Matter; (2) 受 [巴] vedanā [英] feelings [義釋] 感覺; (3) 想 [巴] saññā [英] perception [義釋] 感知; (4) 行 [巴] saṅkhārā [英] mental formation [義釋] 心中對象之形成; (5) 識 [巴] viññāṇa [英] consciousness, mental factors, corporeality.

六徵：正法的六個特徵 (1) 善說 [巴] svākkhāto [英] well proclaimed; (2) 自見 [巴] sandiṭṭhiko [英] visible beneficial result; (3) 無時（即時）[巴] akāliko, immediate benefits; (4) 來見[巴] ehipassiko [英] come and see; (5) 導向涅槃 Opanayiko, leading to nibbāna; (6) 智者自證Paccattaṃ veditabbo viññūhi [英] comprehended individually by the wise

十佛號：為 (1) 如來 [巴] Tathagātha [英] The One who has just come or The One who has just come [義釋] 佛的自稱，意為「入真如者」。《金剛經》中的「如來者，即諸法如義。」；《大智度論》中的「如實道來，故名為如來。」都是對其意的精辟詮釋; (2) 應供 [巴] Arahant [英] Worthy of Offerings [義釋] 最勝人天應供養; (3) 正遍知 [巴] sammāsambuddho [英] Truly Omniscient [義釋] 於一切法一切處無不了知; (4) 明行足 [巴] Vijjācaraṇasampanno [英] Fully Enlightened;《大智度論》「云何名明行具足。宿命天眼漏盡。名為三明。」(5) 善逝 [巴] sugato [英] Gone with Bliss; Well Departed. [義釋] 從輪迴解脫，不在受生; (6) 世間解 [巴] Lokavidū [英]

The One Who Knows All. [義釋] 知世間和出世間一切理，知世間起因，知世間之滅和滅道。故稱「世間解」。大智度論卷二（大二五七二上）：「路迦憊，路迦，秦言世；憊，名知。是名知世間。」(7) 無上調御丈夫 [巴] Anuttaro purisadammasārathi [英] Greatest Tamer of Men [義釋] 調伏眾生心無上大丈夫; (8) 天人師 [巴] Satthā devamanussānaṃ [英] Teacher of God and Men [義釋] 天人和凡人的導師; (9) 佛 [巴] Buddho [英] The Enlightened or Awakened One [義釋] 佛陀，覺者; (10) 世尊 [巴] Bhagavā [英] The One Who Is Honored by All Living Beings. [義釋] 世人皆尊敬的。

十結：[巴] saṃyjana [英] fetters 十結在上座部傳統中（與漢傳佛教所指有所不同）為 (1) 身見 (我見) [巴] sakkāya-diṭṭhi [英] personality view, self-view; (2) 疑 [巴] vicikicchā [英] doubt; (3) 戒禁取 [巴] sīlabbata-parāmāsa [英] attachment to rites and rituals; (4) 欲愛 [巴] kāma-taṇhā [英] sensual desire; (5) 瞋 [巴] byāpādo [英] ill-will; (6) 色愛 [巴] rūparāgo [英] desire for material existence; (7) 無色愛 [巴] arūparāgo [英] desire for imaterial existence to formless realm; (8) (傲) 慢 [巴] māna [英] pride, conceit; (9) 掉舉 [巴] uddhacca [英] restlessness; (10) 無明 [巴] avijjā. [義釋] 結為纏縛，障礙之意。其中「瞋」與三毒之瞋不同，此為不善意；「慢」為傲慢；「色愛」生肉身之欲；「掉舉」，為散亂，多動不安。

內觀：[巴] vipassanā [英] insight meditation,「looking into things」[義釋] 洞見禪修，「看透事物」；（別稱）毗婆舍那。

心：[巴] citta [英] mind or heart.

正念：[巴] sammā-sati [英] Right Mindfulness [義釋] 八正道之一。

安般念：[巴] ānāpānasati [義釋] 入出息念。

我見：同「身見」。

戒禁取：[巴] sīlabbata-parāmāsa [英] attachment or clinging to mere rules and ritual [義釋] 執著於自己信奉的特殊行軌；為十結中其三。

身見：[巴] sakkāya-diṭṭhi [英] Personality View, Self-view [義釋] 身見，我見薩迦耶見。十結之一。

來見：[巴] ehipassiko [英] encouraging investigation, inviting to come and see [義釋] 佛法有六個特徵：善說、自見、無時（即時）、來見、導向涅槃、智者自證。ehipassiko為其四，來見的。

念：[巴] sati [英] mindfulness, awareness [義釋] 有作念根、繫念、知念。

波羅蜜：[巴] pāramī [英] perfection [義釋] 波羅蜜指到達彼岸的途由，由此，又稱「度」。也引申為修行人應具的完美的品質。上座部佛教的十度為：布施、持戒、出離、智能、精進、忍辱、誠實、決意、慈與捨。大乘佛教的六度為：布施、持戒、忍辱、精進、禪定、智慧；其音譯為：檀那、尸羅、羼提、禪那、般若。（別稱）波羅蜜多、度。

涅槃：[巴] nibbana [英] 「extinction」; freedom from desire; Nirvana [義釋] 直意「熄滅」，寂滅，解脫；（別稱）泥洹。

真如：[巴] tathatā [英] suchness [義釋] 真如者，事如其是也。亦指事物不可言傳之本性。佛陀自稱Tathagātha，如來，其意為「入真如者」。

執著：[巴] upadana [英] Clinging, attachment [義釋] 緣起法十二支之一，稱「取」，愛緣取。

現前法：[巴] paccuppanna-dhamma [英] (phenomena occurring in the mind of) the present [義釋] 也作當下法，指心中當即的現象。

無我：[巴] anattā [英] no-self, non-self [義釋] 諸法因緣生，本無自性。[例] 諸

法無我 [巴] sabbe dhamma anattā [英] all dhammas are not-self [義釋] 諸法無我為三法印之一。

無常：[巴] aniccā [英] transient, impermanent, having the nature to arise and pass away. [例]「諸行無常」[英] The nature of phenomena is to change [巴] sabbe saṅkhārā aniccā [義釋] 三法印之一。

業：[巴] kamma [英] Karma; The Law of cause and effect between one's actions and his future [義釋] 因果報應的規律。

業績：kamma-vipāka [英] Effect of kamma [義釋] 業報，業果。

當下：[巴] paccuppanna [英] present, here and now [義釋] 現前、當即、此時此地；有時也用以指現前法。

緣起法：[巴] paṭiccasamuppāda [英] "Dependent Origin", conditionality of all physical and psychical phonomena。(別稱) 十二因緣，十二緣起。其十二支為 (1) 無明 [巴] avijjā [英] ignorance [義釋] 癡，無知; (2) 行 [巴] saṅkhārā [英] mental formation; karma formation [義釋] （導致輪迴之）意志；生業; (3) 識 [巴] viññāṇa [英] consciousness [義釋] 意識; (4) 名色 [巴] nāmarūpa [英] mental and physical phenomena [義釋] 心法與物質法; (5) 六入 [巴] saṭāyatana [英] six bases (five physical senses organs plus consciousness) [義釋] 眼、耳、鼻、舌、身、意; (6) 觸 [巴] phassa [英] "sense impression", contact; (7) 受 [巴] vedanā [英] conditioned feeling; (8) 愛 [巴] taṇhā [英] craving [義釋] 渴愛; (9) 取 [巴] upādāna [英] clinging [義釋] 執著; (10) 有 [巴] bhava [英] becoming [義釋] 生三界輪迴之業; (11) 生 [巴] jāti [英] Birth [義釋] 受生; (12) 老死 [巴] jarāmaraṇaṃ [英] old age and death (sorrow, lamentation, pain, grief, and despair) [義釋] 老死（愁悲苦憂惱）。緣起法的流轉表達

為：無明緣行，行緣識，識緣名色，名色緣六入，六入緣觸，觸緣受，受緣愛，愛緣取，取緣有，有緣生，生緣老死憂悲苦惱。[巴] avijjā-paccayā saṅkhārā, saṅkhārā-paccayā viññāṇaṁ; viññāṇapaccayā nāma-rūpaṁ, nāma-rūpa-paccayā saṭāyatanaṁ, saṭāyatana-paccayā phasso, phassa-paccayā vedanā, vedanā-paccayā taṇhā, taṇhā-paccayā upādānaṁ, upādānapaccayābhavo, bhava-paccayā jāti, jāti-paccayā jarāmaraṇaṁ.

輪迴：[巴] saṁsāra [義釋] 在六道中生死的循環，亦可指在一生之中藉心念之業力，出入猶如六道之境。

戲論：[巴] papañca [義釋] 指在思惟過程中概念上層層疊加、繁生。玄奘譯《瑜伽師地論》卷九十五有「邪戲論者，復有六種。謂顛倒戲論，唐捐戲論，諍競戲論，於他分別勝劣戲論，分別工巧養命戲論，耽染世間財食戲論。如是一切，總名放逸。」又據《大日經疏》「戲論者，如世戲人以散亂心動作種種身口，但悅前人而無實義。今妄見者所作者亦同於此，故名戲論也。」亦有「愛著障」之意，是涅槃的反義詞。

魔：[巴] māra [英] "killer", Death, The Evil One [義釋] 魔（此漢字由梁武帝由此佛教詞彙所造）；魔王；亦指殺者，心中貪惡障礙，死亡。（別稱）魔羅。

JB0024	佛陀的聖弟子傳4	向智長老◎著	260元
JB0025	正念的四個練習	喜戒禪師◎著	260元
JB0026	遇見藥師佛	堪千創古仁波切◎著	270元
JB0027	見佛殺佛	一行禪師◎著	220元
JB0028	無常	阿姜查◎著	220元
JB0029	覺悟勇士	邱陽・創巴仁波切◎著	230元
JB0030	正念之道	向智長老◎著	280元
JB0031	師父──與阿姜查共處的歲月	保羅・布里特◎著	260元
JB0032	統御你的世界	薩姜・米龐仁波切◎著	240元
JB0033	親近釋迦牟尼佛	髻智比丘◎著	430元
JB0034	藏傳佛教的第一堂課	卡盧仁波切◎著	300元
JB0035	拙火之樂	圖敦・耶喜喇嘛◎著	280元
JB0036	心與科學的交會	亞瑟・札炯克◎著	330元
JB0037	你可以，愛	一行禪師◎著	220元
JB0038	專注力	B・艾倫・華勒士◎著	250元
JB0039X	輪迴的故事	堪欽慈誠羅珠◎著	270元
JB0040	成佛的藍圖	堪千創古仁波切◎著	270元
JB0041	事情並非總是如此	鈴木俊隆禪師◎著	240元
JB0042	祈禱的力量	一行禪師◎著	250元
JB0043	培養慈悲心	圖丹・卻准◎著	320元
JB0044	當光亮照破黑暗	達賴喇嘛◎著	300元
JB0045	覺照在當下	優婆夷　紀・那那蓉◎著	300元
JB0046	大手印暨觀音儀軌修法	卡盧仁波切◎著	340元
JB0047X	蔣貢康楚閉關手冊	蔣貢康楚羅卓泰耶◎著	260元
JB0048	開始學習禪修	凱薩琳・麥唐諾◎著	300元
JB0049	我可以這樣改變人生	堪布慈囊仁波切◎著	250元
JB0050	不生氣的生活	W・伐札梅諦◎著	250元
JB0051	智慧明光：《心經》	堪布慈囊仁波切◎著	250元
JB0052	一心走路	一行禪師◎著	280元
JB0054	觀世音菩薩妙明教示	堪布慈囊仁波切◎著	350元
JB0055	世界心精華寶	貝瑪仁增仁波切◎著	280元

JB0056	到達心靈的彼岸	堪千‧阿貝仁波切◎著	220 元
JB0057	慈心禪	慈濟瓦法師◎著	230 元
JB0058	慈悲與智見	達賴喇嘛◎著	320 元
JB0059	親愛的喇嘛梭巴	喇嘛梭巴仁波切◎著	320 元
JB0060	轉心	蔣康祖古仁波切◎著	260 元
JB0061	遇見上師之後	詹杜固仁波切◎著	320 元
JB0062X	白話《菩提道次第廣論》	宗喀巴大師◎著	500 元
JB0063	離死之心	竹慶本樂仁波切◎著	400 元
JB0064	生命真正的力量	一行禪師◎著	280 元
JB0065	夢瑜伽與自然光的修習	南開諾布仁波切◎著	280 元
JB0066	實證佛教導論	呂真觀◎著	500 元
JB0067	最勇敢的女性菩薩——綠度母	堪布慈囊仁波切◎著	350 元
JB0068	建設淨土——《阿彌陀經》禪解	一行禪師◎著	240 元
JB0069	接觸大地——與佛陀的親密對話	一行禪師◎著	220 元
JB0070	安住於清淨自性中	達賴喇嘛◎著	480 元
JB0071/72	菩薩行的祕密【上下冊】	佛子希瓦拉◎著	799 元
JB0073	穿越六道輪迴之旅	德洛達娃多瑪◎著	280 元
JB0074	突破修道上的唯物	邱陽‧創巴仁波切◎著	320 元
JB0075	生死的幻覺	白瑪格桑仁波切◎著	380 元
JB0076	如何修觀音	堪布慈囊仁波切◎著	260 元
JB0077	死亡的藝術	波卡仁波切◎著	250 元
JB0078	見之道	根松仁波切◎著	330 元
JB0079	彩虹丹青	祖古‧烏金仁波切◎著	340 元
JB0080	我的極樂大願	卓千拉貢仁波切◎著	260 元
JB0081	再捻佛語妙花	祖古‧烏金仁波切◎著	250 元
JB0082	進入禪定的第一堂課	德寶法師◎著	300 元
JB0083	藏傳密續的真相	圖敦‧耶喜喇嘛◎著	300 元
JB0084	鮮活的覺性	堪千創古仁波切◎著	350 元
JB0085	本智光照	遍智　吉美林巴◎著	380 元
JB0086	普賢王如來祈願文	竹慶本樂仁波切◎著	320 元
JB0087	禪林風雨	果煜法師◎著	360 元
JB0088	不依執修之佛果	敦珠林巴◎著	320 元
JB0089	本智光照——功德寶藏論　密宗分講記	遍智　吉美林巴◎著	340 元
JB0090	三主要道論	堪布慈囊仁波切◎講解	280 元

JB0091	千手千眼觀音齋戒 —— 紐涅的修持法	汪遷仁波切◎著	400 元
JB0092	回到家，我看見真心	一行禪師◎著	220 元
JB0093	愛對了	一行禪師◎著	260 元
JB0094	追求幸福的開始：薩迦法王教你如何修行	尊勝的薩迦法王◎著	300 元
JB0095	次第花開	希阿榮博堪布◎著	350 元
JB0096	楞嚴貫心	果煜法師◎著	380 元
JB0097	心安了，路就開了： 讓《佛説四十二章經》成為你人生的指引	釋悟因◎著	320 元
JB0098	修行不入迷宮	札丘傑仁波切◎著	320 元
JB0099	看自己的心，比看電影精彩	圖敦・耶喜喇嘛◎著	280 元
JB0100	自性光明 —— 法界寶庫論	大遍智　龍欽巴尊者◎著	480 元
JB0101	穿透《心經》：原來，你以為的只是假象	柳道成法師◎著	380 元
JB0102	直顯心之奧秘：大圓滿無二性的殊勝口訣	祖古貝瑪・里沙仁波切◎著	500 元
JB0103	一行禪師講《金剛經》	一行禪師◎著	320 元
JB0104	金錢與權力能帶給你什麼？ 一行禪師談生命真正的快樂	一行禪師◎著	300 元
JB0105	一行禪師談正念工作的奇蹟	一行禪師◎著	280 元
JB0106	大圓滿如幻休息論	大遍智　龍欽巴尊者◎著	320 元
JB0107	覺悟者的臨終贈言：《定日百法》	帕當巴桑傑大師◎著 堪布慈囊仁波切◎講述	300 元
JB0108	放過自己：揭開我執的騙局，找回心的自在	圖敦・耶喜喇嘛◎著	280 元
JB0109	快樂來自心	喇嘛梭巴仁波切◎著	280 元
JB0110	正覺之道・佛子行廣釋	根讓仁波切◎著	550 元
JB0111	中觀勝義諦	果煜法師◎著	500 元
JB0112	觀修藥師佛 —— 祈請藥師佛，能解決你的 困頓不安，感受身心療癒的奇蹟	堪千創古仁波切◎著	450 元
JB0113	與阿姜查共處的歲月	保羅・布里特◎著	300 元
JB0114	正念的四個練習	喜戒禪師◎著	300 元
JB0115	揭開身心的奧秘：阿毗達摩怎麼説？	善戒禪師◎著	420 元
JB0116	一行禪師講《阿彌陀經》	一行禪師◎著	260 元
JB0117	一生吉祥的三十八個祕訣	四明智廣◎著	350 元
JB0118	狂智	邱陽創巴仁波切◎著	380 元
JB0119	療癒身心的十種想 —— 兼行「止禪」與「觀禪」 的實用指引，醫治無明、洞見無常的妙方	德寶法師◎著	320 元
JB0120	覺醒的明光	堪祖蘇南給稱仁波切◎著	350 元

JB0121	大圓滿禪定休息論	大遍智　龍欽巴尊者◎著	320 元
JB0122	正念的奇蹟（電影封面紀念版）	一行禪師◎著	250 元
JB0123	一行禪師　心如一畝田：唯識 50 頌	一行禪師◎著	360 元
JB0124	一行禪師　你可以不生氣：佛陀的情緒處方	一行禪師◎著	250 元
JB0125	三句擊要： 以三句口訣直指大圓滿見地、觀修與行持	巴珠仁波切◎著	300 元
JB0126	六妙門：禪修入門與進階	果煜法師◎著	360 元
JB0127	生死的幻覺	白瑪桑格仁波切◎著	380 元
JB0128	狂野的覺醒	竹慶本樂仁波切◎著	400 元
JB0129	禪修心經 —— 萬物顯現，卻不真實存在	堪祖蘇南給稱仁波切◎著	350 元
JB0130	頂果欽哲法王：《上師相應法》	頂果欽哲法王◎著	320 元
JB0131	大手印之心：噶舉傳承上師心要教授	堪千創古仁切波◎著	500 元
JB0132	平心靜氣： 達賴喇嘛講《入菩薩行論》〈安忍品〉	達賴喇嘛◎著	380 元
JB0133	念住內觀：以直觀智解脫心	班迪達尊者◎著	380 元
JB0134	除障積福最強大之法 —— 山淨煙供	堪祖蘇南給稱仁波切◎著	350 元
JB0135	撥雲見月：禪修與祖師悟道故事	確吉・尼瑪仁波切◎著	350 元
JB0136	醫者慈悲心：對醫護者的佛法指引	確吉・尼瑪仁波切 大衛・施林醫生 ◎著	350 元
JB0137	中陰指引 —— 修習四中陰法教的訣竅	確吉・尼瑪仁波切◎著	350 元
JB0138	佛法的喜悅之道	確吉・尼瑪仁波切◎著	350 元
JB0139	當下了然智慧：無分別智禪修指南	確吉・尼瑪仁波切◎著	360 元
JB0140	生命的實相 —— 以四法印契入金剛乘的本覺修持	確吉・尼瑪仁波切◎著	360 元
JB0141	邱陽創巴仁波切 當野馬遇見上師：修心與慈觀	邱陽創巴仁波切◎著	350 元
JB0142	在家居士修行之道 —— 印光大師教言選講	四明智廣◎著	320 元
JB0143	光在，心自在 〈普門品〉陪您優雅穿渡生命窄門	釋悟因◎著	350 元
JB0144	剎那成佛口訣 —— 三句擊要	堪祖蘇南給稱仁波切◎著	450 元
JB0145	進入香巴拉之門 —— 時輪金剛與覺囊傳承	堪祖嘉培珞珠仁波切◎著	450 元
JB0146	（藏譯中）菩提道次第廣論： 抉擇空性見與止觀雙運篇	宗喀巴大師◎著	800 元
JB0147	業力覺醒：揪出我執和自我中心， 擺脫輪迴束縛的根源	圖丹・卻准◎著	420 元
JB0148	《心經》 —— 超越的智慧	密格瑪策天喇嘛◎著	380 元

善知識系列 JB0150

寂靜之聲 —— 知念就是你的皈依
The sound of silence : the selected teachings of Ajahn Sumedho

作　　　者／阿姜蘇美多 (Ajahn Sumedho)
譯　　　者／牟志京
責 任 編 輯／劉昱伶
業　　　務／顏宏紋

總　編　輯／張嘉芳
出　　　版／橡樹林文化
　　　　　　城邦文化事業股份有限公司
　　　　　　104 台北市民生東路二段 141 號 5 樓
　　　　　　電話：(02) 2500-7696　傳真：(02) 2500-1951
發　　　行／英屬蓋曼群島商家庭傳媒股份有限公司城邦分公司
　　　　　　104 台北市中山區民生東路二段 141 號 2 樓
　　　　　　客服服務專線：(02) 25007718；25001991
　　　　　　24 小時傳真專線：(02) 25001990；25001991
　　　　　　服務時間：週一至週五上午 09:30 ～ 12:00；下午 13:30 ～ 17:00
　　　　　　劃撥帳號：19863813　戶名：書虫股份有限公司
　　　　　　讀者服務信箱：service@readingclub.com.tw
香港發行所／城邦（香港）出版集團有限公司
　　　　　　香港灣仔駱克道 193 號東超商業中心 1 樓
　　　　　　電話：(852) 25086231　傳真：(852) 25789337
　　　　　　Email: hkcite@biznetvigator.com
馬新發行所／城邦（馬新）出版集團【Cité (M) Sdn.Bhd. (458372 U)】
　　　　　　41, Jalan Radin Anum, Bandar Baru Sri Petaling,
　　　　　　57000 Kuala Lumpur, Malaysia.
　　　　　　電話：(603) 90578822　傳真：(603) 90576622
　　　　　　Email：cite@cite.com.my

內 文 版 型／張培音
內 文 排 版／張靜怡
封 面 設 計／兩棵酸梅
印　　　刷／韋懋實業有限公司

初 版 一 刷／2021 年 09 月
I S B N／978-986-06890-4-4
定　　　價／500 元

城邦讀書花園
www.cite.com.tw

版權所有・翻印必究（Printed in Taiwan）
缺頁或破損請寄回更換

國家圖書館出版品預行編目（CIP）資料

寂靜之聲：知念就是你的皈依 / 阿姜蘇美多
　（Ajahn Sumedho）著；牟志京譯. -- 初版.
　-- 臺北市：橡樹林文化，城邦文化事業股份
　有限公司出版：英屬蓋曼群島商家庭傳媒股
　份有限公司城邦分公司發行，2021.09
　　面；　公分 . --（善知識系列；JB0150）
　譯自：The sound of silence: the selected
　　teachings of Ajahn Sumedho
　ISBN 978-986-06890-4-4（平裝）

　1. 佛教修持

225.87　　　　　　　　　　　110014104

104 台北市中山區民生東路二段 141 號 5 樓

城邦文化事業股分有限公司

橡樹林出版事業部　收

請沿虛線剪下對折裝訂寄回，謝謝！

|橡|樹|林|

書名：《寂靜之聲 ── 知念就是你的皈依》　書號：JB0150